回向恒品

吉林大学青年学者论坛系列

当代中国道路与智慧

Road and Wisdom in Contemporary China

何志鹏 等著

社会科学文献出版社
SOCIAL SCIENCES ACADEMIC PRESS (CHINA)

编 委 会

主　编　董汉良

副主任　张晓萌　李　羿

编　委（按拼音排序）

　　　　侯书理　刘　坤　马　赫　孟祥臣　庞原鹏

　　　　彭　晶　王浩友　王洪旭　于天琪　于晓海

中国道路与"超越资本"的文明

王庆丰 *

世界性的现代化进程全面地、深刻地改变了人与世界的关系，从而改变了人类的文明形态。世界性的现代化进程，给人类带来三个巨大问题：其一，从人与自然的关系说，是人类文明的可持续发展问题；其二，从人与社会的关系说，是资本逻辑所造成的"以物的依赖性为基础的人的独立性"问题；其三，从人与自我的关系说，是文化虚无主义所造成的文化危机和人的精神家园问题。反省现代性，是当代哲学共同关切的根本问题；创建人类文明新形态，才能从根本上解决现代化给人类带来的巨大问题。中国问题不只是中国自己的问题，而且是当代中国所面对的世界性的、时代性的问题；中国特色社会主义不仅有中国特色，而且对于创建人类文明新形态具有世界性的、时代性的意义和价值。从历史唯物主义的立场去审视中国特色社会主义道路，中国道路是一条独特的超越"资本文明"、最终达到"超越资本"的文明的道路。这是中国特色社会主义道路的核心和实质。

---

* 王庆丰，吉林大学哲学基础理论研究中心教授，副院长，主要研究方向为哲学基础理论。

一　历史唯物主义与中国问题

任何一种真正的哲学，都必须回答所处时代的重大理论和现实问题。问题是时代的呼声，哲学作为"时代精神的精华"，理应把所处时代的迫切问题作为自己关注的聚焦点。因此，重大的现实问题同时也就是重大的理论问题。"以马克思主义为理论基础的社会主义运动，是争取人类解放和实现人的全面发展的伟大事业。反思社会主义的历史命运，探索中国特色社会主义道路，是当代最重大的现实问题，因而也是我们时代最现实的哲学课题。"[1]在某种意义上，对中国特色社会主义道路的现实探索，在理论上就表征为探讨"历史唯物主义与中国问题"的关系。探讨两者之间的关系，并不是以历史唯物主义的观点教条地去评判中国现实，而是以历史唯物主义的方法或者说以历史唯物主义开辟的道路去解决中国问题，从而探索一条具有中国特色的社会主义道路。

（一）为什么是历史唯物主义

西方思想流派纷呈，为什么单单选择历史唯物主义去分析和解

---

[1]　孙正聿：《马克思主义哲学的当代课题》，《光明日报》2010年8月24日，第11版。

决中国问题？这不仅仅是因为中国是社会主义国家，马克思主义是当代中国的指导思想，更是因为马克思所开辟的这条理解人类社会现实的道路比其他思想优越、深刻得多。那么，马克思历史唯物主义的这种深刻性和时代性究竟体现在哪里？

海德格尔在《关于人道主义的书信》中认为，"马克思在体会到异化的时候深入到历史的本质性的一度中去了，所以马克思主义关于历史的观点比其余的历史学优越。但因为胡塞尔没有，据我看来萨特也没有在存在中认识到历史事物的本质性，所以现象学没有、存在主义也没有达到这样的一度中，在此一度中才有可能有资格和马克思主义交谈。"[1] 海德格尔在此高度评价了马克思，认为他深入了"历史的本质性的一度"，这也就是历史唯物主义优越于其他思想的地方。接下来，我们就要追问这个"历史的本质性的一度"的内涵是什么。海德格尔在其晚期讨论班的纪要中给出了答案。"现今的'哲学'满足于跟在科学后面亦步亦趋，这种哲学误解了这个时代的两重独特现实：经济发展与这种发展所需要的架构。马克思主义懂得这［双重］现实。"[2] 可见，海德格尔

---

[1]　海德格尔：《关于人道主义的书信》，载孙周兴选编《海德格尔选集》（上卷），上海三联书店，1996，第383页。

[2]　海德格尔：《晚期海德格尔的三天讨论班纪要》，费迪耶等辑录，丁耘摘译，《哲学译丛》2001年第3期。

所说的"历史的本质性的一度"指的就是我们这个时代的两重独特现实："经济发展与这种发展所需要的架构"。正是这种经济发展及其背后的逻辑架构决定了人的异化的生存状态。由此，马克思开辟了一条理解人类社会现实的道路，而我们今天仍然生活在这样的社会现实中。

"经济发展"是我们这个时代的主要特征，这种发展背后的逻辑架构就是资本的逻辑，更确切地说就是"资本运动的逻辑"。这一逻辑架构正是被马克思的《资本论》等一系列著作揭示出来的。马克思历史唯物主义的实质就是对资本主义社会"历史之谜"的解答，而解答历史之谜的关键，又在于对"资本之谜"的揭示。马克思通过"资本"把现代社会关系的全部领域看得明白而且一览无遗。也正是在这个意义上，有学者指出，"资本主义是马克思一生研究的主题"[1]，因此，"《资本论》不是为社会主义改造提供的菜谱，也不是为社会主义制度下的经济描绘的乌托邦蓝图。它是对资本主义的潜在动态变化的系统研究。"[2] 这种资本主义的潜在动态变化就是"资本运动的逻辑"。马克思深刻地揭示了这一逻

---

① 梅格纳德·德塞：《马克思的复仇》，汪澄清译，中国人民大学出版社，2006，第 10 页。
② 詹姆斯·劳洛：《马克思主义哲学和共产主义》，载欧阳康主编《当代英美哲学地图》，人民出版社，2005，第 644 页。

辑：以"价值增殖"为动机和目的的"没有止境"和"没有限度"的资本运动。简而言之，价值增殖构成资本运动的逻辑。① 在对资本主义社会进行了深刻的洞察之后，马克思并没有停留于此，他还想改变世界，消除人的异化生存状态。海德格尔指出，"然而他还提出了其它的任务：'哲学家们只是以不同的方式解释世界，而问题在于改变世界。'" 只有当马克思试图改变世界的时候，他才能真正地解释世界。"那么，在马克思那里谈到的是哪样一种改变世界呢？是生产关系中的改变。"② 只有生产关系发生改变，人才能摆脱资本主义条件下人的异化状态。马克思通过对西欧资本主义起源的考察找到了一条人类自由解放的现实道路。

马克思曾经明确地指出，"一定要把我关于西欧资本主义起源的历史概述彻底变成一般发展道路的历史哲学理论，一切民族，不管他们所处的历史环境如何，都注定要走这条道路，——以便最后都达到在保证社会劳动生产力极高度发展的同时又保证人类最全面的发展的这样一种经济形态。"③ 可见，马克思并不想把历史唯物主义当成一种经验的历史学，而是想将其上升到"理性具体"的层

---

① 孙正聿：《"现实的历史"：〈资本论〉的存在论》，《中国社会科学》2010 年第 2 期。
② 海德格尔：《晚期海德格尔的三天讨论班纪要》，费迪耶等辑录，丁耘摘译，《哲学译丛》2001 年第 3 期。
③ 《马克思恩格斯全集》（第 19 卷），人民出版社，1963，第 130 页。

面，成为一种"一般发展道路的历史哲学理论"，而这条发展道路是所有民族发展的必由之路。这种发展状态是生产力高度发展和人的全面发展的统一，即作为"自由人的联合体"的共产主义社会。必须引起我们重视的是，马克思这里所谓的发展包括两方面的内容：生产力的发展和人的全面发展。我们不能离开生产力的高度发展而企图实现人的全面发展，如果离开就会陷入一种抽象的人道主义；同时，我们也不能离开人的全面发展去盲目地追求生产力的发展，如果这样就会陷入经济决定论，堕入一种马克思所谓的"拜物教"，人与人之间的关系被贬低为一种物与物之间的关系。

对于我们的时代而言，马克思的思想仍然具有最强的解释力。不是马克思的时代已经过去了，恰恰相反，而是"马克思的时代"已经到来了。现代的社会仍然按照资本的逻辑运行着，各种社会现象仍是受资本的逻辑支配和制约的。要说变化，只不过与马克思所处的时代环境不同，资本的逻辑已不再局限于一个国家、民族，而是扩展和贯彻到整个世界。我们生活的时代，不仅仅是马克思所谓的"资本的时代"，而是一个"全球资本化"的时代。只要资本的逻辑没有被超越，围绕这种逻辑所阐发的各种发展思想也就很难被超越。马克思仍然是我们这个时代最深刻的思想家。这是因为"马克思的天才，马克思的影响经久不衰的秘密，正是他首先从历史长时段出发，制造了真正的社会模式"①。在布罗代尔看来，马克思所做的是 19 世纪"最强有力的社会分析"，马克思一眼望到了历史的深处。正因如此，只要资本的逻辑没有被瓦解，马克思就永远是我们同时代的人。我们的时代更是一个马克思思想中所把握到的时代。

当代中国面临的最大问题仍然是"发展问题"。邓小平看到了发展生产力对于社会主义的重要性，指出："马克思主义最注重发展生产力。我们讲社会主义是共产主义的初级阶段，共产主义的高级阶段要实行各尽所能、按需分配，这就要求社会生产力高度发展，社会物质财富极大丰富。所以社会主义初级阶段的最根本任务就是发展生产力，社会主义的优越性归根到底要体现在它的生产力比资本主义发展得更快一些、更高一些，并且在发展生产力的基础上不断改善人民的物质文化生活。"② 邓小平看到了生产力发展或者说经济发展是一切发展的前提，生产力是推动社会发展的根本动力。邓小平在判断中国现实的时候，指出我国更加需要发展生产力，这和中国所处的历史阶段是密不可分的。"要阐述中国社会主义是处在一个什么阶段，就是处在初级阶段，是初级阶段的社会主义。社会主义本身是共产主义的初级阶段，而我们中国又处在社会主义的初级

---

① 布罗代尔：《资本主义论丛》，顾良、张慧君译，中央编译出版社，1997，第 202 页。
② 《邓小平文选》（第三卷），人民出版社，1993，第 63 页。

阶段，就是不发达的阶段。一切都要从这个实际出发，根据这个实际来制订规划。"①

正因为我国处在社会主义初级阶段，发展生产力就成为当代中国的第一要务。因此，邓小平认为："社会主义要消灭贫穷。贫穷不是社会主义，更不是共产主义。"② 中国要发挥社会主义的优越性，要实现人的全面发展，必须发展生产力。只有在经济发展的前提下，才能谈其他发展。人类的一切进步，人类对自由、平等的向往和追求都要以经济的高速发展为基础。因此，邓小平对社会主义的本质进行了具有中国特色的全新的理解，"社会主义的本质，是解放生产力，发展生产力，消灭剥削，消除两极分化，最终达到共同富裕。"③ 社会主义的本质和根本任务告诉我们"发展才是硬道理"，因此在邓小平看来，抓住时机，发展自己，关键是发展经济，而实现发展经济的方式就是改革开放。

进入 21 世纪之后，改革开放取得了举世瞩目的成就。那么，发展还是不是当代中国的主题呢？当代中国发展不均衡的现状告诉我们，不仅发展是当代中国的主题，而且我国进入了全面建成小康社会的关键时期，进入了深化改革开放、加快转变经济发展方式的攻

① 《邓小平文选》（第三卷），人民出版社，1993，第 252 页。
② 《邓小平文选》（第三卷），人民出版社，1993，第 63～64 页。
③ 《邓小平文选》（第三卷），人民出版社，1993，第 373 页。

坚时期。这就需要我国实现"科学发展"。《中共中央关于制定十二五规划的建议》指出:"以科学发展为主题,是时代的要求,关系改革开放和现代化建设全局。我国是拥有十三亿人口的发展中大国,仍处于并将长期处于社会主义初级阶段,发展仍是解决我国所有问题的关键。在当代中国,坚持发展是硬道理的本质要求,就是坚持科学发展,更加注重以人为本,更加注重全面协调可持续发展,更加注重统筹兼顾,更加注重保障和改善民生,促进社会公平正义。"总而言之,就是应该更加重视落实科学发展观。科学发展观相对于以往的发展观最大的区别在哪里?简而言之,就是从"又快又好"转变为"又好又快",这是一种发展标准的顺序性选择发生的转变。"又好又快"意味着不再单纯地追求经济的高速增长,而更加关注经济增长的效益。因此,虽然发展仍旧是当代中国的主题,但是发展的方式发生了重要的改变,转变经济增长方式成为这一时期的重点。以加快转变经济发展方式为主线,是推动科学发展的必由之路,符合我国的基本国情和发展阶段性新特征。加快转变经济发展方式是我国经济社会领域的一场深刻变革,必须贯穿经济社会发展全过程和各领域,提高发展的全面性、协调性、可持续性,坚持在发展中促转变、在转变中谋发展,实现经济社会又好又快发展。

西方思想家的发展理论是立足于西方的经济社会现实建立起来的理论体系,不仅在表层上是一种西方的理论话语,而且在更深的层次

中国道路与"超越资本"的文明/ 009

上体现的是一种西方的道德价值观念。这就决定了它不可能真正担负起为发展中国家的发展合理制定战略、目标与道路的任务。不仅如此，它在对现代社会的分析与诊断上远没有马克思深刻。对于建设具有中国特色的社会主义道路，历史唯物主义为我们提供了丰厚的理论资源。

（二）经济发展的三个悖论与中国问题

"资本主义是马克思一生的研究主题"，尽管当今时代的资本主义发生了很大的变化，但是现代社会中，资本仍然是一种决定性的生产关系，它的关系也还在决定着其他一切关系的地位和影响。利奥塔曾经指出，"资本主义是现代性的名称之一"。① 马克思对资本主义的剖析和批判，就是对现代性的分析和批判。马克思揭示了资本主义社会经济发展的三个悖论，这三个悖论不仅是资本主义社会所独有的，而且是资本时代中的现代社会所共同面临的人类性问题，因此也是当代中国所面临的根本性问题。受资本逻辑支配的经济发展不可避免地会造成三个悖论：环境悖论、两极悖论和存在悖论。

资本主义社会的特征是工业文明。工业文明是继农业文明之后兴起的一种新的文明形态。它开始于英国的产业革命，是现代社会的主要文明形式。现代文明就是工业文明，工业文明的生产是工业

---

① 利奥塔：《后现代性与公正游戏——利奥塔访谈、书信录》，谈瀛洲译，上海人民出版社，1997，第 147 页。

　　　　　　　　　　　/ 当 代 中 国 道 路 与 智 慧

生产，其技术基础是"大机器"。正是由于"大机器生产"代替了传统的"手工生产"，劳动生产率得到了快速的增长。资本逻辑是关于"物"的逻辑而不是"人"的逻辑。它关心的只是对物的占有，而人则仅仅被看成实现资本运行的手段——"人力资源"和"消费机器"。最大利润的获得和资本的最快增殖，是资本逻辑的最高原则。因此，掠夺更多的自然资源和消费更多的商品就成为资本逻辑的两个基本支点。无偿地占有和支配更多的自然资源是经济过程的逻辑起点，而更多地消费则是资本逻辑的终端。它们是获取最大利润的两个关键的、必要的环节。在资本逻辑的支配下，已经不是通过经济增长来保证消费的满足，而是通过消费的扩张来保证经济的持续增长。在消费成为支撑"利润最大化"的逻辑手段以后，这种消费也就主要不再是满足需要的活动，而是变成对过剩产品的"消耗"和"毁灭"活动。人成为毁灭过剩产品的机器，因为只有"毁灭"了过剩产品，生产才能继续进行，经济才能继续增长，资本才能继续增殖。因此，从本质上说，工业文明的经济（商品经济）是以挥霍性消费为前提的，这种经济从本质上看是不能做到"节约"的。因此，资本的逻辑要求对自然资源进行疯狂的掠夺，自然生态系平衡的破坏，就成了工业文明的经济发展不可避免的必然后果。

资本逻辑导致了经济发展的环境悖论：人类只要想促进经济发展，就不可避免地掠夺和消耗自然资源。但是，恩格斯告诉我们：

"我们不要过分陶醉于我们对自然界的胜利。对于每一次这样的胜利，自然界都报复了我们。每一次胜利，在第一步都确实取得了我们预期的结果，但是在第二步和第三步却有了完全不同的、出乎预料的影响，常常把第一个结果又取消了。"① 劳动是人类改造自然的最主要的方式。长期以来，人们存在一种认识上的误区，即认为人类的生产活动只是改造自然、利用自然物质为人类生存和生活服务的活动，而没有看到人与自然和谐相处、协调发展的重要性。马克思把劳动过程看成人类和自然界之间的物质变换过程。他指出："劳动首先是人和自然之间的过程，是人以自身的活动来中介、调整和控制人和自然之间的物质变换的过程。"② 劳动本来是人以自身的活动来中介、调整和控制人和自然之间的关系，而现代社会却把劳动变成了人类改造、奴役、宰制自然的工具，人和自然之间的平等关系变成了人对自然的统治关系。因此，受资本的逻辑支配的经济发展不可避免会产生环境问题。

在财富分配领域，资本主义社会条件下的经济发展必然会产生第二个悖论——两极悖论，也就是说资本主义社会经济发展的结果必然会导致贫富两极分化。"因为私有制把每一个人隔离在他自己的粗陋的孤立状态中，又因为每个人和他周围的人有同样的利益，所

---

① 《马克思恩格斯全集》（第 20 卷），人民出版社，1971，第 519 页。
② 马克思：《资本论》（第一卷），人民出版社，2004，第 207~208 页。

　　　　　　　　/ 当 代 中 国 道 路 与 智 慧

以土地占有者敌视土地占有者，资本家敌视资本家，工人敌视工人。在相同利益的敌对状态中，正是由于利益的相同，人类目前状态的不道德已经达到极点，而这个极点就是竞争。"① 每一个竞争者，不管他是工人，是资本家，或是土地占有者，都必定希望取得垄断地位。竞争建立在利益的基础上，而利益又引起垄断；简言之，竞争转为垄断。竞争已经以垄断即所有权的垄断为前提，而最终导致更大的垄断。因此，作为国民经济学家主要口号的自由竞争，是不可能的事情。垄断引起自由竞争，自由竞争又引起垄断。大资本吞并了小资本，小资本家最终变成了无产者，财富迅速地向大资产者集中。"这种财产的集中是一个规律，它与所有其他的规律一样，是私有制所固有的；中间阶级必然越来越多地消失，直到世界分裂为百万富翁和穷光蛋、大土地占有者和贫穷的短工为止。任何法律，土地占有的任何分割，资本的任何偶然的分裂，都无济于事，这个结果必定会产生，而且就会产生，除非在此之前全面变革社会关系、使对立的利益融合、使私有制归于消灭。"② 竞争的结果是：在通常情况下，按照强者的权力，大资本和大土地占有吞并小资本和小土地占有，也就是说产生了财产的集中。在经济危机发生的时候，这种集中进行得更快。

---

① 《马克思恩格斯文集》（第1卷），人民出版社，2009，第72~73页。
② 《马克思恩格斯文集》（第1卷），人民出版社，2009，第83~84页。

在财富向大资本家手里集中的同时，经济得到迅速的发展。因为资本的集中更加有利于经济发展。但是，工人的生活水平并没有得到根本性的改变。这是因为工人的工资相对而言一直是固定的，"实际上工人得到的是产品中最小的、万万不能缺少的部分，也就是说，只得到他不是作为人而是作为工人维持生存所必要的那一部分，只得到不是为繁衍人类而是为繁衍工人这个奴隶阶级所必要的那一部分。"[①] 死的资本总是迈着同样的步子，并且对现实的个人活动漠不关心。由于资本的本性就是追求利润的最大化，这就决定了工人的工资永远是最低工资，永远是维持其本人生存和繁衍其后代所必需的生活资料的价值。"因此，在社会的衰落状态中，工人的贫困日益加剧；在增长的状态中，贫困具有错综复杂的形式；在达到完满的状态中，贫困持续不变。"[②]

马克思指出工人的这种生存状态是一种"异化"状态，"工人生产的财富越多，他的生产的影响和规模越大，他就越贫穷。工人创造的商品越多，他就越变成廉价的商品。物的世界的增值同人的世界的贬值成正比。"[③] 因此，劳动所生产的对象，即劳动的产品，作为一种异己的存在物，作为不依赖于生产者的力量，同劳动相对

---

① 《马克思恩格斯文集》（第1卷），人民出版社，2009，第122页。
② 《马克思恩格斯文集》（第1卷），人民出版社，2009，第122页。
③ 《马克思恩格斯文集》（第1卷），人民出版社，2009，第156页。

　　　　　　　　　　　/当代中国道路与智慧

立。马克思指出，"工人对自己的劳动的产品的关系就是对一个异己的对象的关系。因为根据这个前提，很明显，工人在劳动中耗费的力量越多，他亲手创造出来反对自身的、异己的对象世界的力量就越强大，他自身、他的内部世界就越贫乏，归他所有的东西就越少。"① 资本主义社会的经济越发展，资本就越集中，工人所创造出来的异己的力量就越强大，工人自己就越贫穷，属于自己的东西也就越少，胜利必定属于资本家。正如恩格斯所说，"直到世界分裂为百万富翁和穷光蛋、大土地占有者和贫穷的短工为止"。

资本主义社会的经济发展必然造成"以物的依赖性为基础的人的独立性"生存状况，这是现代社会中人的存在方式的悖论。资本的逻辑表明，以生产关系为基础的人与人之间的全部社会关系，已经被异化为物与物的关系，"它使人和人之间除了赤裸裸的利害关系，除了冷酷无情的'现金交易'，就再也没有任何别的联系了"②。资产阶级在它取得了统治的地方把一切封建的、宗法的和田园诗般的关系都破坏了。"资产阶级撕下了罩在家庭关系上的温情脉脉的面纱，把这种关系变成了纯粹的金钱关系。"③

在《资本论》中，马克思通过对商品的剖析，揭示了人与人之

---

① 《马克思恩格斯文集》（第1卷），人民出版社，2009，第157页。
② 《马克思恩格斯文集》（第2卷），人民出版社，2009，第34页。
③ 《马克思恩格斯文集》（第2卷），人民出版社，2009，第34页。

间的这种关系。马克思指出，商品的神秘的性质不是来源于商品的使用价值，也不是来源于价值规定的内容，而是从商品这种形式本身来的。"商品形式的奥秘不过在于：商品形式在人们面前把人们本身劳动的社会性质反映成劳动产品本身的物的性质，反映成这些物的天然的社会属性，从而把生产者同总劳动的社会关系反映成存在于生产者之外的物与物之间的社会关系。由于这种转换，劳动产品成了商品，成了可感觉而又超感觉的物或社会的物。"① 可见，商品之所以怪诞和神秘，根源就在于，商品把人们本身劳动的社会性质反映成劳动产品本身的物的性质，因此也就把人与人之间的社会关系反映成了物与物之间的社会关系。

马克思进一步指出："商品形式和它借以得到表现的劳动产品的价值关系，是同劳动产品的物理性质以及由此产生的物的关系完全无关的。这只是人们自己的一定的社会关系，但它在人们面前采取了物与物的关系的虚幻形式。因此，要找一个比喻，我们就得逃到宗教世界的幻境中去。在那里，人脑的产物表现为赋有生命的、彼此发生关系并同人发生关系的独立存在的东西。在商品世界里，人手的产物也是这样。我把这叫作拜物教。劳动产品一旦作为商品来生产，就带上拜物教性质，因此拜物教是同商品生产分不开的。"②

---

① 马克思：《资本论》（第一卷），人民出版社，2004，第89页。
② 马克思：《资本论》（第一卷），人民出版社，2004，第89~90页。

/ 当代中国道路与智慧

马克思在这里找到了人与人之间的社会关系采取物与物的关系的虚幻形式的根源，那就是商品拜物教，"人手的产物"劳动产品成为商品，成了有生命的、彼此发生关系并同人发生关系的独立存在的东西。

因此，《资本论》最本己的任务就是揭露物与物的掩盖下所形成的人与人之间的关系。马克思通过一种特殊的商品——劳动力——来揭示这一异化的社会关系。马克思指出，"如果劳动是商品，那么它就是一种具有最不幸的特性的商品"。[①] 劳动力成为商品是资本得以增殖的前提。在 G—W—G′ 的运动中，"要转化为资本的货币的价值变化，不可能发生在这个货币本身上""这种变化必定发生在第一个行为 G—W 中所购买的商品上"。[②] 这就是说，在 G—W—G′ 的增殖运动中，"货币占有者就必须幸运地在流通领域内即在市场上发现这样一种商品，它的使用价值本身具有成为价值源泉的独特属性，因此，它的实际消费本身就是劳动的对象化，从而是价值的创造。货币占有者在市场上找到了这样一种独特的商品，这就是劳动能力或劳动力"。[③]

劳动力成为商品标志着雇佣劳动关系的产生，标志着资本主义生产方式的确立。"只有当生产资料和生活资料的占有者在市场上找

①　《马克思恩格斯文集》（第 1 卷），人民出版社，2009，第 128 页。
②　马克思：《资本论》（第一卷），人民出版社，2004，第 194 页。
③　马克思：《资本论》（第一卷），人民出版社，2004，第 194～195 页。

到出卖自己劳动力的自由工人的时候，资本才产生；而单是这一历史条件就包含着一部世界史。因此，资本一出现，就标志着社会生产过程的新时代。"① 也正是在这个意义上，马克思一再强调资本是一种"社会生产关系"，生产资料只有在一定的社会关系下，才能成为资本。在《1857~1858 年经济学手稿》中，马克思明确地指出："资本显然是关系，而且只能是生产关系"②，并且这种关系是"资产阶级社会占统治地位的关系"③。在《资本论》中，马克思更是多次明确指出："资本不是一种物，而是一种以物为中介的人和人之间的社会关系"④，"资本不是物，而是一定的、社会的、属于一定历史社会形态的生产关系，后者体现在一个物上，并赋予这个物以独特的社会性质。资本不是物质的和生产出来的生产资料的总和"⑤。"资本"所体现出来的生产关系就是资本主义社会的生产关系，即资本家无偿占有工人创造的剩余价值的关系。资本的唯一目的和动机就是占有尽可能多的剩余价值。这就是人的独立性与物的依赖性这一悖论，或者说人与人之间的关系被贬低为物与物之间的关系所产生的现实根源。

---

① 马克思：《资本论》（第一卷），人民出版社，2004，第 198 页。
② 《马克思恩格斯全集》（第 30 卷），人民出版社，1995，第 510 页。
③ 《马克思恩格斯全集》（第 46 卷·上册），人民出版社，1979，第 204 页。
④ 马克思：《资本论》（第一卷），人民出版社，2004，第 877~878 页。
⑤ 马克思：《资本论》（第三卷），人民出版社，2004，第 922 页。

经济发展的三个悖论都根源于资本主义的生产方式，"资本主义的生产方式和积累方式，从而资本主义的私有制，是以那种以自己的劳动为基础的私有制的消灭为前提的，也就是说，是以劳动者的被剥夺为前提的"①。瓦解资本的逻辑就是推翻资本主义社会的生产关系。这是因为，"资产阶级的生产关系和交换关系，资产阶级的所有制关系，这个曾经仿佛用法术创造了如此庞大的生产资料和交换手段的现代资产阶级社会，现在像一个魔法师一样不能再支配自己用法术呼唤出来的魔鬼了。"② 资本主义社会已经无力驯服和驾驭"资本"这一"魔鬼"了，那么社会主义呢？我国建立具有中国特色的社会主义市场经济体制，引入市场或资本这一现代社会最有效的资源配置方式和扩大再生产的手段，就不可避免地要面对资本逻辑的支配力量以及经济发展产生的三个悖论性后果。解决当代中国问题的关键就在于消解资本的逻辑所导致的经济发展的三个悖论。对于社会主义来讲，避免经济发展的三个悖论，不在于瓦解资本的逻辑，而在于如何驯服资本。

（三）社会主义对资本力量

马克思为我们揭开了资本主义社会发展的神秘面纱，经济发展

---

① 马克思：《资本论》（第一卷），人民出版社，2004，第887页。
② 《马克思恩格斯文集》（第2卷），人民出版社，2009，第37页。

背后的逻辑架构：资本增殖的逻辑。马克思把资本的这种正面效应称为"资本的文明"，并且高度地评价了资本的这种积极作用。马克思指出，"资本的文明面之一是，它榨取这种剩余劳动的方式和条件，同以前的奴隶制、农奴制等形式相比，都更有利于生产力的发展，有利于社会关系的发展，有利于更高级的新形态的各种要素的创造。"① 因此，"资产阶级在它的不到一百年的阶级统治中所创造的生产力，比过去一切世代创造的全部生产力还要多，还要大。自然力的征服，机器的采用，化学在工业和农业中的应用，轮船的行驶，铁路的通行，电报的使用，整个整个大陆的开垦，河川的通航，仿佛用法术从地下呼唤出来的大量人口——过去哪一个世纪料想到在社会劳动里蕴藏有这样的生产力呢？"② 资本所召唤和激发出来的生产力，是前所未有的，它使人类社会获得了爆发式的发展。以至于马克思在谈论"资本"时使用了"法术""魔法"等词语。

　　毫无疑问，作为经济发展的内在驱动力，资本仍是现代社会最有效的资源配置方式，中国作为社会主义国家在完成了对资本主义大工业体系的模仿之后，必须引入资本来作为扩大再生产的社会手段。"社会主义和市场经济之间不存在根本矛盾。问题是用什么方法

---

　　① 马克思：《资本论》（第三卷），人民出版社，2004，第 927～928 页。
　　② 《马克思恩格斯文集》（第 2 卷），人民出版社，2009，第 36 页。

才能更有力地发展社会生产力。"① 这是当时中国所急需解决的问题。因此，当邓小平做出"贫穷不是社会主义"的论断之后，引入资本就势在必行。

邓小平改变了资本的流俗观念，指出："计划多一点还是市场多一点，不是社会主义与资本主义的本质区别。计划经济不等于社会主义，资本主义也有计划；市场经济不等于资本主义，社会主义也有市场。计划和市场都是经济手段。"② 邓小平的这段话有三重含义，或者说引发了三个问题。第一，资本与资本主义的问题。邓小平不再把资本看作资本主义所独有的、决定社会性质的东西。这样，资本就被从资本主义中剥离出来，社会主义国家也可以引入资本，搞市场经济。这样，我们就可以充分地发挥资本增殖逻辑的正面作用，为社会主义经济建设注入活力。总而言之，要资本不要资本主义，但是如何做到成为问题。第二，计划和市场的关系。迄今为止，人类发明的组织扩大再生产的社会关系力量只有两种：一种是作为政府力量的权力，用它来配置社会资源进行扩大再生产就是计划经济；另一种是作为市场力量的资本，用它来配置社会资源仅此能够扩大再生产就是市场经济。政府的经济权力与资本二者都是支配生产要素来进行生产活动的社会关系力量。那么计划和市场两者之间

① 《邓小平文选》（第三卷），人民出版社，1993，第 148 页。
② 《邓小平文选》（第三卷），人民出版社，1993，第 373 页。

的关系是怎样的呢？第三，资本和社会主义的问题。如果说社会主义引入市场经济，引入资本的力量，那么如何为己所用，而不致为其所困。换言之，就是社会主义如何驯服资本的问题，将资本作为利用、引导和驾驭的对象。三个问题归根结底是一个问题，就是社会主义如何驯服资本的问题。更明确地说，社会主义如何发挥资本的正面效应，而避免它的负面作用。

为了更清楚地分析这一驾驭资本的现实途径，在此引入"三种逻辑"的分析框架。我们可以把人的现实世界分成三个维度：生活世界、政治世界（国家）和经济世界（市场）。"虽然生活世界、国家和市场这三个实践场域之间密切相关，但它们各有其内在的规定性或内在的逻辑。生活世界的主体是全体社会成员，其自发的指向是维持全体社会成员好的生活或正常的生活，故其内在逻辑可称之为生活逻辑或生存逻辑；政治活动场域的主体是国家权力，其目标是将社会生活维持在一定的秩序范围内，故其内在逻辑可称之为秩序逻辑；市场或经济活动的主体是资本，其自发的目标是获取最大化的利益，其内在逻辑可称之为资本逻辑。这样，三个实践场域之间的博弈，也就是生存逻辑、秩序逻辑和资本逻辑之间的博弈。"①三种逻辑为我们分析社会主义与资本力量提供了很好的理论

① 王南湜：《全球化时代生存逻辑与资本逻辑的博弈》，《哲学研究》2009年第5期。

/ 当代中国道路与智慧

坐标。

资本逻辑与生存逻辑经常处于一种对立状态。马克思在《1884
年经济学哲学手稿》中曾经通过引用亚当·斯密的话来说明这种冲
突，"对资本家来说，资本的最有利的使用，就是在同样可靠的条件
下给他带来最大利润的使用。这种使用对社会来说并不总是最有利
的。"由于利润最大化构成了资本逻辑的指挥棒，因此"最重要的劳
动操作是按照投资者的规划和盘算来调节和指挥的。而投资者所有
这些规划和操作的目的就是利润。"所以这就导致了"经营某一特
殊商业部门或工业部门的人的特殊利益，在某一方面总是和公众利
益不同，甚至常常同它相敌对。商人的利益始终在于扩大市场和限
制卖者的竞争……这是这样一些人的阶级，他们的利益决不会同社
会的利益完全一致，他们的利益一般在于欺骗和压迫公众。"[1] 由于
资本逻辑和生存逻辑处于一种天然的对立状态，那么国家权力应该
在两者之中采取一种什么样的立场呢？

第一种情况，资本逻辑支配国家政权，最终的结果必将损害
老百姓的生存逻辑，而使财富迅速地向少数人手中集中，违背了
社会主义国家的宗旨，也违背了改革开放共同富裕的目标，导致
政府被资本的逻辑所绑架；第二种情况，国家政权支配资本逻辑，

---

[1] 本段中各引文均见《马克思恩格斯文集》（第 1 卷），人民出版社，2009，第
133 页。

国家政权以生存逻辑为导向，这样能够更好地保障民生，更好地引导和驾驭资本。除行政权力之外，国有资本应该在驾驭和引导社会资本方面发挥积极的作用，国有资本不应该以资本的逻辑及利润最大化为导向，而应该保障生存逻辑，引导整个社会的资本服务于民生。

因此，当代中国的问题，一言以蔽之，就是"社会主义对资本力量"问题。从总体上说，只有社会主义力量足够强大，能够引导、利用、驾驭、制约私人资本力量，才有可能保持和发展我国的社会主义制度，才能建立起真正的社会主义市场经济。反过来说，当社会主义力量无法引导与驾驭私人资本力量时，私人资本力量会成为全社会的主宰力量。邓小平指出："多搞点'三资'企业，不要怕。只要我们头脑清醒，就不怕。我们有优势，有国营大中型企业，有乡镇企业，更重要的是政权在我们手里。有的人认为，多一分外资，就多一分资本主义，'三资'企业多了，就是资本主义的东西多了，就是发展了资本主义。这些人连基本常识都没有。"① 如果说邓小平"关于计划和市场"的论述为我们破除了关于"资本"的教条观念的话，那么这段话为我们指出了驾驭资本的道路："有国营大中型企业，有乡镇企业，更重要的是政权在我们手里。"从这句话中我们可

---

① 《邓小平文选》（第三卷），人民出版社，1993，第 372～373 页。

/ 当代中国道路与智慧

以看出驾驭资本的两条道路：国有资本和国家政权。国家政权通过行政权力和国有资本去调控和引导资本。改革开放以来，我国致力于建设具有中国特色的社会主义市场经济，标志着社会主义结束了对资本力量的恐惧与敌对的态度，而代之以充满自信的主人翁态度，资本只是我们利用的手段，而不是我们信奉的主义，可以将资本力量纳入社会主义轨道，为社会主义建设服务。

国家政权通过行政权力和国有资本去调控和引导资本，也就是我们通常所说的宏观调控。党的十七大报告指出："要深化对社会主义市场经济规律的认识，从制度上更好发挥市场在资源配置中的基础性作用，形成有利于科学发展的宏观调控体系……完善国家规划体系。发挥国家发展规划、计划、产业政策在宏观调控中的导向作用，综合运用财政、货币政策，提高宏观调控水平。"中国特色的社会主义市场经济的特色与其社会主义性质就在于通过将国有资产化为"国有资本"，引导、吸收和控制全社会的资本来实现社会的公平和正义，来保障民生，实现共同富裕。

因此，如果从三种逻辑的视角看待社会主义力量对资本的驾驭，就是秩序逻辑与生存逻辑相结合，去引导资本逻辑。而所有问题的关键在于政权的性质，政权的性质取决于执政党即中国共产党的本性，这就要求无论是党和国家，还是马克思主义中国化都必须坚持马克思主义人类解放的理论旨趣和价值诉求。

二　关于资本的四个观念

在马克思看来，现代社会的秘密聚焦于"资本"。马克思通过"资本"概念不仅洞察了现代资本主义社会的本质，也为未来人类社会的文明新形态指明了方向。"资本"成了马克思思想中最为核心的"概念"。在坚持马克思关于"资本"概念基本内涵的前提下，使"资本"概念在现代性的语境中获得时代性内涵，并以此为基础推进马克思所开创的政治经济学以及历史唯物主义，已经成为当代马克思主义研究中最为重要的理论课题之一。

早在改革开放之初，邓小平在评价中国共产党第十二届三中全会通过的《中共中央关于经济体制改革的决定》时，就已经提出要建立"马克思主义基本原理和中国社会主义实践相结合的政治经济学"。[①] 在 2015 年底，习近平正式提出了"中国特色社会主义政治经济学"的概念，并指出："要深入研究世界经济和我国经济面临的新情况新问题，为马克思主义政治经济学创新发展贡献中国智慧。"[②]"资本"概念在马克思主义思想中所具有的基础性地位不言

---

① 《邓小平文选》（第三卷），人民出版社，1993，第 83 页。

② 参见习近平在 2015 年 11 月 23 日主持中共中央政治局就马克思主义政治经济学基本原理和方法论进行第二十八次集体学习时的讲话。

而喻。本文在梳理马克思经典文本并结合当代中国社会主义伟大实践的基础上，分析和探讨关于"资本"的四个基本观念，试图在"理论原点"的意义上创生马克思主义政治经济学以及历史唯物主义。

关于"资本"的四个观念包括：资本积极作用的观念、驯服资本的观念、公共性资本的观念以及后资本主义社会的观念。这四个观念并非外在的简单罗列，而是一个系统的逻辑整体，它们是对未来人类社会发展道路的尝试性探索。这一探索将遵循三个基本原则：第一，坚持马克思对"资本"概念基本内涵的判定；第二，立足于当代中国特色社会主义建设的伟大实践；第三，结合当代西方资本主义社会发展的最新现状。

（一）资本积极作用的观念

"资本"概念之所以能够成为我们创生马克思主义的理论原点，是因为"资本"概念是马克思切入现代社会的突破口，马克思关于整个资本主义社会的分析和批判都奠基于对"资本"概念的理解。马克思首先批评了古典政治经济学尤其是亚当·斯密对"资本"的理解。亚当·斯密把资本理解为"储蓄起来的财富"，马克思指出这是一种对资本的"物质化"理解。按照亚当·斯密的观点，人们所拥有的一切财富都可以被看成资本。而实际上，这些财富只是"资源"而不是"资本"。从马克思的立场来看，财富只有在被用来进行投资，在市场上购买劳动力这种特殊的商品，并产生增殖的时候才是资本。因此，货币转化为资本的标志就是发生增殖。如果仅仅把资本理解为物，就会掩盖资本主义社会条件下人与人之间关系的真实处境。在《资本论》中，马克思强调货币转化为资本有一个根本性前提，就是能够在市场上购买到劳动力这一特殊的商品。"劳动力成为商品"意味着一种新型的生产关系——雇佣劳动关系的产生。正是在这个意义上，马克思在《资本论》中明确指出："资本不是一种物，而是一种以物为中介的人和人之间的社会关系。"① 由于资本的存在，资本主义社会中的生产关系——雇佣劳动关系得以形成，这一关系最终被马克思揭示为资本家和工人之间的对抗性关系。

在马克思对资本主义社会的批判中，"资本"扮演着一个并不光彩的角色。马克思认为资本产生了巨大的负面效应："它使人和人之间除了赤裸裸的利害关系，除了冷酷无情的'现金交易'，就再也没有任何别的联系了。"② 尤其是当马克思把资本理解为一种生产关系的时候，马克思揭示出了资本家对工人所创造的剩余价值的残酷剥削。马克思在考察资本起源的时候，更是充满了对资本的控诉和讨伐。马克思说："资本来到世间，从头到脚，每个毛孔都滴着血和

① 《马克思恩格斯文集》（第5卷），人民出版社，2009，第877~878页。
② 《马克思恩格斯文集》（第2卷），人民出版社，2009，第34页。

/ 当 代 中 国 道 路 与 智 慧

肮脏的东西。"① 在资本主义社会中，资本家只是资本的人格化，资本家对工人的剥削只是资本增殖的现实化或具象化，或者说是资本增殖本性的展现。由于资本的这种增殖本性，马克思在《资本论》中把"资本"比喻成"吸血鬼"。马克思指出，"作为资本家，他只是人格化的资本。他的灵魂就是资本的灵魂。而资本只有一种生活本能，这就是增殖自身，创造剩余价值，用自己的不变部分即生产资料吮吸尽可能多的剩余劳动。资本是死劳动，它像吸血鬼一样，只有吮吸活劳动才有生命，吮吸的活劳动越多，它的生命就越旺盛。"② 资本作为"吸血鬼"，是对工人的剩余劳动所创造的剩余价值的吮吸，是对工人的剥削和压榨。马克思所有这些关于资本的论述，向我们传递了这样一个信息：如果说资本主义充斥着罪恶和奴役，那么"资本"就是万恶之源。这使得我们对"资本"持一种完全消极的、单向度的理解模式。

尽管马克思对资本进行了激烈的批判，但这并不意味着资本一无是处，更不意味着马克思对资本的理解完全是消极的。事实上，马克思在其著作中对资本以及资本主义社会的评价是双向度的，而不是单向度的。在《共产党宣言》中，马克思对资本主义的赞扬丝毫不逊色于任何一位捍卫资本主义的资产阶级学者。马克思指出，

---

① 《马克思恩格斯文集》（第 5 卷），人民出版社，2009，第 871 页。
② 《马克思恩格斯文集》（第 5 卷），人民出版社，2009，第 269 页。

"资产阶级在它的不到一百年的阶级统治中所创造的生产力,比过去一切世代创造的全部生产力还要多,还要大。自然力的征服,机器的采用,化学在工业和农业中的应用,轮船的行驶,铁路的通行,电报的使用,整个整个大陆的开垦,河川的通航,仿佛用法术从地下呼唤出来的大量人口——过去哪一个世纪料想到在社会劳动里蕴藏有这样的生产力呢?"① 马克思用饱含激情的语言赞扬资本主义生产方式所带来的高速发展的生产力,资本主义的文明作用及其对人类世界的开拓是以往任何一种社会制度和生产方式所无法望其项背的。

即使在强烈批判资本主义社会的著作《资本论》中,马克思对资本的理解也是双向度的。在《资本论》中,马克思把资本的正面效应称为"资本的文明面",并且高度评价了资本的这种积极作用。马克思指出,"资本的文明面之一是,它榨取这种剩余劳动的方式和条件,同以前的奴隶制、农奴制等形式相比,都更有利于生产力的发展,有利于社会关系的发展,有利于更高级的新形态的各种要素的创造。"② 在此,我们列举诸多马克思关于资本正面效应或积极作用的评价,并不是想否认资本以及资本主义生产方式所带来的负面效应或消极作用,而只是想说明马克思对资本以及资本主义社会的

① 《马克思恩格斯文集》(第 2 卷),人民出版社,2009,第 36 页。
② 《马克思恩格斯文集》(第 7 卷),人民出版社,2009,第 927~928 页。

/ 当 代 中 国 道 路 与 智 慧

理解是双向度的，而不是单向度的。因此，资本对于人类社会的发展既具有正面效应，也具有负面效应；既具有积极作用，也具有消极作用。对资本进行双向度的理解，不仅符合马克思本人对资本的认识判断，也符合人类社会发展的现实情况。

那么，资本主义社会为什么能够创造出或者释放出如此巨大的创造力和生产力呢？我们当然可以归因于现代科学技术的发展，但是这一理由并不根本也不充分。说其不根本，是因为我们还应该继续追问究竟是什么原因推动了科学技术的发展。说其不充分，是因为又是什么原因促使科学技术转化为生产力。答案只有一个，那就是"资本"的力量。吉登斯在谈到马克思《资本论》的目的时曾经指出：《资本论》的首要兴趣就是揭示"资产阶级社会的动力学"。吉登斯是一位社会学家，他当然是站在社会发展的立场来解读《资本论》的。在他看来，马克思的《资本论》最为重要的理论价值就在于为我们揭示了现代社会发展的原动力——"资本"。吉登斯认为，资本主义社会是一种"扩张性的体制"，"其基本动力来源于对利润的无止境的追求"。① 现代社会之所以获得如此迅猛的发展，之所以能够召唤出无数的生产力，原因就在于资本的扩张本性。资本的自我扩张，就是资本的自身增殖，就是资本对利润的无止境的追

---

① 安东尼·吉登斯：《资本主义与现代社会理论》，郭忠华、潘华凌译，上海译文出版社，2013，第70页。

求，它构成了资本主义社会发展的原动力。资本的增殖本性使得整个资本主义社会成为一种扩张性体制，这种扩张性体制为人类社会带来了前所未有的高速发展。资本或市场是人类社会迄今为止最为有效的资源配置手段，也是现代社会生产力发展的动力之源，这就是资本的积极作用。

虽然马克思对资本持双向度的理解，但是他在对资本主义社会的批判和对未来人类文明形态的探讨中是以资本的单向度理解为出发点的。正因为马克思以资本的负面效应为出发点，马克思最终走上了一条彻底扬弃资本的道路。从历史发展的视角来看，马克思选择这条道路具有充分的时代合理性。我们知道，马克思所生活的时代是 19 世纪早期工业资本主义时期。从马克思和恩格斯的著作以及同时代的狄更斯等人的文学作品中，我们可以看到以工人阶级为代表的社会底层生活十分艰难。他们从事着繁重的劳动，却仅能获得微薄的工资。马克思由此激烈地批判资本以及资本主义社会是可以理解的。但是，从 20 世纪中叶以来，西方资本主义社会在获得高速经济发展的同时，也开始注意缓和阶级矛盾，着力于解决社会两极分化问题。尤其是北欧社会提出了福利国家的建设目标，这似乎让我们觉得资本也有可能为人民的福祉服务。立足于当代西方资本主义社会发展的这些最新现状，我们能否从资本的积极作用出发去重新思考人类社会的未来发展道路？

/ 当代中国道路与智慧

（二）驯服资本的观念

在《共产党宣言》中，马克思把"现代资产阶级社会"比喻成"魔术师"，而把"资本"比喻成"魔鬼"。他指出，"资产阶级的生产关系和交换关系，资产阶级的所有制关系，这个曾经仿佛用法术创造了如此庞大的生产资料和交换手段的现代资产阶级社会，现在像一个魔法师一样不能再支配自己用法术呼唤出来的魔鬼了。"① 如果我们仔细分析马克思这段论述，就会发现马克思的这一隐喻实际上包含着两层含义。一方面，现代资产阶级社会这个"魔术师"用法术创造了如此庞大的生产资料和交换手段，召唤出了无数的生产力；另一方面，这个"魔术师"不能再支配自己用法术呼唤出来的"魔鬼"，即资本了。

如果说资本主义社会这个"魔术师"已经无力驯服和驾驭"资本"这一"魔鬼"，那么解决这个问题就会有两种思路：第一种思路是找到产生资本这一"魔鬼"的现实根基，把它连根拔掉；第二种思路是继续寻找一种有效的方法去支配或控制资本这一"魔鬼"。马克思选择的是第一条路径。马克思认为，既然资本主义社会这个"魔术师"已经无力驯服和驾驭"资本"这一"魔鬼"，那么，就应

---

① 《马克思恩格斯文集》（第2卷），人民出版社，2009，第37页。

当把资本的体制性根基连根拔掉，从而彻底地消解掉这一问题。在马克思看来，现代社会产生资本的根源是"私有财产"，亦即生产资料私有制。要想彻底地瓦解资本的逻辑，就必须扬弃私有财产，推翻资本主义社会的生产资料所有制。因此，在这个意义上，马克思指出共产主义就是对私有财产的扬弃。毫无疑问，马克思这种解决方式是对现代社会资本问题的根本性解决，是彻底地瓦解资本逻辑对现代社会的控制。这种解决路径是一种釜底抽薪式的激进政治。

马克思的历史唯物主义揭露了现代社会发展的秘密：资本增殖的逻辑。劳动力占有者把劳动力当作商品出卖，货币转化为资本成为可能，这必然会产生资本增殖的逻辑。现代社会正是建立在这一逻辑架构之上的。在资本全球化的今天，资本的逻辑更是成为我们无可争议的生存处境。根据马克思的判断：第一，资本逻辑在现代社会中必然引发商品、货币和资本三大拜物教，从而导致人的本质的全面物化；第二，资本逻辑必然导致资本家无偿占有工人所创造的剩余价值，从而使现代社会形成两大对立的阶级——资产阶级和无产阶级；第三，资本无限增殖的本性产生了资本主义社会本身无法克服的基本矛盾——生产社会化与资本主义生产资料私有制之间的矛盾，这一矛盾最终将导致现代社会的终结。可见，资本增殖的逻辑不仅是一个单纯的增殖逻辑，它还会导致极为严重的社会后果，所以它是一个资本之链。马克思所揭示的资本之链告诉我们：以资

/当代中国道路与智慧

本增殖的逻辑为架构的资本主义社会必将走向灭亡。

我们知道：资本同时具有积极作用和消极作用。瓦解资本的逻辑，虽然规避掉了资本所带来的消极作用，但同时也消解掉了资本的积极作用，丧失了现代社会发展的原动力。区别于马克思立足于资本消极作用的解决路径，我们能否立足于资本的积极作用的观念开辟出一条新路：在规避资本消极作用的同时，发挥资本的积极作用。从资本之链的视角来看，我们能否斩断马克思所揭示的资本之链，也就是说能否斩断资本增殖的逻辑与其消极后果之间的必然性关联。现代社会如果想实现自我救赎，就必须斩断马克思所揭示的资本之链。如果我们把马克思釜底抽薪的解决路径称为"瓦解资本的逻辑"，我们则可把斩断马克思资本之链的做法，称为"驯服资本的逻辑"。

吉登斯也曾明确地把以驯服资本为标志的现代社会称为"驾驭猛兽"。吉登斯追问道："我们，作为整体的人类，究竟在什么程度上能够驾驭那头猛兽？或者至少，能够引导它，从而降低现代性的危险并增大它所能给予我们的机会？现在我们怎么会生活在一个如此失去了控制的世界上，它几乎与启蒙思想家们的期望南辕北辙？"① 无论是马克思的驾驭或支配"魔鬼"，还是吉登斯的"驾驭

---

① 安东尼·吉登斯：《现代性的后果》，田禾译，译林出版社，2000，第133页。

猛兽",都向我们表明:"驯服资本"的问题已经成为现代社会所面临的最尖锐的生死攸关的问题。马克思对资本双向度的揭示决定了我们对待资本的态度完全可以采取"驯服资本"而非"消灭资本"的策略。站在马克思主义的立场上,资本主义是没有办法或无力驯服资本这一"魔鬼"的,驯服资本只有在社会主义制度的前提下才能实现。在这个意义上,具有中国特色的社会主义最核心的任务就是"驯服资本",这是我们建设中国特色社会主义成败的关键所在。现代的世界是资本主义的世界,现代性的文明就是资本的文明。因此,"驯服资本"的道路就是一条超越"资本的文明"的道路。

我国建立中国特色社会主义市场经济体制,引入市场或资本这一现代社会最有效的资源配置方式和扩大再生产的手段,就不可避免地要面对资本逻辑的支配力量以及其所带来的种种恶果。40年改革开放所导致的种种负面效应也都是由此而来的。我们在利用、彰显和建构资本增殖的逻辑,达到推进国民财富增长和提高人民生活水平目的的同时,也要制约、驾驭和驯服资本增殖的逻辑,实现财富的合理分配和社会的公平正义,让资本为民生服务。驯服资本的问题已经成为当代中国最为严峻的现实问题和理论问题。

简而言之,所谓"驯服资本"就是要发挥资本的正面作用,规避资本所带来的负面效应。驯服资本的可能性和必要性就在于资本所具有的这种二重性特征。如果对资本进行一种单向度的负面理解,那么唯一的解决方法就只能是消灭资本。但是，马克思从来都没有对资本进行绝对的否定性理解，马克思对资本的理解是双向度的。换言之，马克思揭示了资本的双重本性及其双重作用。正是基于对资本的双向度理解，我们才有可能确立起"驯服资本的观念"。实际上，包括第二个观念在内的后三个观念都奠基于第一个观念，即对资本不再做单向度的理解，而是对资本进行双向度的理解。正是基于这样的理解，我们才有可能走出一条具有中国特色的社会主义道路。

（三）公共性资本的观念

驯服资本，就是将资本重新放置于其所从出的母体之中，将私人资本变为公共性资本，破除对自发性进步观念的过度迷恋，重新确立审慎的发展策略。所谓"公共性资本"，并不是就资本的属性，而是就资本的功能或服务指向而言的。换句话说，只要这一资本是为保障公共民生而不是单纯追逐利润的最大化，无论这一资本是私人资本还是公有资本，都是公共性资本。反过来说，如果某一公有资本的存在不是为了保障公共民生，只是为了赚取最大限度的利润，那么这一公有资本也并非公共性资本。公共性资本的存在是以国家对资本的治理和引导为前提的，也就是说是以国家对资本逻辑的驾驭和驯服为前提的，否则资本只可能充满逐利本性。在公共性资本的视域下，国家成了一个自觉的和有计划的资本引导和规训机构，

"对人的统治将由对物的管理和对生产过程的领导所代替"①。国家的社会治理职能既使它成为资本的助产婆，使人获得独立性；也使它成为资本的收纳者，使人获得自由性，使资本从根本上服务于人的发展。

马克思强调国家的政治属性是有前提的，"政治统治到处都是以执行某种社会职能为基础，而且政治统治只有在它执行了它的这种社会职能时才能持续下去"②。社会主义国家的政治统治必须执行社会主义性质的社会职能——驯服资本。我们必须正视马克思的国家观，走出庸俗化和政治化的传统解读模式，将之与人民的根本权益联系起来。马克思从根本上扭转了西方政治哲学的运思逻辑，进一步确证了主权在民的政治理念，从而超越了人身支配意义上的权力逻辑，使"政治国家复归于社会"。

在古典政治经济学家看来，经济领域存在一只"看不见的手"，能够自动实现个人利益与普遍利益的和谐一致。经济领域和伦理政治领域被认为是两个相互独立的领域。由此，古典经济学家将资本主义社会抽象成一个永恒和谐的完美状态，把人类历史看成经济范畴起决定作用的历史。马克思指出，古典经济学把"资本现在实现的条件"当成"资本生成的条件"，通过证明资本不存在来证明资

---

① 《马克思恩格斯选集》（第 3 卷），人民出版社，2012，第 812 页。
② 《马克思恩格斯文集》（第 9 卷），人民出版社，2009，第 187 页。

/ 当代中国道路与智慧

本永远存在，所宣称的市场拜物教只是存在于简单流通领域。"那里占统治地位的只是自由、平等、所有权和边沁。"① 但这仅仅是资本主义生产方式的表象，一旦从商品流通领域进入资本生产领域，事情本身就会发生本质性的变化。劳动力成为商品只有在生产领域才能获得完全的、根本性的理解。首先，表象上是雇用与受雇用的自由，实质则是活劳动受死劳动支配，是劳动力与生产资料相分离的不断扩大与深化。其次，表象上是商品所有者的平等，实质是人与人尤其是资本家与工人之间以各自相对优势为基础的奴役和支配，"平等地剥削劳动力，是资本的首要的人权"②。

市场的自由意味着资本的肆虐，它不会带来个体利益与普遍利益、功利与正义的和谐一致，相反，它犹如"撒旦的磨坊"带来的是断裂性的制度变革，以及赤贫与巨富、野蛮与文明、"生产工具上奇迹般的进步"与"一般人民灾难般的流离失所"的并行不悖。③由此，马克思揭示出市场逻辑与资本逻辑的矛盾，指出市民社会的缺陷需要有新的生产方式（新的国家体制）来填补。我们必须在资本及其社会形态释放其生产力的同时规避其所带来的社会创伤，发

---

① 《马克思恩格斯全集》（第44卷），人民出版社，2001，第204页。
② 《马克思恩格斯文集》（第5卷），人民出版社，2009，第338页。
③ 参见卡尔·波兰尼《巨变——当代政治与经济的起源》，黄树民译，社会科学文献出版社，2017，第81页。

挥其文明面，抑制其阴暗面，使全体人民共享其文明成果。正是在驯服资本逻辑这一方面，国家才真正获得合法性，实现向社会的复归，由政治国家转变为社会国家。正如哈贝马斯所指出的那样，"只有当国家确实表现出自己是社会国家，能够控制住经济过程中的破坏性的副作用，并对各个人的利益不造成损害时，而且只有在这种情况下，合法性面临的威胁才能得以避免。"①

马克思对依靠国家力量来驯服资本逻辑的讨论集中在"无产阶级专政"这一过渡的国家形态中。私人占有的资本，与马克思提出的由国家占有的公共性资本，都属于资本的社会形态。马克思指出，资产阶级难以支配自己创造出的资本魔鬼，资本在单个资本家手里是毁誉参半的。相反，只有当"把一切生产工具集中在国家即组织成为统治阶级的无产阶级手里"②时，只有当国家以社会的名义占有生产资料成为"理想的总资本家"③时，资本才能扬弃自身的私人性及其所带来的自发性和支配性，"变为公共的、属于社会全体成员的财产"④。在公共性资本的境域中，每一个人都成为劳动者，"除了自己的劳动，谁都不能提供其他任何东西，另一方面，除了个

① 哈贝马斯：《重建历史唯物主义》，郭官义译，社会科学文献出版社，2000，第281页。
② 《马克思恩格斯文集》（第2卷），人民出版社，2009，第52页。
③ 《马克思恩格斯文集》（第3卷），人民出版社，2009，第559页。
④ 《马克思恩格斯文集》（第2卷），人民出版社，2009，第46页。

人的消费资料，没有任何东西可以转为个人的财产"①，活劳动与生产资料的结合不再经过单个资本家这一中介的任意支配，因而每个人都不具备奴役他人劳动的支配力，劳动由此也就获得了解放，劳动成为生存的第一需要。这就意味着，"物的依赖性"基础上的利己性和孤立性也就不复存在了，整个社会也不再被单个资本家的无政府主义所充斥。

国家政权以生存逻辑为导向支配资本逻辑，形成了两条驾驭资本的道路：国有资本和行政权力。国有资本就是马克思所设想的国家占有的公共性资本。党的十四届三中全会通过的《中共中央关于建立社会主义市场经济体制若干问题的决定》正式认可了社会主义条件下仍然可以存在资本关系。而党的十五大则创造性地提出了"公有资本"的概念，意味着在资本主义的资本关系之后，又一种崭新的资本关系形态的诞生。按照正式的表述：公有资本就是体现社会主义公有制性质的资本。在我国主要包括国有资本、集体资本，以及由国有资本、集体资本控股的企业法人资本和事业法人资本。另外，主要由国有单位、集体单位和劳动者出资形成的基金会资金，如果用于投资，也应属于公有资本。"公有资本"是国有资本的典型表现形式。

---

① 《马克思恩格斯文集》（第3卷），人民出版社，2009，第434页。

（四）后资本主义社会的观念

资本主义社会一方面造成了人在非神圣形象中的自我异化；另一方面形成了资本家和工人之间的剥削和奴役关系。因此，资本主义社会是人类必须超越的一个社会阶段。马克思利用"共产主义"这一概念，为我们确定了后资本主义社会的理想状态。马克思、恩格斯在《德意志意识形态》中描述了这种社会状态："在共产主义社会里，任何人都没有特殊的活动范围，而是都可以在任何部门内发展，社会调节着整个生产，因而使我有可能随自己的兴趣今天干这事，明天干那事，上午打猎，下午捕鱼，傍晚从事畜牧，晚饭后从事批判，这样就不会使我老是一个猎人、渔夫、牧人或批判者。"① 这些论述是想表明共产主义社会条件下人的生存状况：社会中的成员作为自由人消除了自己生存的异化状态，能够实现自己的全面发展和自由个性。这一社会状态如何实现呢？

马克思指出，"共产主义是对私有财产即人的自我异化的积极的扬弃，因而是通过人并且为了人而对人的本质的真正占有；因此，它是人向自身、也就是向社会的即合乎人性的人的复归，这种复归是完全的复归，是自觉实现并在以往发展的全部财富的范围内实现

---

① 《马克思恩格斯文集》（第 1 卷），人民出版社，2009，第 537 页。

的复归。"① 马克思把共产主义看作人对人的本质的真正占有，是向合乎人性的人的复归。而这一运动过程是需要通过私有财产的扬弃来实现的。扬弃私有财产意味着彻底地瓦解了资本的逻辑，解除了资本逻辑对人类存在状态的宰治。

但是，现代人无法采用或者至少短时期内无法采用马克思瓦解资本逻辑的解决方式。如果采用了这种解决方式，也就意味着我们放弃了资本的正面作用，放弃了经济发展的原动力，而这是现代社会所无法接受的。我们不可否认，在前资本主义社会也存在着资本和市场，"有市场"的社会并不等同于"市场社会"。因此，有市场、有资本并不意味着是资本主义。邓小平彻底斩断了"市场或资本"同"资本主义"之间的内在本质性关联，扭转了人们关于资本与资本主义的流俗性观念。"计划多一点还是市场多一点，不是社会主义与资本主义的本质区别。计划经济不等于社会主义，资本主义也有计划；市场经济不等于资本主义，社会主义也有市场。计划和市场都是经济手段。"② 邓小平的这一判断是振聋发聩的。他明确告诉我们：资本和市场并非资本主义社会的专利，后资本主义社会也可以有资本和市场。

问题在于，在后资本主义社会我们如何安顿资本呢？"市场远在

---

① 《马克思恩格斯文集》（第 1 卷），人民出版社，2009，第 185 页。
② 《邓小平文选》（第三卷），人民出版社，1993，第 373 页。

资本主义之前就存在，因而人们完全可以这样设计后资本主义时代：不必废除市场，而是要对它进行规范、限制，使之社会主义化。"①建设中国特色社会主义市场经济，实质上就是探寻如何对资本和市场进行规范和限制，使之符合社会主义的本质要求。在社会主义制度下，无论是公有资本，还是私有资本，都应该成为"公共性资本"。在社会治理的层面上，国家政权有责任引导和管控全社会的资本为公共性的民生服务。在公共性资本的视域下，全社会也有可能形成贫富差距，但这种按劳分配所带来的不平等更多是表象意义上的；也有可能实现资本的增殖，但资本最基本的功能指向是为人民的福祉服务的。

后资本主义社会并不是一蹴而就的，或者说它不是一个能够彻底实现的完满的社会理想状态。这在马克思的共产主义观念中可以得到清楚地展现。马克思对预言未来充满了警惕，他一直试图避免把共产主义变成教条的抽象概念。马克思说，"我不主张我们树起任何教条主义的旗帜，而是相反。我们应当设法帮助教条主义者认清他们自己的原理。例如共产主义就尤其是一种教条的抽象概念。"②正是在此意义上，马克思批判了当时流行的各种类型的社会主义或

① 米歇尔·于松：《资本主义十讲》，潘革平译，社会科学文献出版社，2013，第4页。
② 《马克思恩格斯文集》（第10卷），人民出版社，2009，第7页。

共产主义学说。马克思与传统乌托邦式的思想家包括空想社会主义者有着根本的不同，他从来不热衷于对未来社会的描述和建构。因此，与其说马克思是一位预言家，不如说马克思是一位先知。"《圣经》中的先知也从来没有试图预知未来。恰恰相反，先知的伟大之处在于他们谴责现世的贪婪、腐败和权力欲，并向我们发出警告：如果不能做出改变，人类将根本没有未来。马克思正是这样的一位先知，而不是什么预言家。"① 在马克思的语境中，共产主义的制度建构从来就没有一种现成的方案，它是在批判旧世界中发现新世界。

马克思在 1843 年 9 月致阿尔诺德·卢格的信中，明确指出："新思潮的优点又恰恰在于我们不想教条地预期未来，而只是想通过批判旧世界发现新世界。"② 也就是说，作为新世界的共产主义不是我们通过理性"设计和规划"出来的，而是通过批判资本主义社会"发现和生成"出来的。马克思的共产主义是与资本主义批判联系在一起的。马克思对资本主义的批判，在某种意义上就是对共产主义社会的探索。"如果我们的任务不是构想未来并使它适合于任何时候，我们便会更明确地知道，我们现在应该做些什么，我指的就是要对现存的一切进行无情的批判，所谓无情，就是说，这种批判既

①　伊格尔顿：《马克思为什么是对的》，李杨、任文科、郑义译，新星出版社，2011，第 71 页。
②　《马克思恩格斯文集》（第 10 卷），人民出版社，2009，第 7 页。

不怕自己所作的结论，也不怕同现有各种势力发生冲突。"① 马克思在这里扭转了对未来社会的探索方式和研究方式。对新世界的探索，不是对"新世界"的构想，而是对"旧世界"的批判。在马克思看来，这既是新思潮的优点，也是共产主义者所应秉承的立场和方法论原则。

马克思指出，"实际上，而且对实践的唯物主义者即共产主义者来说，全部问题都在于使现存世界革命化，实际地反对并改变现存的事物。"② 对共产主义的理解首先在于对资本主义的批判。正是在"使现存世界革命化""实际地反对并改变现存的事物"的过程中，亦即在资本主义批判中，发现共产主义。因此，共产主义不仅仅是一种未来的社会制度，更重要的是它是一种共产主义运动。在《德意志意识形态》中，马克思非常明确地表明了对共产主义的这一理解："共产主义对我们来说不是应当确立的状况，不是现实应当与之相适应的理想。我们所称为共产主义的是那种消灭现存状况的现实的运动。"③ 这一现实的共产主义运动，在理论的意义上，是人向人的本性复归的运动，是一切历史之谜的解答；在实践的意义上，是超越资本逻辑的运动，是资本主义批判。在这里需要强调的是：超

---

① 《马克思恩格斯文集》（第 10 卷），人民出版社，2009，第 7 页。
② 《马克思恩格斯文集》（第 1 卷），人民出版社，2009，第 527 页。
③ 《马克思恩格斯文集》（第 1 卷），人民出版社，2009，第 539 页。

/ 当 代 中 国 道 路 与 智 慧

越资本的逻辑并不一定是对资本逻辑的瓦解，也可以是对资本逻辑的驾驭和驯服。

在有关资本的四个观念中，第一个观念资本积极作用的观念是基础。对资本不再做单向度的理解，不再认为资本只具有消极作用或负面效应，而主张对资本进行双向度的理解，认为资本既具有积极作用，又具有消极作用。第二个观念驯服资本的观念是思路。正是在对资本进行双向度理解的基础上，我们才可以寻找一条新的社会发展道路：驯服资本的道路。驯服资本就是规避资本的消极作用，发挥资本的积极作用。第三个观念公共性资本的观念是方法。我们可以通过公共性资本的建构做到驯服资本，通过国家政权引导和调控让资本为人民大众服务，无论是公有资本，还是私人资本，都应将其规训为公共性资本。第四个观念后资本主义社会的观念是目的。后资本主义社会不一定就是瓦解资本的社会，也有可能是一个拥有资本的社会，但是是使资本社会主义化的社会，是一个驯服了资本的社会。因此，有关资本的四个观念构成了一个完整的概念逻辑系统，究其实质而言是对人类社会未来发展道路的尝试性探索。

三　超越资本的文明

2008 年北京奥运会，是一个象征性的意象。以它为时间点，可以将改革开放分为第一阶段和第二阶段。改革开放 30 年来，中国经济持续高速增长，GDP 跃居世界第二，综合国力迅速增强，国际影响力日益扩大，人民生活水平得到大幅度提升。北京奥运会的举办集中展现了改革开放第一阶段所造就的物质力量和精神力量。但是，经济突然的大规模且持续增长并不必然伴随着现代性转型的完成，恰恰相反，它会加速地暴露当代中国更多的社会问题，尤其是各种体制弊端。改革开放的第二阶段正是在各种各样的社会危机中徐徐拉开了帷幕。

30 年的改革开放，我国着力于以经济建设为中心，解放生产力，发展生产力，实现了经济又快又好地发展。具体而言，中国经济改革开放的目标主要有两个：对内是所有制的改革或市场经济体制的建立，对外是扩大国际贸易或融入世界经济体系。这两个目标实际上是合二为一的。现在，这两个目标都已基本实现。第二阶段里，我们所关注的、所需要解决的问题，已经跟前一个阶段完全不一样了。在改革开放的第二阶段我们所面临的最大问题就是改革开放自身所带来的问题：两极分化日趋严重，民生问题凸显，权钱崇拜成为全社会的价值取向。这就是当代中国所面临的现代性问题。我们之所以把现在这个时代称为"改革开放的第二阶段"，就在于我们现在所面临的问题和任务与第一阶段相比发生了重大变化。可见，第二阶段是第一阶段的延续，体现的是改革开放的进一步深化

　　　　　　　　　　／当代中国道路与智慧

和拓展。当代中国应该研究"改革开放第二阶段"的社会问题和对策，探讨"改革开放第二阶段"的中国道路，这样，改革和开放方能健康持久地发展下去，社会主义的价值和目标也才能实现。

（一）作为现代性的资本主义

现代性并不是一个空洞的、普遍的抽象，而是一个活生生的当下。相对于传统而言，现代性是一个断裂，现代性标志着我们时代独特的历史特征。改革开放第二阶段就是当代中国的现代性处境。这一处境虽然具有特殊性，但绝不是孤立于现代世界而存在的。改革开放第二阶段的中国问题是中国所面临的世界性问题，是世界历史意义上的现代性问题在当代中国的显现。因此，对现代世界的本质性考察是探讨当代中国道路的前提性条件。

在历史唯物主义看来，现代世界的历史本质是资本主义的性质。大工业是中世纪以来继工场手工业、商业之后私有制发展的第三个时期的动力。大工业采用机器生产以及实行最广泛的分工。大工业使竞争普遍化，创造了交通工具和现代的世界市场，控制了商业，把所有的资本都变为工业资本，从而使流通加速、货币制度得到迅猛发展、资本高度集中。因此，"它首次开创了世界历史，因为它使每个文明国家以及这些国家中的每一个人的需要的满足都依赖于整个世界，因为它消灭了各国以往自然形成的闭关自守的状态。"① 资本主义具有世界历史的意义，现代世界是一个世界历史性的事实。"历史向世界历史的转变，不是'自我意识'、世界精神或者某个形而上学幽灵的某种纯粹的抽象行动，而是完全物质的、可以通过经验证明的行动，每一个过着实际生活、需要吃、喝、穿的个人都可以证明这种行动。"② 世界历史的进程已经毋庸置疑，因为我们每天都生活在全球化这样的现实当中。

可见，资本主义使现代世界进入了世界历史，现代世界的本质就是资本主义。沃勒斯坦指出，"我们并非生活在一个现代化的世界，而是在一个资本主义的世界。"③ 詹姆逊也明确声称，"我相信现代性惟一令人满意的语义学意义在于它与资本主义的联系。"④ 如果我们把现代世界的本质定义为资本主义，问题就转换为对资本主义的理解。马克思与传统思想家的根本分歧之处正在于此。传统思想家"作为资产阶级的代言人，他们把历史的曲折发展单纯地归结为他们梦想加以消灭的宗教迫害和封建专制。他们认为，一旦实现了以上的梦想，社会秩序和政治秩序将永远合乎理性地建立起来；

---

① 《马克思恩格斯文集》（第 1 卷），人民出版社，2009，第 566 页。

② 《马克思恩格斯文集》（第 1 卷），人民出版社，2009，第 541 页。

③ 伊曼纽尔·沃勒斯坦：《沃勒斯坦精粹》，黄光耀、洪霞译，南京大学出版社，2003，第 137 页。

④ 詹姆逊：《单一的现代性》，王逢振、王丽亚译，天津人民出版社，2005，第 24 页。

/当代中国道路与智慧

在这个条件下，进步将得到保障，一切都取决于个人的努力。同所有新兴的阶级一样，资产阶级把自己的胜利看作是历史的终结"。①正是在这一基本判定的前提下，西方思想家进一步认为，资本主义所构成的现代世界是基督教伦理道德的世俗化，是基督教天国在尘世的实现，是人类历史的终结。恰恰与此相反，马克思揭示了资本主义社会种种罪恶的现实。在《神圣家族》中，马克思指出施里加"看不到，工业和商业正在建立另一种包罗万象的王国，根本不同于基督教和道德、家庭幸福和小市民福利所建立的包罗万象的王国"。② 可见，在马克思看来，资本主义是工业和商业所建立的一种包罗万象的王国，而不是基督教和道德、家庭幸福和小市民福利所建立的包罗万象的王国。

正因如此，海德格尔不无赞赏地指出，马克思的历史唯物主义深入"历史的本质性的一度"中去了。在海德格尔看来，马克思懂得我们时代两重独特的事实：经济发展及其背后的逻辑架构。资本的逻辑对现代世界的控制是马克思对我们这个时代的现代性诊断。"现代哲学和资本主义之间的关系相当于古代哲学和希腊的关系：一个绝对的内在性平面与一个同样依内在性行事的相对的社会环境之

---

① 乔治·勒费弗尔：《法国革命史》，孟湄、张慧君译，商务印书馆，2010，第64页。

② 《马克思恩格斯全集》（第2卷），人民出版社，1957，第88页。

间的关系。"① 割断现代哲学与资本主义之间的关联性，也就无法将其称为"现代"哲学了。任何一种忽视现代世界资本主义本质特征的现代性解决方案，都不免会堕入一种抽象的现代社会救赎当中。

（二）超越"资本文明"的精神建制

超越"资本的文明"，驯服资本必须从两个层面对资本进行规范和制约：一是精神伦理层面，二是社会制度层面。这两个层面的建构是当代中国所必须解决的问题。否则中国特色的社会主义就会成为一句空谈。

如果我们审视当代资本主义的发展，就会发现资本主义出现在西方尤其是西欧绝非偶然。在某种意义上讲，资本主义只不过是西方基督教世界的世俗化。资本主义自由、平等、博爱等精神都来源于基督教。但也有思想家如赫斯做了相反的揭示。他认为作为资本主义世界的小商人社会只不过是基督教功利主义或利己主义思想的世俗化。但无论如何，资本主义和基督教之间存在本质性的内在关联。当马克斯·韦伯指证新教伦理与现代资本主义精神的内在联系时，他确实颇有识见地提示了欧洲资本主义得以形成和发展的这一重要的精神－文化支撑——新教伦理。韦伯指出，"教派成员身份意

---

① 吉尔·德勒兹、菲力克斯·迦塔利：《什么是哲学?》，张祖建译，湖南文艺出版社，2007，第 339 页。

味着一种关于个体的道德资格，尤其是其商业道德的凭证。"① 也就是说，在资本主义社会中，市场经济的合法性主体应当是"教派成员"，否则就不具备道德的可信度。韦伯比较了传统意义上行会成员和教会成员。某个行会成员获得资本主义意义上的成功将削弱行会的精神。而如果某个教派兄弟合法地获得了资本主义意义上的成功，那么，这种成功所证实的是他的价值以及他的恩宠状态，而且这会提升该教派的声望和增加宣传的机会。因此，新教伦理和资本主义精神之间是一种内在的共契。"行会当然不可能产生出现代中产阶级的资本主义精神气质。只有禁欲教派的那种有条理的生活方式，才能够对现代资本主义的精神气质所具有的那种经济的'个人主义的'推动力进行合法化，并赋予它一种荣光。"②

在西方资本主义社会，其精神和文化的重要支撑就是作为救赎宗教的基督教的道德规范。中国虽然引进了西方的市场经济体制，但我们不可能引进其背后的精神－文化支撑——新教伦理。在完全没有这种救赎宗教传统的中国，若无相应的并且有足够平衡力量的精神－文化建制，则这种唯利是图的市场经济足以毁灭性地瓦解整

---

① 马克斯·韦伯：《新教伦理与资本主义精神》，苏国勋、覃方明、赵立玮、秦明瑞译，社会科学文献出版社，2010，第 124 页。
② 马克斯·韦伯：《新教伦理与资本主义精神》，苏国勋、覃方明、赵立玮、秦明瑞译，社会科学文献出版社，2010，第 140 页。

个社会生活。它自发地产生的意识形态只能是利己主义，利己主义的无限制发展，即为所欲为的个人主义和拜金主义，一种欲望满足的形而上学。在马克斯·韦伯的视域中，新教伦理的核心是一种禁欲教派的伦理，它正是对资本这种欲望形而上学的约束和抵制。在此基础上，西方发展出了完善的法律制度，来制约和规范市场经济的运行。因此，如果没有对罗马世界的宗教和法律传统进行现代性改造和利用，西方资本主义社会早就自行瓦解了。其实，亚当·斯密就已经为西方市场经济的运行指明了方向。亚当·斯密向我们表明，市场经济运行的条件是：以同情为基础的公正旁观者作为内心的监督；以公正为核心原则的法律制度作为社会运行的基本框架；完全平等条件下的自由竞争。这三条正是《道德情操论》《法学讲稿》和《国富论》三本著作各自的主题。这就是斯密留给现代资本主义最为宝贵的遗产。可见，西方的市场经济是在内心道德监督和外在法律规范制约下的自由市场经济。而在这三者之中市场经济的基督教道德主体是最为基础性的。

而在中国，市场经济的道德主体自始至终没有完全建构起来。五四时期的新文化运动矛盾直指传统儒家的伦理道德规范，这场对传统伦理的消解一直延续到现代中国。新中国成立之后，在共产主义理想的感召下，试图全方位地改变中国人的精神世界，建立一种理想化、大公无私的共产主义道德。改革开放后，我们引进了市场经济体制，但也仅限于引进西方的市场经济体制，因为其背后的精神文化支撑——新教伦理——是无法引进的。传统的儒家伦理道德和理想化的共产主义道德逐渐与市场经济时代相脱节，当代中国正处于一个伦理道德空场的时代。"它正在成为一种能够被明显感觉到的普遍而深刻的精神缺失。这种缺失意味着：以往的或既与的精神样式已不再具有普遍的约束力了；虽说某些部分或片断依然在起作用，但缺少一种已然成熟的定型的完备的精神形态，一种足以掌握并协调日益巨大的物质力量并使之获得自由表现的精神形态。"① 正是这种普遍缺失的困境将当代中国精神建设的任务提到了思想面前。

因此，对于当代中国来讲，最重要的问题之一就是建立一种与社会主义市场经济体制相匹配的精神－文化建制，其中最核心的就是适应新时代发展的伦理道德规范。因此，社会主义核心价值观的提出正逢其时，它绝非一个空洞的意识形态口号，而是捕捉到了当代中国最亟须解决的时代任务。作为精神－文化建制的核心价值观必须是一种成熟的、定型的、完备的精神形态，一种足以掌握并协调日益巨大的物质力量并使之获得自由表现的精神形态。这是我们民族精神和时代精神相统一的客观精神，是中华民族在现时代的安身立命之本。

作为客观精神的精神－文化建制绝非一种主观任意性的构造，

---

① 吴晓明：《当代中国的精神建设及其思想资源》，《中国社会科学》2012 年第 5 期。

它是民族精神和时代精神的统一，具有这两方面的内容。黑格尔曾经立足于客观精神的概念，批判了形式的知性、形式的意志和自由、外部的反思、无内容的推理和空洞的抽象。一句话，批判了主观思想的各种表现形式。在《历史哲学》中，黑格尔探讨了精神－文化建制的原则。黑格尔指出，"在国家内表现它自己，而且使自己被认识的普遍的原则——包括国家一切的那个形式，——就是构成一国文化的那个一般原则。但是取得普遍性的形式，并且存在于那个叫做国家的具体现实里的——那个确定的内容就是'民族精神'本身。"①在黑格尔看来，现实的国家在它的一切特殊事物中，都被这个"民族精神"所鼓舞。"关于这个精神，必须有一种明白的自觉，而这种知识的中心便是宗教。艺术和科学仅仅是这同一内容的不同的方面和形式。"② 黑格尔所谈论的宗教是一种最为广义的宗教。"一个民族对于它认为是'真'的东西所下的定义，便是'宗教'。"③ 在黑格尔的语境中，宗教所集中体现的就是作为民族精神的客观精神。

但是，在当代中国，我们正面临着有可能丢弃我们的民族传统、失去我们的民族自我、丧失我们民族精神的危险。"我们发展

---

① 黑格尔：《历史哲学》，王造时译，上海书店出版社，2001，第50页。
② 黑格尔：《历史哲学》，王造时译，上海书店出版社，2001，第50页。
③ 黑格尔：《历史哲学》，王造时译，上海书店出版社，2001，第51页。

／当代中国道路与智慧

了现代化的高科技，建起了现代化的高楼广厦，享受到了高消费的现代化物质生活，却丢掉了我们固有的文明传统，失去了我们中华民族的自我特质，到头来中国不再像中国，中国人也不再像中国人，只剩下一个个体区界的我性。在这点上，一个民族和一个人也同样，如果失去了自我，失去了自我的特质，那也就是失去了我们民族特有的存在价值和意义。"① 民族精神是我们建设社会主义核心价值观的核心内容，也是中华民族民族自我与民族个性的标志。

社会主义精神 – 文化建制的另一个主要内容是时代精神。所谓"时代精神"，就是标志社会不同发展阶段的、具有特定历史内涵的"生活世界"的意义。"时代精神"是时代的理论表征，蕴涵着时代问题，体现着时代的呼声。对于我们时代而言，最重要的问题是驯服资本的问题。因此，这种与社会主义市场经济体制相匹配的精神 – 文化形态的建制必须围绕"驯服资本"来展开。换句话说，精神家园的建构必须对抗资本的逻辑，而不是抽象地强调以什么文化传统为主来进行建构。当代中国的精神重建只能由此种可能性来获得基本定向。"离开理论自身生长的具体时空条件，抽象掉历史现实的内容，背离思想的当下使命和对当下社会发展走向的预见，再伟大的思想也会失去其应有的魅力，再天才的理论都将蜕变为空泛

---

① 高清海：《思想解放与人的解放》（《高清海哲学文存·续编》卷一），黑龙江教育出版社，2004，第176页。

的教条。"① 因此，精神文化的建构必须聚焦于当代中国的问题。马克思主义哲学中国化、传统儒学现代化、西方哲学本土化，都必须以解决中国问题为理论旨归。只有面对中国自己的问题，才能建构属于中华民族自己的哲学理论。这种精神－文化的建制必须是超越资本逻辑控制的一种新文明形态：其一，这种文明类型不是以资本为原则的，不是以资本的逻辑为本质根据的，换言之，它不是资本主义文明，而是具有特定性质与内容的社会主义文明；其二，由于它积极地扬弃现代资本主义文明，它摆脱了资本逻辑对生活世界的控制，是一种以"驯服资本"为前提的文明的新形态。

作为精神－文化建制的社会主义核心价值观是民族精神和时代精神的统一，它以驯服资本为建构前提，在此种意义上，它是一种客观精神，是一种属于文明新形态的文化建制，一种"超越资本"的文明。

（三）超越"资本文明"的制度建构

当代中国要想超越"资本的文明"，仅仅有形而上的精神－文化建制是远远不够的，还必须诉诸政治－法律建制。虽然，当代中国的政治－法律建制包括各方面、多层次的制度建设内容，但是以

---

① 侯小丰：《精神家园、情感依恋与马克思主义哲学中国化》，《学术研究》2007 年第 9 期，第 55 ~ 56 页。

"驯服资本"为目的的制度建构应该成为最根本的价值取向，这是由我国的社会主义本性决定的。因此，当代中国的政治－法律建制也应该从马克思的历史唯物主义思想尤其是关于共产主义的论述当中汲取理论资源。

但是，当我们从马克思文本中寻找关于未来共产主义社会的论述时不免陷入困惑。因为，马克思关于共产主义社会的制度建构要么语焉不详、含混不清，要么一笔带过，着墨不多。这使得我们无法获得现成的关于未来社会的制度建构方案。究其原因是因为马克思根本不想"教条地预料未来"，未来社会的建构是一个开放性的方案。在致卢格的信中，马克思指出，"新思潮的优点又恰恰在于我们不想教条地预期未来，而只是想通过批判旧世界发现新世界。"①马克思的这句话对我们理解共产主义至关重要。马克思不想把共产主义作为一个完美的固定社会状态进行预言，共产主义社会是在批判旧世界过程当中发现的新世界。作为新世界的共产主义社会不是一个理性的谋划，而是在旧世界亦即在资本主义社会批判当中发现的。因此，共产主义要求我们必须对资本主义社会进行批判。"如果我们的任务不是构想未来并使它适合于任何时候，我们便会更明确地知道，我们现在应该做些什么，我指的就是要对现存的一切进行

———————

① 《马克思恩格斯文集》（第10卷），人民出版社，2009，第7页。

无情的批判，所谓无情，就是说，这种批判既不怕自己所作的结论，也不怕同现有各种势力发生冲突。"①

正如伊格尔顿所指出的，"马克思对那个没有痛苦、死亡、损坏、失败、崩溃、冲突、悲剧甚至劳动的未来根本不感兴趣。事实上，他根本不关心未来会怎样。众所周知，马克思根本无法描绘出社会主义社会或者共产主义社会究竟是什么样子。"② 熊彼特曾经指认马克思是一个"先知"。即使马克思是一位先知，也不是作为预言家的先知。与那些"想象"的和"现实"的共产主义对共产主义的描述和实践不同，马克思更愿意在"人性"的意义上去理解共产主义。

马克思的共产主义是与资本主义批判联系在一起的。这样，马克思的共产主义研究就转化为对资本主义的批判。对于资本主义的发展变化的分析，才是马克思的真正遗产和他的研究工作的旨趣所在。但是，这并不意味着马克思对共产主义漠不关心，而是因为马克思对共产主义不是从与资本主义相割裂的角度去阐释，而是与资本主义相联系的角度去理解。实际上，马克思对资本主义的研究，在某种意义上就是对共产主义的研究。"去理解共产主义，不是去把

---

① 《马克思恩格斯文集》（第10卷），人民出版社，2009，第7页。
② 伊格尔顿：《马克思为什么是对的》，李杨、任文科、郑义译，新星出版社，2011，第69页。

／当 代 中 国 道 路 与 智 慧

它当作本质上与资本主义分离开的东西而同资本主义相对照。去理解共产主义就是去理解资本主义本身，因为资本主义的动态变迁或演化包含着共产主义的出现。"① 一种真正艰难的未来局面不是对现在的单纯延续，也不是与现在的彻底决裂。真正的未来是在对现在的批判中展现。马克思关于共产主义论述的两个要点——在理论的意义上，共产主义是人向人的本性复归的运动，是一切历史之谜的解答；在实践的意义上，共产主义是扬弃私有财产的运动，是资本主义批判——应该成为当代中国政治—法律建制所应遵循的基本原则。

由于共产主义是人向人的本性的复归，因此，当代中国的政治-法律建制遵循的第一个原则就必须是"以人为本"：尊重人性和保障人权。这里需要注意的是，马克思在谈到共产主义的时候强调："代替那存在着阶级和阶级对立的资产阶级旧社会的，将是这样一个联合体，在那里，每个人的自由发展是一切人的自由发展的条件。"② 站在马克思的立场上看，"以人为本"应该是切切实实地以"每个人的自由发展"为本，而不应当是以"一切人的自由发展为本"，以抽象的"人民群众"为本。这就意味着我们在进行政治-法律建制建设时，不能以公共权力为中心来设计政治制度和制定国

---

① 詹姆斯·劳洛：《马克思主义哲学和共产主义》，载欧阳康主编《当代英美哲学地图》，人民出版社，2005，第 644 页。
② 《马克思恩格斯文集》（第 2 卷），人民出版社，2009，第 53 页。

家法律。如果以"公共权力"为中心，这是国家本位，是以抽象的人民群众或者说是以一切人的自由发展为本。这样做的话，就是本末倒置，把结果当成了前提。社会主义的政治－法律建制应该逐步转向人的本位，即从国家本位到人本位或者公民本位。如果以公共权力为中心设计国家的政治制度和法律制度，设计社会秩序，其原则就是先国家后集体再个人，这在本质上就会对人的权利造成侵害。如果转向以人为本，国家存在的目的就是实现人的权利，是使每个人更有尊严，活得更幸福。所以，我们必须以"公民的权利"为中心，来建构政治体制和法律秩序。

由于共产主义是在对资本主义的批判过程中实现的，因此，社会主义政治－法律建制所要遵循的第二个原则就是与"资本逻辑"的对抗。邓小平曾经明确指出，"我们提出改革时，就包括政治体制改革。现在经济体制改革每前进一步，都深深感到政治体制改革的必要性。不改革政治体制，就不能保障经济体制改革的成果。"① 如果我们的政治体制改革不以驯服资本、驾驭资本为目的，不建立起社会主义本质的政治－法律制度，那么经济体制改革或者说整个改革开放的成果都将付之东流，不能施惠于民。在"改革开放第二阶段"，政治－法律建制的建设则应该解决和规避改革开放或资本逻辑

① 《邓小平文选》（第三卷），人民出版社，1993，第176页。

　　　　　　　　　　　　　　　/当代中国道路与智慧

所带来的负面效应，以驯服资本为制度建构导向。这一政治－法律建制建设的思路是可以成立的。邓小平认为，"多搞点'三资'企业，不要怕。只要我们头脑清醒，就不怕。我们有优势，有国营大中型企业，有乡镇企业，更重要的是政权在我们手里。"① 邓小平的这一论述意味着，我们完全可以通过国有资本和国家政权去驾驭和引导资本的逻辑，进行社会主义国家的政治－法律建制。

黑格尔在《法哲学原理》中提出了"伦理国家"的概念，这对于现阶段中国的政治－法律建制具有重要的借鉴意义。黑格尔认为，解决财产分配和贫困问题的根本途径在于"国家的普遍行动"，建立起主观善良与客观制度相统一的"道德政治"和"国家善政"，即"伦理性的国家"。在某种意义上说，社会主义政治－法律的建制就是这种"伦理国家"的践行。在市场力量与国家力量之间，国家的重要性高于市民社会，高于资本和市场，只有通过"国家善政"才能实现"道德政治"，这是对资本主义自由主义政治哲学的抵制。就后改革开放时代的中国来看，在承认多种所有制并存以实现经济快速增长的前提下，通过国家宏观调控来抑制资本逻辑所推动的各种恶性市场行为，就是作为"伦理国家"或"道德政治"的当代中国所应实现的目标。在资本全球化的今天，在资本逻辑肆虐的时代，除了实行善政的"伦

---

① 《邓小平文选》（第三卷），人民出版社，1993，第372～373页。

理国家"，恐怕没有任何别的政治力量可以和资本的力量相抗衡。

中国特色社会主义的精神－文化建制是一种"客观精神"建设，政治－法律建制是一种"伦理国家"建构，两者都必须建立在驯服资本逻辑的基础上。由于共产主义是一种共产主义运动，这就决定了无论是社会主义的精神－文化建制，还是社会主义的政治－法律建制都不可能一蹴而就，而是一个不断的渐进过程。在改革开放第二阶段，当代中国只有超越"资本的文明"，才有可能真正建立起一种"超越资本"的文明。

理论自信何以可能

曲红梅*

摘 要：在当下谈论理论自信我们具备什么样的条件？这些条件也许是我们讨论理论自信的基本前提。如何在跨文化的交往和交流中提高理论自信则是全球化过程中每个人都必须面对的问题。本文将从实践自信、文化自信和学理自信的层面以及文化多元主义的视角阐述当代中国理论自信何以可能。

关键词：理论自信；实践自信；文化自信；学理自信

对于一个学者而言，理论自信主要表现为参与现实话题讨论时有的说，并且说得好。对于一种文化而言，理论自信主要表现在参与世界性讨论时有自己的声音，并且是有力的、可理解性的声音。从根本上说，我们在今天讨论理论自信何以可能，不是关于一个人有没有理论自信的问题，而是关于一群人有没有理论自信的问题。对于"理论自信何以可能"这个与"我们"相关的话题，我主要想

---

* 曲红梅，吉林大学哲学社会学院教授，主要研究方向为伦理学、马克思主义哲学。

涉及两个话题：一是我们现在具备什么样的条件，二是我们可能面临什么样的问题。

一 我们现在具备什么样的条件？

第一，中国社会现实为我们提供了丰富的实践经验，此为实践自信。具体表现为理论与实践的交互影响。习近平总书记在哲学社会科学工作座谈会上说："当代中国正经历着我国历史上最为广泛而深刻的社会变革，也正在进行着人类历史上最为宏大而独特的实践创新。这种前无古人的伟大实践，必将给理论创造、学术繁荣提供强大动力和广阔空间。这是一个需要理论而且一定能够产生理论的时代，这是一个需要思想而且一定能够产生思想的时代。"

我想以我一直以来关注的马克思道德理论研究来说明这个问题。在西方哲学视野中，有很多人认为马克思主义在中国的革命和实践中并没有发挥重要的作用和价值，甚至有一些极端的学者和实践家认为，"信仰马克思主义的中国知识分子和哲学家并不真正理解产生于欧洲文化传统的马克思主义"。① 他们会有这种想法的主要理由是：中国文化固有的思维模式和框架阻碍了中国人对来自另外一个

---

① Knight，Nick，*Marxist Philosophy in China*：*From Qu Qiubai to Mao Zedong*，*1923 – 1945*（Amsterdam：Springer，the Netherlands，2005），p. xi.

　　　　　　　　/ 当 代 中 国 道 路 与 智 慧

文化系统的马克思主义的理解。这种看法在马克思主义进入中国的初期非常流行。但是在今天，我们可以看到，马克思主义的理论和实践在中国已经取得了卓越的成就，越来越多的中国学者将自己的研究成果展现给世界，中国的马克思主义哲学研究也在整个世界的马克思主义哲学研究中扮演着越来越重要的角色。正如尼克·奈特（Nick Knight）在他的《马克思主义哲学在中国》一书中所说的："中国哲学家理解、发展和应用马克思主义的努力是意义重大的，这不仅为理解中国的马克思主义历史和马克思主义运动，而且为整个马克思主义的历史做出了重要贡献。"①

中国马克思主义工作者不仅有着庞大的队伍，也有着对马克思深沉的敬重和深刻的理解。尽管很多人的研究工作并没有被国外研究者了解和认识，这是历史造成的原因，却并不妨碍我们自信地说，在当今世界有关马克思主义的研究中，中国哲学界具有深厚的理论基础和先进的研究水平。

比如，在关于马克思道德理论的研究方面，当代英美世界的分析的马克思主义产生了大量的理论成果。他们在对待功利主义与马克思主义的关系问题上，显现出了对马克思文本的精细分析；在如何理解意识形态与马克思主义哲学的关系问题上，从概念上对意识

---

① Knight, Nick, *Marxist Philosophy in China: From Qu Qiubai to Mao Zedong, 1923-1945* (Amsterdam: Springer, the Netherlands, 2005), p. xii.

形态做出了细致而清晰的划分；在观察马克思的道德悖论方面，他们的分析也像仪器检查一样细致入微。我们在实际经验中都知道，CT 或核磁共振可以帮我们查出疾病，让我们认真对待病情，但我们不能因此将人的身体切开、分段，保留其中有用的、没有被感染的，去除病变的、没有价值的部分。因此，用"头痛医头，脚痛医脚"的局部治疗的方式对待马克思主义研究是有问题的。分析的马克思主义者缺乏对整体马克思的一个宏观的把握以及对马克思所表达的时代精神的深切共鸣，无法从马克思著作的片段中理解马克思道德理论的整体气质。

中国的马克思主义研究却在 20 世纪 90 年代以后取得了重大进展，特别是在理解历史唯物主义的地位和意义方面，中国学者做出了突出贡献：历史唯物主义成为整体把握和理解马克思主义哲学的金钥匙。学者从不同的视角表达了对马克思主义的判定上的共识：马克思主义哲学的新唯物主义是历史唯物主义；历史唯物主义不仅是马克思哲学的历史观还是它的世界观。比较有代表性的观点包括刘福森的"历史生存论"解释、张一兵的"历史现象学"解释以及俞吾金的"社会生产关系本体论"解释。这种对历史唯物主义即马克思主义哲学性质的判定直接决定了人们对马克思思想转变的判断，也极为有力地促进了人们对马克思人道主义理论的判定和理解，从而超越了西方学者在人道主义框架内理解马克思的范式。在上述理论研究的基础上，学者就马克思前后期思想转变的性质以及统一的可能性提出了不同的看法，为我们在当代研究马克思思想中的人道主义维度进而判断马克思道德理论的性质和方法提供了丰富的理论资源。

应该说，中国学界取得的这些丰硕成果，从学理上说与人们开始重视从历史的角度、实践的角度和辩证的角度理解马克思主义及其当代价值有着密切的关系，从实践上说是不仅仅因为我们的社会为学者进行深入研究提供了便捷、宽松的工作条件和环境，更因为社会本身的发展为学术研究提供了丰富的经验资源和思想启示。只有所见、所闻在不断发展，所想才会更加丰盈。这就是我们的理论自信所具备的实践条件。

第二，博大精深的中华文明显现出了深厚底蕴，此为文化自信。虽然经过"文革"的破坏，传统文化失去了它原有的牢靠根基，但人民大众骨子里的文化精神以民俗和家风的形式仍然存在着。关于这一方面，我想用我所关注的生态伦理学研究来加以说明。

20 世纪 80 年代以后的一段时期内，西方学者的生态伦理思想被介绍到我国。面对刚刚传入的西方学者的新鲜思想，我国的生态伦理学的研究曾一度显得轰轰烈烈。这种轰轰烈烈其实表现为我们在理论上的一种不自信，因为我们基本上只是在讨论由西方学者提出的问题，而未能提出并回答具有中国文化特色的"中国化"的生态伦理问题；我们对现实问题也没有做出适合中国文化的、有中国特色的理论论证，因而没有实质上的理论突破。关于生态伦理学研究的几乎所有基本命题，都是直接从西方学者那里拿过来的。这就是我国生态伦理学的研究所面对的主要困境。

造成这种现象的根本原因之一，就是我们在对生态伦理的理解上存在问题：因为生态伦理学的概念是西方学者提出来的，所以我们就认为生态伦理学是属于西方的，于是，我们就按照西方的生态伦理学那样去提出问题，并按照西方文化精神去思考和回答问题。我们把生态伦理的研究变成了介绍、传播、梳理西方学术成果的工作。我们没有意识到，生态伦理学还有个"中国化"的问题。

我们不仅没有努力实现生态伦理学的"中国化"，反而努力做着把中国传统文化中的生态伦理学思想"西方化"的工作。人们按照西方生态伦理学的理论框架重新来梳理中国文化中的生态伦理思想"片段"，把这些独特的具有中国特色的生态伦理思想纳入西方的生态伦理体系；人们用西方文化的精神重新解释中国文化的概念：把中国文化中的"道"解释为西方文化的"规律"，把中国哲学的"道论"解释为西方哲学的"本体论"。

按照这种研究方式，我们既不能挖掘出中国传统文化中的真正有价值的生态伦理思想，也不能创造出适合中国文化的生态伦理学。这样的生态伦理学既不能为中国的文化精英所接受，也不能成为普通大众内心的自觉信念。

/ 当代中国道路与智慧

可是，在阅读西方环境伦理学研究的最新成果时，我们发现，相当多的学者开始借助中国传统文化来寻找解决生态困境的出路。他们在理解人与自然关系的时候依赖一个更广大的实体概念，即整个的自然生态系统或者中国人所说的"天道"。在"天道"之中，人就不再是绝对主体，而是其中一员。人在保有创造力和开展基本实践活动的同时，改造自然的主体性就会受到有效的限制和规范。人与自然作为共同的生命体才真正可以同呼吸、共命运，而环境伦理所倡导的"一个天、物、人统一的和谐的世界"才能真正实现。Freya Mathews 则借助中国的道家思想提出传统与现代之外的"第三条道路"。在他看来，人类社会存在三种形态：（1）求之于外的形态，这一形态对应着以宗教为根基的传统的或者说前物质主义的社会；（2）工具主义的形态，这一形态对应着现代的、物质主义的世俗社会；（3）协同形态，这一形态对应着未来的后物质主义社会。后物质主义寻求自然的主观内在性，倡导宇宙的规范性，尊重世界的完整性。① 中国的道家思想为协同形态提供了强大的哲学支持，从而使一种全新的文明能够有意识地遵循道，并成就为一种反应敏锐且可持续的文明。可以说，西方环境伦理学的这一新的转向是在思考自身局限性的基础上，吸收东方思想特别是中国传统文化中的

---

① Mathews，Freya，"Beyond Modernity and Tradition：A Third Way for Development，" *Ethics and the Environment*，2006，11（2）：85 – 114.

元素形成的。这与当代中国学者对环境伦理全球化和本土化的研究不谋而合。

　　就像解决环境问题是全人类共同的使命和责任一样，以更契合时代精神的思维方式思考环境伦理学问题也是中西方学者的共同关注。不同文化结构可能会形成对环境伦理问题的不同理解，但只要人们在承认自身局限性的前提下愿意互相借鉴，一种可以对话和沟通的全球环境伦理就可以为不同文化中的人们所接受。正如 Eugene Hargrove 所说："只有在文化借鉴中，当环境伦理以其自身缓慢的节奏发展时，一种单一的、普世的、国际环境伦理才最终可能出现。"[1]

　　第三，全球化背景下的中西文化交流中，中国学者的观点和声音日益重要，此为学理自信。钱钟书在 20 世纪 80 年代末针对当时的中西文化比较热潮，就曾经谈过："有些人连中文、西文都不懂，谈得上什么比较？戈培尔说过，有人和我谈文化，我就拔出手枪来。现在要是有人和我谈中西文化比较，如果我有手枪的话，我也一定拔出来！"但从我的个人经验和体会来看，钱老的这个指责在当代可能就不大存在了。

---

① Hargrove，Eugene，"Can and Should There be a Single，Universal，International Environmental Ethic?" 载《生态文明：国际视野与中国行动——第二届中国环境伦理学国际研讨会暨 2012 中国环境伦理学环境哲学年会会议论文集》，2012，第 131 页。

　　　　　　　　　/ 当 代 中 国 道 路 与 智 慧

随着越来越多的留学生归国，更为专业和学术的研究氛围和风格日益彰显。他们大多可以以英语或他种语言为工作语言，阐述自己具有中国特色的专业观点。中国学者在世界学术群体中也日益彰显自身特点，受到越来越多的关注。以往，中国学者在外国人面前介绍自己时都遵照西方传统先说名字再说姓氏，但现在越来越多的中国学者倾向于按照中国人的传统用英语介绍自己，先说姓氏再说名字，而且这种方式也越来越被西方人理解和接受。我们已经不再局限于向西方学习，听西方学者的讲座，而是要开我们的讲座，讲我们的观点。这种从仰视到平等的对话和交流的转变，让我们对于树立中国人的学理自信非常有把握。

总结一下以上三点，我们可以得出中国人理论自信得以可能所具备的条件：

实践自信是形成有中国特色的理论自信所需要的社会性条件，为社会发展的必然；文化自信是形成有中国特色的理论自信所需要的历史性条件，为中国所独有；学理自信是形成有中国特色的理论自信所需要的主体性条件，已经为中国当代理论学人的自觉。

二　我们可能面临什么样的问题？

在我们讨论文化自信问题时，可能面临的一个主要的问题就是：

如何在跨文化的交往和交流中提高理论自信?

可以确认的是，与他人的理论交流会巩固、增强以及完善我们自身的理论。西方学术界的理论形成是在争鸣中完成的，表现出一种良好的学术环境和背景。罗尔斯在讨论他的正义理论时是针对当时盛行的各种功利主义理论，他的理论是在与功利主义和契约主义的讨论乃至争论中形成的。同时，来自诺奇克、德沃金、斯坎伦等人的建议也对罗尔斯的理论的不断完善提供了丰富的理论资源。Christine Korsgarrd 在讨论康德道德哲学如何表现为建构主义或者进一步表述为构成主义时，也是在不停地与威廉斯、斯坎伦等人商榷和回应他们。孙正聿教授认为理论研究是一种游戏的多种玩法，我们不仅要表现出对其他理论的尊重，也应该以合适的方式表现对别的理论的尊重，而这种合适的方式并非改变自己的玩法或者虚伪地承认别人的玩法的合理性，而是在承认别人玩法的合法性的基础上提出自己的批判并充分论证这种批判。缺乏批判和自我批判的理论是没有生命力的理论，也不能体现出理论的自足与自信。正如当代道德哲学界最具影响力的英国哲学家德里克·帕非特所说，对理论的研究就好像是攀登一座山峰，不同的思路是不同的道路，虽然路向不同，但目的和最终的追求是一致的。

当代世界不同文化和思想的交流、沟通日益深入。面对不同的观点，我们应该确立一种什么样的态度呢? 我想一种比较合理的态

　　　　　　　　　/当代中国道路与智慧

度是多元文化主义的态度：承认文化多元，确认每一种思想和观点都具有其独特价值和意义。这是不同文化可以沟通和交流的前提。只有在不同文化的交流中我们才能不断完善自身，确立自己的理论自信。在关注西方思想时，更具包容性的多元主义的立场可以降低人们彼此对话的门槛，让沟通变得更加顺畅、和谐。只有在这个前提下，对西方理论的研究、吸收、借鉴和批判才是有意义的；与此同时，我们的观点和理论也才会有人诚意倾听。自说自话和只有我能说话其实是文化霸权主义，这在西方思想史上已经表现得非常突出。相比较而言，中国思想家自古至今都有与人交流、愿意倾听的优良传统。也正是在对不同来源的文化的兼收并蓄之后，我们才形成了源远流长、内涵丰富的中华文明。因此，承认多元文化这个前提才能形成跨文化交流，我们也才能够在这种交流中不断完善自身，确立自己的理论自信。

怎样讲好中国故事

——兼论现代"中国"的内涵及其美学理想

李 龙[*]

习近平同志在不同场合中多次强调要讲好中国故事，比如在文艺工作座谈会上，他就明确提出"文艺工作者要讲好中国故事、传播好中国声音、阐发中国精神、展现中国风貌，让外国民众通过欣赏中国作家艺术家的作品来深化对中国的认识、增进对中国的了解。要向世界宣传推介我国优秀文化艺术，让国外民众在审美过程中感受魅力，加深对中华文化的认识和理解。"所以，"讲好中国故事"是站在新时代的历史高度，向文艺工作者提出的非常高的一个要求。而对于理论工作者而言，什么是"中国"；怎么讲，讲什么；这一命题提出的理论背景、深远意义为何都是需要系统思考和回答的问题。

一 对建构新的文化身份的诉求

在过去的 100 多年里，文化危机意识和文化认同问题如影相随，

---

* 李龙，吉林大学文学院教授，主要研究方向为文艺理论和美学。

对现代中国产生了深远的影响。而对于中国的文化认同问题，一定要放在"现代性"的语境中才会得到恰当的认识。从五四新文化运动书写现代中国新的文化身份开始，到新中国成立后社会主义文化的改造，再到改革开放后对西方文明的大规模引进和学习，"现代化"成为几代中国人的梦想和希望。然而，历史实践证明，我们对"现代化"的理解事实上是模糊的，而文化认同问题带给中国人的更多的是文化上的焦虑和不自信。于是，对传统的批判几乎成了现代化过程中的主要旋律。

进入 21 世纪后，随着中国国力的逐渐强大，"中国模式""核心价值观""文化软实力"等成为中国学界讨论的热点问题；与此同时，也出现了传统文化的复兴和国学热等文化景观。而到了今天，中国共产党又站在时代和历史的高度，提出了四个自信的问题。从文化身份的角度来看，这些表明，经历了近百年现代化观念洗礼的中国文化，自主的身份意识已经开始觉醒，并开始试图寻找自己独特的文化身份，在全球化的体系中发出自己的声音。

在世界性金融危机尚未彻底终结，逆全球化浪潮开始席卷世界，人类未来究竟应该走向何方尚不明晰的历史性时刻，在对西方文明进行全面反思和批判的大历史背景下，中国的这种文化身份的诉求，就具有了世界性的意义。它既是中国文化自我更生、融入世界的努力，同时，也是在为人类文明和人类的未来提供一种新的可能性。

这就如有的学者所言："20 世纪 80 年代以来的中国，在政治、经济、文化各领域中，我们唯一的模式几乎都是以'西方'为中心，连自我批评、看待自己的唯一参照也是'西方'。需要指出的是，这里的'西方'并不是整体意义上丰富的西方文明，而仅仅是以美国为代表的、发达资本主义国家的现代化模式。"① 历史走到今天，中国不仅已经具有自我更生和创新的可能，也具有了建构一种具有世界性影响的文化形态的可能。

随着经济的发展和全球化程度的加深，中国文化不仅要在世界文化之林中占有一席之地，还要能够和其他文明进行真正意义上的沟通、交流；在使世界了解中国的同时，中国也要用自己的文化影响世界，从而真正推动一种新的面向全人类的文化形态的建构。

从这个意义上说，这种对新的文化身份的诉求，仅仅是新的文化身份的建构的开始，而并未结束。换言之，如何建立文化身份，建构何种文化身份，从而真正为世界贡献中国智慧，依然是一个需要思考和回答的问题。本文准备从以下几个方面来讨论这个问题：首先，在"东亚 – 中国"的思想参照系下理解何为"中国"；其次，分析新时代中国文化创造性转化的构成性要素都有哪些；最后，从文艺理论和美学的角度谈谈新时代中华美学精神和我们的审美理想问题。

---

① 汪晖：《面向新世界图景的文化自觉》，《文化纵横》2012 年第 2 期。

二 "东亚－中国"框架内"中国"问题的提出

讨论讲好中国故事，我们首先面对的问题就是"什么是"中国。而思考这样一个问题，就不能简单地用现代西方国家、民族等理论框架对"中国"进行解释。我们可以尝试跳出传统"中国－西方"的阐释框架和观照视角，可以在"东亚－中国"的视野内来理解什么是"中国"。尤其是在"现代"的框架内，通过考察中国和日本对"现代"问题的不同理解导致的对自己文化身份的理解，来解释这一问题。

这个视角，其实是对历史叙事的考察和深度阐释。在今天，无论是东方还是西方，都面临着对"现代性"叙事的反思与重构，在这一思想背景下，所谓的"东亚"文化便成了问题。

什么是东亚？日本学者子安宣邦认为，作为文化史的"东亚"是"热切地想要'脱亚'的近代日本内部的东方主义者所建构的概念。但是我们要注意，所谓'东亚'正是为了改变指向中华主义文明中心的一元论要素而发展出来的文化地域概念"①。这种论述从文化一元中心论的视角解释东亚，其实是将复杂的"东亚"问题简单

① 转引自吴震《关于"东亚儒学"的若干问题》，载《儒家文化研究》（第六辑），生活·读书·新知三联书店，2013，第437页。

化了。

当然，文化意义上的所谓"东亚"的产生，首先是对应于西方文明而出现的，而它又是被动挨打和被动接受的结果。鸦片战争是西方资本主义扩张的必然结果，是以中国为中心的"天下"时代的结束和世界历史时代的到来，这场战争对于中国的影响自不待言，而对同为东亚的日本影响亦是深远。增田涉说过："锁国主义的日本走向开国一举，并非出自对世界大势有了觉悟的那种所谓开明思想的单纯理想主义。和我们相邻的大国清国，在西洋军舰和大炮面前瞬即溃败，其惨败的结果是被迫签订屈辱条约。而开国之举正是有鉴于这样的事实，从国防和军事上的危机出发的。"① 自此以后，东亚被迫走上了"现代"的道路，并以西方的现代化为标尺奋起直追。时至今日，这一历史的震荡波依然还在发挥作用。不独中国，韩、日等东亚国家皆是如此，过去的 100 多年，是东亚努力实现自身总体的结构性转变而实现向现代转化的过程，而由于面对欧洲失败的屈辱和反抗的心理，又导致了东亚的"现代性"理念具有了自己的独特性。

但是在这一总前提之下，如果结合 100 多年来的重大历史事件来看的话，文化意义上的"东亚"其实是相当复杂和暧昧的。所以，

---

① 〔日〕增田涉：《西学东渐与中国事情》，由其民、周启干译，江苏人民出版社，2010，第 189 页。

如何理解这段历史和这段历史背后的叙事理念，对于东亚的现在和未来具有关键性意义。

"思想、观念和命题不仅是某种语境的产物，它们也是历史变化或历史语境的构成性力量"①，所以本文将集中考察东亚学者，尤其是日本和中国的学者，对历史和现代问题的叙述，走入他们思想的世界，从而发现其中蕴藏的现代性理念及其对历史的影响。

今天所说的文化意义上的"东亚"，应该是现代建构的结果，这一点似乎是毋庸置疑的。因为没有西方文化的出场，东亚文化很难会产生这种自反性意识，能够从他者的视角来审视自我。这种"他者"的视角，包含双重结构：在东－西的结构中来审视东亚文化，在这一结构内，"东亚"作为一个概念，其实是对西方中心主义的拒斥和抵抗；东亚文化结构内部的互相参照，在这一结构内，"东亚"的论述，又变成了对中华一元文化中心主义的拒斥和抵抗。在这一双重结构内又包含四重关系，即：以西方文化为参照来审视东亚的文化；以中华文化为参照来叙述思想的"东亚"；以自我的历史为参照来审视今天的东亚文化；以今天的现实为参照来重新理解历史上的东亚文化。之所以强调这种他者视角的内部参照，是因为，东亚文化并未因为有了西方和现代的参照，而将自己的特质泯灭，相反，

---

① 汪晖：《近代中国思想的兴起》（上卷·第一部），生活·读书·新知三联书店，2004，第 2 页。

在走向现代的过程中，东亚各国都在努力寻求自我的新的文化身份，尽管这种寻求背后的动力、理念和目标并不一致。

三　有关现代"日本"的叙述

在日本的文化构成中，中华文化是其重要的组成部分，而对中华文化的批判和反思则构成了日本走向现代的重要动力。黄俊杰先生指出："东亚儒学史的十八世纪，是东亚各地儒家思想内涵旋转乾坤的百年。在十八世纪之内，中、韩、日三国透过日益活跃的文化交流活动，原居于意识形态统治地位的朱子学，遭遇各方学者凌厉的批判，奠定了各国儒家思想从'近世'迈向'现代'的基础，为十九世纪风狂雨骤的思想变局而铺路。"① 荻生徂徕对朱子的批评与改造，使得自然与人事相分离，将圣王之道变成了人为的结果，从而为日本进入现代做了思想上的准备。日本思想界通过对理学的改造，找到了日本向现代转型的动力。这就像丸山真男说过的："朱子学的道是由天地自然之理所赋予的基础，它贯通天与人、包摄社会与自然，既是规则又是法则。不过，这种绝对总括性的道，通过素行、仁斋和益轩等所表现出的连续性的思维解体的过程，其中的诸

---

① 黄俊杰：《东亚文化交流中的儒家经典与理念：互动、转化与融合》，华东师范大学出版社，2012，第44页。

要素就逐渐地开始独立化。人道、规范和应该，已脱离了天道的存在。道的价值既不存在于合乎自然的真理之中，也不存在于自身终极的理想中，它完全是依靠圣人的制作。使道成为道的不是理，而是权威。"① 这种理解，显然和中国对天道思想的理解是不同的。

在走向现代的整个过程中，中日两国的走向也并不相同。列文森在《儒教中国及其现代命运》中就提出了类似的观点，他认为，在日本，现代化与被制造出来的古代的神话实现了结合，日本的君主制可以和现代化和谐共存，而在中国，现代化恰好打破了古代的神话，在这一过程中，不仅是政治制度本身的变革，整个社会结构、文化结构都发生了彻底的变革。

与此同时，日本在走向现代的过程中，在接受现代西方文化理念的同时，其主流历史叙述基本是肯定、张扬日本文化的独特性，减低甚至否定中国文化对它的影响。

尾藤正英在《日本文化的历史》中，就力图通过对江户时代的儒学思想与中国儒学进行比较，从而阐明其异质性，同时，通过对构成其背景的生活意识以及社会观、社会构造进行比较，探讨日本历史固有的内在逻辑。

日本的这种文化选择，实际上是既要脱离中国文化的影响，也

---

① 〔日〕丸山真男：《日本政治思想史研究》，王中江译，生活·读书·新知三联书店，2000，第 131 页。

要摆脱欧化的侵蚀。比如20世纪初，毕业于日本明治大学的许之衡在批评国内批孔与国粹常常互相龃龉的情况时，就这样分析过日本的文化性格，日本人"排斥孔子，则由彼爱国者恐国人逐于汉化，又恐逐于欧化，故于孔子有微词，于耶稣亦多议论，以成彼一种东洋之国学，即国粹所由来也。论者不省，而据为典要，扬其流而逐其波，不亦误乎!"① 沟口雄三更直接地说过："日本与中国之间，不带插入'欧洲'，自始二者就是相互独特的；要言之，二者在各自的历史个性上，本来就是'异'的存在。就前现代社会来看，例如日本的幕藩制与中国的皇帝制，又世袭身份制与科举官僚制、长子继承制与均分继承制、本家制与宗族制……等等，在政治、社会结构上具有巨大的差异；而这个差异直接被两国的近代过程所继承，一目了然。"② 沟口雄三提出了日本文化中的"异"意识，既将自己同中华文化区分开来，也将自己同欧洲文化划清了界限，这是寻找自我文化主体身份不可缺少的意识。

日本思想界虽然刻意强化自我的独特性，最后走向"脱亚入欧"的不归之路，但是也有试图以日本的儒学思想来吸纳西方学术

---

① 许之衡：《读国粹学报有感》，《国粹学报》第一年第6期，参见罗志田《国家与学术：清季民初关于"国学"的思想论争》，生活·读书·新知三联书店，2003，第166页。

② 〔日〕沟口雄三：《作为"方法"的中国》，林右崇译，（台北）编译馆，1989，第22页。

思想的努力，比如佐久间象山就提出过："宇宙之实现无二，此理在处，天地不能异于此，鬼神不能异于此，百世之圣人亦不能异于此。近来西洋发明之众多学术，要之皆为实理，惟足以资吾之圣学。"①但在当时，主流还是对西方文明的认同。

那么，如何来理解和阐释这些不同的历史叙述背后所传递的现代性理念呢？如何理解这些历史叙述中的"日本""东亚"等概念呢？

历史上，有一些日本思想家张扬所谓的"日本性"，但这种日本性是可疑的。首先，它和中华文化是纠结在一起的。正如有的学者所指出的，日本在完成"道统"自立的过程中，"却并没有实现知识体系的更新。江户日本学者在构建自身意识形态时所使用的概念、范畴和整个理论装置，哪怕是用来解构这一装置的思想参照物，都少有例外地源自中国的传统文化"②。也就是说，中国文化，尤其是朱子学、阳明学等儒学思想，依然还是日本走向现代过程中一个重要的构成性要素。

其次，再来看日本现代文化同西方文化的关系。对日本的现代文化观念和特性，批判和反思得最为激烈和深刻的，当属竹内好。

---

① 〔日〕佐久间象山：《赠小林炳文》，参见高增杰《东亚文明撞击：日本文化的历史与特征》，广西教育出版社，2001，第271页。
② 韩东育：《"道统"的自立愿望与朱子学在日本的际遇》，《中国社会科学》2006年第3期。

在他看来，所谓的东洋的觉醒，其实并不是对自我的再发现和重新确认，颇具讽刺和悲凉意味的是，这恰恰是欧洲历史的完成。

"历史并非虚空的时间形式。如果没有无数为了自我确立而进行的殊死搏斗的瞬间，不仅会失掉自我，而且也将失掉历史。"① 在竹内好看来，欧洲文化在本质上是一种扩张性文化，它把生产方式、社会制度和思想观念带到了东洋，这种扩张必然会导致东洋的反抗，但是，历史的悖论在于，这种抵抗只不过是欧洲自我实现的运动的组成部分而已，东洋的抵抗反而使得世界史变得更加完整了。因为，不管你愿意与否，只要是在近代的框架内，所有的事物都无法逃脱欧洲的视野。抵抗的历史就是现代化的历史，而这一历史正是欧洲将东洋纳入世界历史的过程。

竹内好认为，在这一过程中，日本在文化结构上产生了一种优等生文化，这种优等生文化的逻辑是，我们是被挑选出来的，"指导落后的人民是自己的使命。指导落后的东洋各国也是自己的使命。……我们之所以优秀，是因为接受了欧洲文化，因此落后的人民当然会接受我们的文化施舍，也必须接受"②。显然，这种文化，

---

① 〔日〕竹内好：《近代的超克》，孙歌编，赵京华等译，生活·读书·新知三联书店，2005，第183页。
② 〔日〕竹内好：《近代的超克》，孙歌编，赵京华等译，生活·读书·新知三联书店，2005，第201页。

是一种设定了思想等级的文化，也是一种具有霸权主义倾向的文化。与此同时，因为接受了这种优等生文化，日本的文化更倾向于不断地转向，也就是对新事物的不断追求。但是问题在于，新的就是好的么？竹内好认为，这种进步崇拜，其实是一种自我放弃，而中国的文化则是一种回心文化，是以保持自我为前提的。而且，后来的所谓国粹主义，其实只是在驱逐欧洲，但没有驱逐这种奴性的文化结构。

竹内好还更深刻地看到了这种优等生文化的奴性本质。他说："日本在迈向近代的转折点上，曾面对欧洲产生过绝对的劣等意识（这正是日本文化的优秀性使然）。从那时起便开始拼命地追赶欧洲。它认定自己只有变成欧洲、更漂亮地变成欧洲才是脱离劣等意识的出路。就是说，试图通过变成奴才的主人而脱离奴才状态。所有解放的幻想都是在这个运动的方向上产生的。于是，使得今天的解放运动本身浸透了奴性，以至于这个运动无法完全摆脱奴才性格。"[1] 而这种奴性，正是由文化"主体性"的缺失所造成的。但是，文化的主体性在哪里呢？竹内好从鲁迅那里汲取了思想的资源，认为真正的文化性格应该"不是旧的东西变成新的，而是旧的东西就以它旧的面貌而承担新的使命——只有在这样一种极限条件下才

---

[1] 〔日〕竹内好：《近代的超克》，孙歌编，赵京华等译，生活·读书·新知三联书店，2005，第208页。

能产生这样的人格"①。

在竹内好看来，日本的文化在走向现代的过程中并未实现真正的转换，所谓的现代日本文化是一种幻觉，实际上已经迷失了自己，但对这种迷失还没有任何的警醒，"日本文化是奴隶文化。我并不是指从欧洲引进的近代文化，而是说日本没有从唐朝以来的大陆文化中独立出来，并且还认为自己已经独立出来了。不把自己当奴隶的奴隶是真正的奴隶"②。竹内好对中国文化的理解和对日本文化的深度阐释是合理的。与此同时，站在今天的历史语境中，我们也应该深刻地思考并警惕中国今天所奉行的现代化的发展理念，是否也有竹内好这里所批评的优等生文化的影子？

四　有关现代"中国"的叙述

解读了日本文化的"现代"叙述，再来了解中国在走向现代过程中的历史叙述和想象，就能够看出东亚内部互为他者的历史叙述的有趣之处。

对于中国的思想界来说，在经历了甲午战争和戊戌变法的双重失

---

① 〔日〕竹内好：《近代的超克》，孙歌编，赵京华等译，生活·读书·新知三联书店，2005，第 209 页。
② 〔日〕竹内好：《从"绝望"开始》，靳丛林编译，生活·读书·新知三联书店，2013，第 153 页。

败之后，才将学习的目光和思想改造的参照投向了自己的近邻，中国近代的哲学、美学、文学、文化等观念都受到了日本的深刻影响。列文森经过考察得出结论，"'现代的'日本不再是接受中国文化影响的容器，而成了向中国传播西方思想的媒介"①。费正清甚至还认为，中国之所以不能向日本那样迅速实现现代化，原因在于"中国社会十分庞大，其组织亦极其稳固，因而无法迅速转化为西方的组织模式"，这显然是一种西方中心主义的现代化观念，而更具讽刺意味的是，费正清反而由此观点出发，指责中国之所以会出现这种现代化的滞后，归根结底在于"受到文化中心主义等儒家国家—社会观念束缚"②。

同费正清的观点相比，孔飞力对"中国经验"特点的发掘和阐述就值得我们去思考和借鉴。"在一个'现代性'有着多种形式的存在、也有着各种替代性选择的世界上，政治历史所要强调的，应当是同各种民族文化和历史经验相契合的种种内部'叙事'。"③ 在这里，孔飞力肯定了现代性的多样性而不是单一性，肯定了中国在走向现代过程中多种"内部叙事"的重要性，因为对于中国这样一

---

① 〔美〕约瑟夫·列文森：《儒教中国及其现代命运》，郑大华、任菁译，广西师范大学出版社，2009，第252页。
② 〔美〕费正清：《中国：传统与变迁》，吉林出版集团有限公司，2008，第231页。
③ 〔美〕孔飞力：《中国现代国家的起源》，陈之宏译，生活·读书·新知三联书店，2013，第2页。

怎样讲好中国故事／

个地域辽阔、文化构成非常复杂的国家和文化形态来说，任何一种简单化的叙述模式都会失之偏颇。

历史和现实都表明，中国的现代转型并未如日本那样，陷入既恐逐于欧化，又恐逐于汉化的双重尴尬，并最后走向一种极端的历史后果。相反，中国文化虽然很推崇西洋文化，也有过反复和震荡，但拉长时间段，从总体来看，并未彻底否定自我，而是更偏于一种兼容并蓄的状态，并以创造一种新的文化形态为己任。陈寅恪先生就在《〈中国哲学史〉下册审查报告》中讲到，"必须一方面吸收输入外来之学说，一方面不忘本来民族之地位。此二种相反而适相成之态度，乃道教之真精神，新儒家之旧途径，而二千年吾民族与他民族思想接触史之所昭示者也。"① 所以，在欧洲文化进入中国思想界的时候，"西方的冲击使中国各派思想实现了联合，当西方成为一个必须认真对付的对手时，中国各派思想则紧密地团结了起来。'新'还是'旧'的问题仍然是价值的评判标准，但评判的对象已从中国扩展到了西方。"②

尤其需要注意的是，中国文化的现代转型，不能用"冲击-回

---

① 陈寅恪：《金明馆丛稿二编》，生活·读书·新知三联书店，2001，第284~285页。
② 〔美〕约瑟夫·列文森：《儒教中国及其现代命运》，郑大华、任菁译，广西师范大学出版社，2009，第39页。

/当代中国道路与智慧

应"的模式来进行简单化的评判和理解，它也不是简单地接受从日本舶来的二手思想，更不是文化的自我封闭，而更注重的是自我的创造性阐释。

拉开历史的长镜头来看，自明清以来的思想史的内在演变实际上已经变成历史的潜流，并在清末汇成了浩浩大河，变成了现代形态的中国文化。尽管有观点在从国家动员能力和现代国家财政能力的角度来阐释中国现代历史的时候认为："明朝以降 500 年，中国并没有完成儒家思想的近代转化，也没有完成儒生角色的现代转化。"[1] 但是，这并不能否定中国文化在面对大变局时那种自觉的努力。

汪晖的观点则肯定了这点，他说："欧洲殖民主义促使中国向民族－国家的方向转化，但这一过程是以帝国遗产为历史前提，同时又是通过恢复帝国的历史遗产和视野的方式展现出来……面对外来的压力和愈益强烈的变革要求，龚自珍、魏源、康有为、梁启超等今文经学者不断地把对外来力量的响应转化为内在制度的变革，这一事实证明国家间关系或秩序的确立与内部制度和礼仪原则的重组之间具有深刻的互动关系。"[2]

---

[1] 韩毓海：《五百年来谁著史：1500 年以来的中国与世界》，九州出版社，2011，第 220 页。
[2] 汪晖：《近代中国思想的兴起》（上卷·第二部），生活·读书·新知三联书店，2004，第 678～679 页。

理解这一点，我们再来看梁启超的观点，他可能代表了中国思想界在面对外来文化强势介入和自我文化转型时所应有的文化追求和文化理想。他在《论中国学术思想变迁之大势》中认为，"凡一国之立于天地，必有其所以立之特质。欲自善其国者，不可不于此特质焉，淬厉之而增长之。"① 但是，强调这种文化特质，并不是要将自我封闭起来，而是要在此基础之上，包容并蓄，进行文化的再创造，这也是文化能够保持生命力的重要原因，梁启超以夫妇结婚来比喻东西方文化的融合："盖大地今日只有两文明：一泰西文明，欧美是也；二泰东文明，中华是也。二十世纪，则两文明结婚之时代也。吾欲我同胞张灯置酒，迓轮俟门，三揖三让，以行亲迎之大典。彼西方美人，必能为我家育宁馨儿以亢我宗也。"② 正因有此特质，中国文化既具有批判性精神，又具有兼容并包的气度，同时也有一种天下胸怀。因此，在这个意义上，沟口雄三的论述是正确的，他说："事实上自始中国的近代既未超越欧洲，亦未遭到（近代）遗弃、更无落伍。一开始，他就在不同的历史层面上，遵循着与欧洲、日本不同的独特的道路；过去如是，如今亦然。"③

---

① 梁启超：《论中国学术思想变迁之大势》，上海古籍出版社，2001，第6页。
② 梁启超：《论中国学术思想变迁之大势》，上海古籍出版社，2001，第8页。
③ 〔日〕沟口雄三：《作为"方法"的中国》，林右崇译，（台北）编译馆，1989，第8页。

/当代中国道路与智慧

我们看到，尽管对于中国来说，经历了漫长的 20 世纪，历史走到今天，中国文化价值的最终指向还是一种共同的文化理想，那就是在现代语境中的文化的复兴，而这种复兴，不是狭隘的一元文化的复兴，而是在世界和东亚的语境内，具有天下视野和眼光的中华文化的重构和创造，也就是今天我们一直在说的面向全人类的文明形态，进而推动人类命运共同体的建构。方东美先生有这样一段感人肺腑的言论，其中抒发的文化理想，如今听起来依然高妙："我们的世界本已很小，可是又被人们分为东方或西方，甚至有时还要分南分北。不论这种区分是着眼于微末的利益，或追求较高尚的目标，都和庄子寓言中的蜗角相争一样不识大体。这样的区别，不仅限于世俗的事物，而且还制造了更悲惨的精神上的隔阂，导致了诗人凯普林所谓的东西方永不碰头。世界本小，再经这种心理上的隔阂，显得更小，小的不能允许这么多为人类制造灾难的危险人物。的确，我们再也不能让这种有害的区分，继续发展下去。"① 那么在当代，我们建构和创造这样一种具有恢宏气魄的新的人类文明新形态，还需要思考哪些问题呢？

五 当代中国文化的构成性要素

习近平同志在党的十九大工作报告中指出："文化自信是一个国

---

① 方东美：《生生之德：哲学论文集》，中华书局，2013，第 214 页。

家、一个民族发展中更基本、更深沉、更持久的力量。必须坚持马克思主义，牢固树立共产主义远大理想和中国特色社会主义共同理想，培育和践行社会主义核心价值观，不断增强意识形态领域主导权和话语权，推动中华优秀传统文化创造性转化、创新性发展，继承革命文化，发展社会主义先进文化，不忘本来、吸收外来、面向未来，更好构筑中国精神、中国价值、中国力量，为人民提供精神指引。"我们看到，习近平同志在这里谈到的其实是社会主义核心价值观、新时代文化建构的包容性和创造性，它既要坚持意识形态领域的主导权和话语权，同时，更要实现对传统文化、革命文化、社会主义先进文化、外来文化的创造性融会贯通和转化，从而创造一种能够面向未来的新的文化。

有学者说过："思想、观念和命题不仅是某种语境的产物，它们也是历史变化或历史语境的构成性力量。"[1] 习近平同志的论述，促使我们去思考当代文化语境中不同的构成性要素，以及我们应该怎样理解并正确处理这些不同的"构成性力量"，进而唤发它们内在的力量。

概括起来，在当代中国的文化结构中，主要包括以下几种文化形态。

第一，中国传统文化。实际上，如同"国学"概念一样，"传

---

[1] 汪晖：《现代中国思想的兴起》（第一卷），生活·读书·新知三联书店，2004，第 2 页。

统文化"这一概念相当模糊，儒家思想自然是其代表，但"传统文化"又绝不仅仅是儒家思想。对于传统文化的内涵，它所涵盖的范围和精神特质，对其进行挖掘、复兴的方式和方法等，有很多值得深究的地方。

对待传统依然要保持一种批判性和反思性的精神，因为"问题在于应该意识到传统不是过去，而是对过去的一种解释：一种对先辈的选择和评价，而不是中立的记录"①，所以，在理解传统的同时应当具有一种现实感，理解传统不是为了牺牲现在，更不是为了牺牲我们日常的生活。文化的构成本身就是复杂的、动态的、演变的，不是简单地用进步和落后这样的观念就能解释的。当支撑一种文化存在的具体的礼仪制度和价值秩序已经消逝了的时候，我们所要继承的传统就应当具有开放性，而非封闭性；应该具有建构性，而非某种僵死的对象化的存在。充满悖论和讽刺意味的是，当我们张扬所谓优秀的传统文化的价值和精神的时候，它们本身就在不断的消退，反而是传统中那些惰性的、负面的东西却很顽强地延续下来，不断地构成对我们建构现代文明的挑战。因此，我们需要传递的应该是那些经受过现代观念洗礼的传统思想，使这些思想能够为建设现代社会、建设新型的文化形态提供思想资源。换言之，应当让传

---

① 〔英〕雷蒙·威廉斯：《现代悲剧》，丁尔苏译，译林出版社，2007，第7页。

统更具有现代感，并成为建构当代中国文化身份的构成性力量。

第二，西方文艺复兴和启蒙运动以来的现代文化，以及 20 世纪以来西方自身对现代性观念及其问题的批判。文艺复兴和启蒙运动以来的西方文化，建立起了现代资产阶级文明，并形成了以资本主义文明为动力的现代性观念，在此基础上，形成了理性、科学、民主、自由等理念，更进一步，又变成了法国解构主义思想家利奥塔在《后现代状态：关于知识的报告》中所说的"宏大叙事"。而 20世纪西方思想家对西方传统文化，尤其是近代以来的文化，亦即现代性问题进行了系统而深刻的反思和批判，这在今天对于已经走上现代性的不归路、社会发展问题丛生的当代中国来说，对于建构现代文化身份具有重要的借鉴意义。

然而，这里需要思考的问题是怎样理性对待西方文化的问题。强调中国文化身份的建构，并不仅仅是"中国的"，更是"现代的"。文化上的中西对立，何者为体，何者为用，是百年来纠缠不清的问题。建构走向现代的中国文化身份，一方面要反对"西方中心主义"，反对西方话语的绝对支配权，反对用西方的理念和方法生硬地撕裂中国文化的现实。另一方面也应该警惕狭隘的民族主义情结。近代以来的知识分子在面对西方文化的时候，常常面临两难的选择，一方面要学习、借鉴西洋学说，一方面又难以割舍本民族的文化立场。正是这种观念撕裂了现代中国人的文化认同和身份意识。一方面，我们应该认识到，"依我看来，'民族'是一种心灵的单位。历史上的许多伟大事件实际上不是民族所做成的；那些事件本身创造了民族。每一种行动都改变行动者的心灵"①。每一个民族都有自己的独特的体验，正是这些独特的体验使得民族共同体成为可能。事实上，在今天，完全可以跳出这种文化身份的撕裂和困惑，因为重要的不是怎么复兴传统文化，也不是到底学习西方的什么，而是要站在今天的语境中建构何种能够指向未来的文化理想和价值秩序。

第三，五四新文化运动以来的新文化传统。五四新文化运动是现代中国书写新的文化身份的开始，是民族生存的危机导致的文化身份认同的危机。打"孔家店"，提倡白话文，改造国民性，都是建构现代中国文化身份的必然组成部分。理解"五四"，不仅要从中国文化的内在发展和演变脉络来进行，还应有一种世界性的眼光。

从中国文化自身的发展来看，"五四"是要在传统的政治理念、伦理秩序、文化观念、思维范式以及知识框架等失效之后，重估一切价值，为中国建构新的文化身份。而从世界性的眼光来看，"五四"体现了现代性的特征。20 世纪初的西方文化对传统进行了反思和批判，现代西方的思想家在努力对传统进行批判的同时正在为自身文明寻找出路和救赎的可能性。而很多"五四"时期的思想家，

---

① 〔德〕斯宾格勒：《西方的没落》（上册），齐世荣等译，商务印书馆，2001，第 298 页。

并非盲目地全盘西化，而是在这种世界性地反思和批判传统、建构现代文明的过程中，为中国寻求新的文化资源，寻求建构中国新的文化身份的可能性。所以，西方文明对现代性的反思在中国新文化建设的开端就已经被思考到并被融入中国的现代文化之中。同时，由于五四新文化运动是反帝反封建的爱国民主运动，它内在地包含民族独立、文化自觉等因素。因此，"五四"对传统文明的批判和对西方文明的怀疑，对民族的独立、进步的追求，对人的自由和个性的追求使自身具有了一种世界视野和天下胸怀，是在新的知识框架内重新理解中国与世界、世界与中国的关系，为现代文明的构建做出了自己的贡献，因而具有世界性的普遍意义。这也应是我们建构当代中国的文化身份时需要具备的胸怀和视野。

第四，社会主义文化。经过 20 多年的革命和半个多世纪的社会主义革命和建设，社会主义文化已经成为当代中国文化的内在组成部分，也是其中富有生命力的部分。尽管它有着强烈的意识形态色彩，并在历史的进程中发生了不同程度的变化，但其内在的精神气质已经深刻地影响到了现代中国的文化品格。理解当代中国的文化身份，离开这一维度是不可能的。

那么，这一维度的价值指向是什么呢？我觉得主要的就是现实性和人民性的价值指向。建构当代中国的文化身份同样不能忽视这一指向，因为它决定了这种新的文化形态的主体、价值取向和价值理念。离开现实性和人民性，注定是没有生命力的文化形态。一种新的文化形态和文化身份的建构，如果不指向当代人的生存世界和精神世界，不能成为一个时代的人的价值观念、行为理念，不能进入精神世界，只是几个知识精英的话题，那么，它就缺乏一种有效性，而其生命力自然就是可疑的。

文化具有扩张性，寻求话语主导权是不同形态的文化的共性和内在特征。但是文化又具有包容性，因为从来没有一种本质主义意义上的单一文化形态的存在。梁启超先生说过："吾窃信数十年以后之中国，必有合泰西各国学术思想于一炉而冶之，以造成我国特别之新文明以照耀天壤之一日。"[1] 今天的我们，更应如此。从建构和谐的文化生态的角度来看，不管站在何种立场、用何种视角来审视不同的文化，都应该具有一种兼容并包的气度和胸襟。如果片面地强调某一个，常常会遮蔽了其他思想存在的事实，并破坏了历史的多元性和丰富性。对不同文化的不同的理解，在某种程度上，其实都体现了对历史的自我想象，并寄予了不同的文化诉求。但无论如何，确立面向人类文明、指向未来的文化理想和价值秩序是建构当代中国的文化身份时首先需要解决的问题。

---

[1] 梁启超：《论中国学术思想变迁之大势》，上海古籍出版社，2001，第93~94页。

六　新时代的美学精神和审美理想

美学问题、文化问题一直是中国马克思主义者高度关注和思考的问题。简单地从近代以来所产生的美学学科的视角来进行解读，是无法真正理解美学问题之于中国马克思主义者的意义的。可以毫不夸张地说，不理解中国马克思主义者的美学追求和文化理想，就难以理解近百年来中国的历史，更难以理解中国的未来。而美学和文化问题之所以在中国马克思主义者这里成为关注的核心问题，则有着深刻的原因。

其一，这是由经典马克思主义美学产生的历史语境所决定的。德国古典美学为现代的美学观念和美学思想奠定了基本问题域，而马克思主义经典作家正是通过对德意志意识形态和一切旧秩序的批判，建立起了历史唯物主义理论体系，同时提出了自己美学的观念、方法和历史使命。

德国古典美学的理论基础是康德提出来的人性论和主体性原则，如哈贝马斯所言，主体性原则确立了现代的文化形态①，建立在主体性原则基础之上的德国古典美学，自然要以"人"为出发点，然

---

① 〔德〕于尔根·哈贝马斯：《现代性的哲学话语》，曹卫东等译，译林出版社，2004，第 21 页。

　　　　　　　　　　　　　　／当代中国道路与智慧

后又回到"人"。于是,"人的解放"便成为德国古典美学的最高理想。同时也要注意到,从思想史上的意义来看,德国古典美学在实质上是对启蒙运动思想主题的继承和延续,并试图把审美作为切入点来为人的解放找到新的答案。德国古典美学对审美问题的重视,既是在捍卫人的主体性,也是对近代资本主义生产关系崛起之后,由于对理性化的过分强调而造成的对人的压抑和分裂的反抗。"感性学"(美学)的提出,是对西方传统中对感性的贬斥和边缘化的一种颠覆。

马克思主义美学继承了德国古典美学所提出来的历史主题,但是,马克思主义创始人却第一次给出了科学的解释和正确的道路。对于马克思主义创始人来说,德国古典美学所说的"人的解放",只是一种抽象的解放,不是真正的解放。解放应是一种现实的、历史的活动,而非思想活动。所以,想要解决这一问题,就必须打破形而上学的幻象,从社会历史存在和发展的真正基础来寻找答案。现代社会人的不自由,不是由人性的分裂造成的,那是结果而非原因,真实的原因是由于"物的关系"对人的统治,这种"物的关系"又源于资本主义生产关系。因此,马克思指出:"在现代,物的关系对个人的统治、偶然性对个性的压抑,已具有最尖锐最普遍的形式,这样就给现有的个人提出了十分明确的任务。这种情况向他们提出了这样的任务:确立个人对偶然性和关

系的统治，以之代替关系和偶然性对个人的统治。"① 所以，摆脱
"物的关系"对人的统治，实现人的解放，更进一步说，通过对生
产关系的解放从而实现人的自由全面的发展，这才是马克思主义的
崇高追求。

其二，马克思主义美学的诞生，打破了美学意识形态的神话。
美学学科的产生，属于西方传统知识论范畴划分的结果。现代美学
学科的提出者鲍姆嘉通认为，人的心理活动可以分为知、情、意三
个部分，研究"知"的，也就是人的理性认识，是逻辑学；研究
"意"，也就是关系人类态度行为的东西，这是伦理学；而研究
"情"，也就是人的感性认识，则是"美学"。所以，从这个角度说，
一方面，美学是理性试图对感性进行理性化的掌控的知识体系；另
一方面，美学追求一种自律性，它为自己划分了独特的研究对象和
研究领域。

在经典马克思主义作家看来，德国古典美学对美的理解，对人
的解放的理解，完全是一种美学意识形态。这种美学意识形态使得
他们将审美宗教化，并使这一思想垄断了近代以来的社会再生产领
域，垄断了文化和思想领域，而事实上它掩盖的正是在资本主义社
会中人的异化和分裂这一最根本的事实。对于马克思来说，"真理的

---

① 〔德〕马克思、恩格斯：《德意志意识形态》，载《马克思恩格斯全集》（第
3卷），人民出版社，1960，第515页。

彼岸世界消逝以后,历史的任务就是确立此岸世界的真理。人的自我异化的神圣形象被揭穿以后,揭露具有非神圣形象的自我异化,就成了为历史服务的哲学的迫切任务"①。抽象的审美主义、人道主义,本质上都属于"具有非神圣形象的自我异化",因而也是需要被揭露的对象。

经典马克思主义美学的诞生,根本不是在传统知识论范畴内对美学问题的提出和解决,它将美的创造、审美活动、审美理想完全置于人类社会历史存在和发展的深厚基础上,既打破了传统美学知识论的划分模式,也颠覆了传统美学形而上学的基础,冲破了德意志意识形态的神话,因此可以说是破天荒的。它把一种资产阶级自律性的话语体系,变成了一种深深地植根于历史之中的话语。

马克思主义创始人为美学赋予了崇高的历史使命,并明确地指出了实现人的解放的根本途径:"意识的一切形式和产物不是可以通过精神的批判来消灭的,不是可以通过把它们消融在'自我意识'中或化为'幽灵'、'怪影'、'怪想'等等来消灭的,而只有通过实际地推翻这一切唯心主义谬论所由产生的现实的社会关系,才能把它们消灭;历史的动力以及宗教、哲学和任何其他理论的动力是革

---

① 马克思:《〈黑格尔法哲学批判〉导言》,载《马克思恩格斯文集》(第1卷),人民出版社,2009,第4页。

命，而不是批判。"① 因为社会生活的本质是生产实践，而不是理论的虚构和神圣观念的自我演绎，所以，只有通过对"具有非神圣形象的自我异化"的批判，通过理论革命和现实生产关系的变革，才会破除传统意识形态的神话，才会使人成为真正的人，才会使人摆脱抽象的统治，摆脱资本主义生产关系的普遍桎梏，才会真正实现人的解放。恩格斯说到"德国的工人运动是德国古典哲学的继承者"②，原因正在于此。

其三，对于中国的马克思主义者来说，对美学和文化问题的关注，不仅继承了马克思主义经典作家崇高的美学追求和历史追求，也是由中国独特的历史和现实的文化基因决定的。它意味着中国的马克思主义者选择了一条独特的既具有中国自身特色，也具有深远的世界史意义的道路。

从中国自身的历史来看，中国有着漫长的美学思想史和艺术创造史，在中华文明的基因中就存在与生俱来的艺术气息和美学精神。从小的层面来讲，它以培养健全的人格为目标，通过"兴于诗，立于礼，成于乐"几个步骤，完成人的培养和改造。从大的层面来讲，

---

① 马克思、恩格斯：《德意志意识形态》，载《马克思恩格斯全集》（第 3 卷），人民出版社，1960，第 43 页。
② 恩格斯：《路德维希·费尔巴哈和德国古典哲学的终结》，载《马克思恩格斯文集》（第 4 卷），人民出版社，2009，第 313 页。

它注重的是对所谓"大道"的体悟，上下与天地合德，究天人之际，通古今之变。笔者认为，这种独特的中华美学精神生成的根基，在于"生"的理念。《易传》说"天地之大德曰生"，上至天地，下至人世，乃至人的生成，都源于一个"生"字，宋代程颢说"仁者，浑然与天地同体"（程颢：《河南程氏遗书卷二》），朱熹在《论语集注》中说"胸次悠然，直与天地万物上下同流"。他们所说的，都是指个体的生命，通过对天地的体认，获得永恒的意义。那么，充塞天地之间的又是什么呢？张载说"天惟运动一气，鼓万物而生，无心以恤物"，也就是说，是充塞于天地之间的元气流动，赋予天地一种饱满的生命力。在此基础上，古人提出的"生仁合一"，体现的是现实的关怀和对最高的境界的体悟。天地自然万物，都以"生"作为最根本的特点，它体现的是一种积极、活泼、饱满和昂扬向上的精神和力量。因为元气的流动，天地的根本精神就是化生万物，创造新生命，如王夫之在《思问录外篇》中所言："无恒器而有恒道也。天地之德不易，而天地之化日新。"正因如此，我们看到，中华传统美学精神，展示给我们的是一个元气淋漓、不断创造的艺术世界，生生不息、积健为雄、气韵生动是中华传统美学精神的重要组成部分。"周虽旧邦，其命维新"，不断的革新和创造体现的正是这种生生不息的力量。

　　中国的马克思主义美学，除了继承了马克思主义经典作家的美学追求和美学理想之外，也继承了中华传统美学精神中生生不息的创造性精神，继承了中华美学精神中所强调的人的培养的目标。1954 年，毛泽东在一届人大讲话时说："我们正在做我们的前人从来没有做过的、极其光荣伟大的事业"。从世界历史的进程来看，中国在近百年革命和社会主义建设的历史进程中，体现了一种宏大的历史追求和独特的美学追求和文化理想，整个国家体现出一种积极进取、蓬勃向上的气象。在笔者看来，这种美学追求和文化理想就是：建设新国家，塑造新国民，创造新文化。通过社会主义文化改造，塑造社会主义新人形象，从而创造一种崭新的文化和美学精神，这才是现代以来最重要的文化启蒙，这种美学追求和文化理想就是中国马克思主义者所体认的人间大道和人间正道。也正是因为有这种美学追求和文化理想，中国在传统与现代、东方与西方的张力结构中，创造了一种新的美学精神；同时，由于它拒绝进入现代资本主义体系之中，因而现代中国在世界历史的进程中获得了自己独特的文化身份，并为人类的未来提供了一种选择的可能性。

提出这一美学追求和文化理想，在今天依然具有现实的意义，因为提升国民人文素质、进行文化批判和文化创造、加强文化软实力和文化领导权的建构，依然是中国马克思主义者在新的伟大时代应该去努力完成的重任。在全球化时代和中华民族伟大复兴的历史进程中，高扬中华美学精神，不是简单的复古，更不是对马克思主义美学的否定，相反，它体现的是中国马克思主义者在文化上的一种创造性追求。它需要我们有广阔的胸怀和人文气象，需要一种恢宏的历史视野和深刻的问题意识，去不断面对历史给我们提出的问题和挑战，正如习近平同志在 2015 年的新年贺词中说："我们正在从事的事业是伟大的，坚忍不拔才能胜利，半途而废必将一事无成。"中国要以新的形象走向世界，要为人类美好的未来提供一种新的可能性，"大道之行也，天下为公"，继承、弘扬、创造中华美学精神，既是文化自信和理论自信的体现，也是中国马克思主义者最高的世界情怀和人类情怀。

七　如何讲好新时代的中国故事

理解了上述几个重要的理论问题，具体到文学创造的时候，就可以真正书写出新时代的中国故事。习近平同志在党的十九大报告中明确指出："社会主义文艺是人民的文艺，必须坚持以人民为中心的创作导向，在深入生活、扎根人民中进行无愧于时代的文艺创造。要繁荣文艺创作，坚持思想精深、艺术精湛、制作精良相统一，加强现实题材创作，不断推出讴歌党、讴歌祖国、讴歌人民、讴歌英雄的精品力作。发扬学术民主、艺术民主，提升文艺原创力，推动文艺创新。倡导讲品位、讲格调、讲责任，抵制低俗、庸俗、媚俗。加强文艺队伍建设，造就一大批德艺双馨名家大师，培育一大批高水平创作人才。"这一论断为我们如何讲好新时代的中国故事指明了方向和目标，必将推动当代中国文艺事业的繁荣和发展。

第一，要塑造新时代的新人物形象。人物形象的塑造是文艺创作的重要组成部分。人物形象的生命力，决定了文艺作品的生命力。文艺作品塑造什么样的人物形象，其实也就体现了什么样的时代精神、价值取向和审美追求。毛泽东同志《在延安文艺座谈会上的讲话》中就指出过："革命的文艺，应当根据实际生活创造出各种各样的人物来，帮助群众推动历史的前进。"社会主义文艺是人民的文艺，人民既是历史的创造者，也是历史的见证者；既是历史的"剧中人"，也是历史的"剧作者"。同时，"人民不是抽象的符号，而是一个一个具体的人，有血有肉，有情感，有爱恨，有梦想，也有内心的冲突和挣扎。"① 所以，每一个具体的、真实的、有血有肉、有情感、有温度的人民既是新时代中国故事的剧中人，也是书写新时代中国故事的剧作者，既是被表现的主体，也是历史书写的主体。

回望历史，中国共产党在文化理念上一直把建设新国家、塑造新人物、创造新文化当作自己的追求。在不同时代，文艺作品中塑造的不同的人物形象承载了特定的时代精神和核心价值。比如延安

---

① 《（授权发布）习近平：在文艺工作座谈会上的讲话》，新华网，http：//www. xinhuanet. com/politics/2015 – 10/14/c_ 1116825558. htm，2015 年 10 月 14 日。

文艺、十七年文学中，作家赵树理、周立波、柳青、姚雪垠等塑造的社会主义新人形象，就蕴含了对新生的政权和新的社会主义新人的向往和期待，对社会主义文化领导权的建构和社会主义政治认同的形成，起到了重要的作用。改革开放初期，蒋子龙、冯骥才、张洁、路遥等作家塑造的人物形象则体现了在新的历史条件下新的时代气象和对个人、时代命运的思考。21 世纪的今天，我们已经站在中国特色社会主义新时代的起点上，这就要求新时代的文艺创作要从人民的伟大实践和丰富多彩的生活中汲取营养，讴歌奋斗人生，刻画最美人物，典型人物所达到的高度，就是文艺作品的高度，也是时代的艺术高度。通过塑造新时代的新的典型人物，体现我们时代的审美理想和崇高追求，记录中国人民史诗般的实践和创造，坚定人们对美好生活的憧憬和信心。

不同时期对历史人物的解读其实也具有特定的时代特色，所以，文艺作品中人物形象的塑造就不仅仅是对当代人物形象的经典化，它还包括对历史人物的刻画和重塑，在这种重塑的过程中，内在蕴含着的是对历史和现实关系的重构。所以，在这个问题上，我们要坚持唯物史观，坚决反对对历史人物的所谓再解读和翻案所带来的文化虚无主义和历史虚无主义，坚决反对歪曲、污蔑、消解历史人物，进而消解我们的文化观、历史观和国家观，这就如习近平同志所说的："对中华民族的英雄，要心怀崇敬，浓墨重彩记录英雄、塑造英雄，让英雄在文艺作品中得到传扬，引导人民树立正确的历史观、民族观、国家观、文化观，绝不做亵渎祖先、亵渎经典、亵渎英雄的事情。要抒写改革开放和社会主义现代化建设的蓬勃实践，抒写多彩的中国、进步的中国、团结的中国，激励全国各族人民朝气蓬勃迈向未来。"①

第二，要体现新时代的新理念。思想和价值观念是文艺的灵魂，也是文艺的审美价值的重要组成部分，在这个意义上，一切表现形式都是表达一定思想和价值观念的载体。离开了一定思想和价值观念，再丰富多样的表现形式也是苍白无力的。好的文艺创作一定来源于社会生活。伟大的时代需要伟大的文艺，同样的，伟大的文艺也离不开以伟大的时代为土壤。所以，文艺创作要想真正获得自己的力量，文艺作品要想有持久的生命力，就应该深入历史和现实生活，把握时代精神，站在时代的高度，将自己同国家和民族的命运紧紧联系在一起。如前文所述，从世界历史的进程来看，在中国共产党的领导下，中国在近百年革命和社会主义建设的历史进程中，体现了一种宏大的历史追求和独特的美学追求和文化理想，整个国家体现出一种积极进取，蓬勃向上的气象，这种美学追求和文化理

---

① 《习近平在中国文联十大、中国作协九大开幕式上的讲话》，人民网，http://cpc.people.com.cn/n1/2016/1130/c64094-28915395.html，2016 年 11 月 30 日。

想就是中国马克思主义者所体认的人间大道和人间正道，也正是因为有这种美学追求和文化理想，中国在传统与现代、东方与西方的张力结构中，创造了一种新的、具有中国特色的美学精神。

对于走进新时代的中国文艺来说，书写中国故事，把握时代精神，就是要培育和弘扬社会主义核心价值观。社会主义核心价值观是当代中国精神的集中体现，是凝聚中国力量的思想道德基础。当代进步的文艺工作者应该站在历史的新起点和高度上，扎根中国大地，胸怀世界，在全球化的语境中，坚定不移地用中国人独特的思想、情感、审美去创作属于这个时代、又有鲜明中国风格的优秀作品。

法国文学批评家蒂博代说过："一个伟大批评家和一个平庸批评家之间的区别在于：前者能够给这些重要的概念以生命，能够用呼吸托起它们，并时而通过雄辩，时而通过精神，时而通过风格，给它们注入一种活力；而对后者来说，这些概念始终是没有生气的技术概念，总之，不过是概念而已。"① 同样的，伟大的文艺创作也能够给时代精神和理念注入生命和活力，使其成为活生生的、充满蓬勃生命力的现实。所以，对于当代文艺工作者来说，新时代的文艺创作就不是对社会主义核心价值观的机械、僵化和苍白的图解，而

---

① 〔法〕蒂博代：《六说文学批评》，赵坚译，生活·读书·新知三联书店，2002，第197页。

是通过人物形象的塑造，对现实生活的提炼，让它成为真实的、具体的、具有饱满生命力的现实，给人希望，给人力量，催人奋进。

第三，要引领新时代的新风尚。"以高于生活的标准来提炼生活，是艺术创作的基本能力。"① 所以，文艺不仅要把握时代精神，体现时代新理念，把提高作品的精神高度、文化内涵和艺术价值作为追求，还要能反映生活，并且能创造生活，从而体现出强大的文化创造力，感国运之变化、立时代之潮头、发时代之先声，既坚守本根又不断与时俱进，增强文化自信，培育共同的情感和价值、共同的理想和精神，引领新时代的新风尚。

那么，如何在文艺创作中实现新的文化创造，引领新时代的新风尚呢？首先，要对历史保持一种开放性态度，保持一种必要的、足够的想象力，拒绝历史终结论，为历史开辟新的可能性。所以，新时代的文艺创作应该具有新的生产性和创造性。这种生产性和创造性主要体现在两个方面：其一通过塑造新的人物形象，凝练时代精神，生产新的文化主体，这也是现代审美革命的题中应有之义；其二就是把创造新文化作为自己的历史性追求。在当代中国处在历史的巨大变动期的时刻，文化结构、社会空间、精神世界乃至时间

---

① 《习近平在中国文联十大、中国作协九大开幕式上的讲话》，人民网，http：//cpc. people. com. cn/n1/2016/1130/c64094 - 28915395. html，2016 年 11 月 30 日。

/ 当 代 中 国 道 路 与 智 慧

经验和生命体验本身都处在重组的历史进程中，错综复杂的历史和现实也就对文艺创作提出了新的要求。

其次，要坚持民族性和世界性的统一。在中国已经成为全球化进程中一支重要力量的今天，新时代的中国故事，就不仅仅是中国的，更是世界的。但是这种世界性不仅仅是用西方的视角来看中国，更是用中国的视角来看世界。它扎根脚下这块土地，在民族性和世界性的相互融合中，把建构人类命运共同体作为自己的崇高追求。在这种文艺创作中，更多体现中华文化精髓、反映中国人审美追求、传播当代中国价值观念，又符合世界进步潮流的优秀作品，真正让我们的文艺以鲜明的中国特色、中国风格、中国气派屹立于世，为世界贡献中国思想、中国精神和中国力量。

经济全球化的中国逻辑：以亚投行为例

王　达 [*]

摘　要： 亚投行的筹建有着深刻的宏观背景。亚投行的成立有利于补充完善现行的国际发展融资体系，促进亚洲经济融合与一体化发展。亚投行的运作面临一系列问题与挑战，特别是经济问题政治化带来的困扰。"亚投行热"现象折射出了除美国之外的全球各国对推动国际金融秩序改革的强烈愿望与事实上的改革不可得性之间的尖锐矛盾。因此，美国需要深刻反思。面对"亚投行热"及其背后的国际政治经济学逻辑，中国需要冷静思考，扎实推进国内经济结构调整和深化改革。中国经济的崛起是经济全球化进程的必然结果，世界应当认识到这一点并有所呼应。

关键词： 经济全球化；中国逻辑；亚投行

人类进入 21 世纪已经整整 16 个年头。想必不会有人否认，中国是这一全球经济发展片段中当之无愧的主角——自 2001 年正式

---

　* 王达，教授，博士生导师，吉林大学经济学院国际经济系主任，主要研究方向为全球经济治理、国际金融。

加入世界贸易组织（WTO）以来，中国只用了不到 10 年的时间便跃居为全球第二大经济体；2013 年，中国进出口贸易总额达到 4.16 万亿美元[①]，一举超过美国成为全球第一大贸易国。"大象难以藏身于树后"[②]，实现快速赶超式发展的中国自然而然地为全球所瞩目。

近期，由中国发起成立的亚洲基础设施投资银行（Asian Infrastructure Investment Bank，AIIB，以下简称"亚投行"）受到全球的关注，特别是 2015 年 3 月英国、德国、法国、意大利、卢森堡、瑞士以及奥地利等欧洲国家先后宣布申请作为意向创始成员国加入该行，使得亚投行这一中国主导下的国际多边发展融资体系的新成员成为各方热议的焦点。然而，与欧洲国家积极响应的态度有所不同的是，美国及其亚太盟国日本对亚投行的态度耐人寻味。中国主导筹建亚投行的背景与战略考量何在？亚投行对于亚洲乃至全球经济的意义何在？亚投行的运作面临哪些问题与挑战？本文旨在沿着这一逻辑对"亚投行热"展开深入分析和理性思考，以期厘清歧义、辨明问题，从而对中国经济金融开放新战略的实施有所裨益。

---

① 数据引自《中国工业发展报告（2014）》。
② 卢峰：《大象难以藏身于树后——中国经济相对体量观测》，北京大学中国经济研究中心工作论文，2011 年 11 月 28 日。

一 亚投行筹建的背景与进展

（一）危机后全球经济格局发生的重大变化

2008 年肇始于美国的全球金融危机，作为全球经济发展进程中的一个重要分水岭，对全球经济格局产生了重大而深远的影响。危机的爆发使得由 2001 年美联储扩张性货币政策所带动的全球经济扩张和资产价格上涨戛然而止，全球经济随即进入一个漫长的周期性调整过程。在此背景下，全球经济格局发生了重大变化：一方面，以美、欧、日为代表的主要发达国家的经济表现出现了明显的分化，全球经济协调与治理面临前所未有的困难；另一方面，广大新兴市场国家则被历史性地推到了前台，并不得不应对更加复杂和棘手的众多问题与挑战。

具体来看，美国经济在危机爆发后呈现典型的低开高走态势。危机爆发后，美国经济在去杠杆化和私人部门资产负债表修复的过程中一度陷入技术性衰退和经济低迷，但在 2013 年企稳并于 2014 年开始进入复苏周期。自 2014 年第四季度以来，随着美联储定量宽松政策退出预期的逐渐明朗，美元迅速走强并进一步提振了美国经济。与日渐向好的美国经济形成鲜明反差的则是依然深陷主权债务危机泥潭的欧元区国家以及结构性改革乏力、增长前景黯淡的日本。欧元区的制度性缺陷使得它在应对 2010 年爆发的主权债务危机时缺乏良策，欧洲中央银行于 2015 年 3 月开始实施的总规模高达 1 万亿欧元的全面量化宽松政策，能够发挥多大作用仍是未知之数。日本"安倍经济学"的第三支箭——结构性改革一直引而未发，由此使得它早前实施的大规模量化宽松政策效果甚微，第三个"失去的十年"迫在眉睫。广大新兴市场国家的经济形势也是喜忧参半。一方面，未遭受危机直接冲击的广大新兴市场国家在全球经济总量中的占比曾一度超过了发达国家①，对全球经济增长的贡献度的提高也使得它们在全球经济治理中的地位和话语权有所提升②；另一方面，以金砖国家为代表的广大新兴市场国家面临着前所未有的问题与挑战——全球经济增速下降、国际资本大进大出、国内结构性改革压力增大、外贸不振、投资疲软、大宗商品价格走低等。动态调整的全球经济格局和复杂多变的国际经济形势，在客观上要求中国这一全球第二大经济体和最大的新兴市场国家在新一轮对内改革和对外

---

① 陈凤英：《新兴经济体与 21 世纪国际经济秩序变迁》，《外交评论》2011 年第 3 期，第 5 页。
② 根据 IMF 的统计，按市场汇率计算，2010 年，新兴市场和发展中国家经济的增长对世界经济增长的贡献高达 72%，其中金砖国家就达到 49.1%。参见陈凤英《新兴经济体与 21 世纪国际经济秩序变迁》，《外交评论》2011 年第 3 期，第 5 页。

开放战略上有所突破和创新，特别是在实现自身发展的同时对全球经济的可持续发展有所贡献。

（二）亚欧经济整合倡议即"一带一路"的提出

在上述背景下，2013 年 9 月和 10 月，中国国家主席习近平在访问哈萨克斯坦和出席亚太经济合作组织（APEC）领导人非正式会议期间，先后提出了建设"丝绸之路经济带"和"21 世纪海上丝绸之路"（合称"一带一路"）的设想和倡议。"一带一路"是世界上跨度最大的经济大走廊，也是世界上最具发展潜力的经济合作带。发端于中国的"一带一路"，贯通中亚、东南亚、南亚、西亚乃至欧洲部分区域，东牵亚太经济圈，西系欧洲经济圈，覆盖约 44 亿人口，经济总量约为 21 万亿美元，分别占全球的 63% 和 29%。[①] "一带一路"作为新时期中国提出的亚欧经济整合倡议，具有极其重要的现实意义并将产生深远的影响。

值得注意的是，"一带一路"并非一个实体和机制，而是长期以来中国所倡导的合作发展的理念在促进亚欧经济融合这一领域的具体体现。换言之，中国旨在借用古代"丝绸之路"这一历史符号，以和平发展、互利共赢为宗旨，以加强亚洲国家之间的互联互通为切入点，主动发展与沿线国家的经济合作伙伴关系，从而实现"共

---

① 龚雯、田俊荣、王珂：《新丝路：通向共同繁荣》，《人民日报》2014 年 6 月 30 日，第 1 版。

同打造政治互信、经济融合、文化包容的利益共同体、命运共同体和责任共同体"① 这一目标。从具体的实施来看,这一战略将"以经济走廊为依托,以交通基础设施为突破,以建设融资平台为抓手,以人文交流为纽带,加强'一带一路'务实合作,深化亚洲国家互联互通伙伴关系"②。由此可见,基础设施投资和相应的融资平台建设被摆在十分突出的位置,是加强亚洲各国互联互通的突破口和主要途径。为此,中国先后在 2013 年和 2014 年提议成立亚洲基础设施投资银行和丝路基金③,旨在以金融杠杆为"一带一路"倡议的落实提供支撑。

(三)亚投行筹建的进展与国际反响

2013 年 10 月,中国国家主席习近平首次提出筹建亚洲基础设施

---

① 引自中国中央政府网站 (www. gov. cn/zhengce/2015 – 03/24/content _ 2837912. htm)。

② 杜尚泽:《习近平主持加强互联互通伙伴关系对话会并发表重要讲话》,《人民日报》2014 年 11 月 9 日,第 1 版。

③ 丝路基金是由国家外汇管理局、中国投资有限责任公司、中国进出口银行、国家开发银行共同出资,依照《中华人民共和国公司法》,按照市场化、国际化、专业化原则设立的中长期开发投资基金,重点在"一带一路"发展进程中寻找投资机会并提供相应的投融资服务。丝路基金已于 2014 年 12 月 31 日在北京正式挂牌运营,首期资本金为 100 亿美元,其中国家外汇管理局通过其投资平台出资 65 亿美元,中国投资有限责任公司、中国进出口银行、国家开发银行分别出资 15 亿美元、15 亿美元和 5 亿美元。

投资银行的倡议。经过一年多的筹备，2014 年 10 月，包括中国、印度、新加坡等国家在内的 21 个意向创始成员国①在北京签署了《筹建亚投行备忘录》，这标志着亚投行的筹建工作进入了一个新的阶段。在 2014 年 10 月至 2015 年 2 月这一期间，印度尼西亚、马尔代夫、新西兰、沙特阿拉伯、塔吉克斯坦以及约旦先后申请加入亚投行。亚投行的意向创始成员国数量增加至 27 个。2015 年 3 月 12 日，英国宣布申请加入亚投行，从而成为第一个申请加入亚投行的欧洲发达经济体。在英国的带动下，法国、德国、意大利、卢森堡、瑞士和奥地利先后于 2015 年 3 月下旬申请加入亚投行。韩国和澳大利亚在经过反复权衡后，也赶在 2015 年 3 月底之前正式宣布加入亚投行。截至 2015 年 4 月 15 日，亚投行的创始成员国数量由最初的 21 个扩大到 57 个，遍及全球五大洲。②

值得注意的是，与欧洲国家对加入亚投行的积极态度有所不同的是，美国和日本的态度颇耐人寻味。两国最初对亚投行的筹建较为冷漠。如美国财政部长雅各布·卢（Jacob Lew）在 2015 年 3 月 17 日举行的美国国会听证会上，呼吁欲加入亚投行的国家，都应在充分考察该机构的运行情况之后再达成最终协议。他还警告，以中国

---

① 孟加拉国、文莱、柬埔寨、中国、印度、哈萨克斯坦、科威特、老挝、马来西亚、蒙古国、缅甸、尼泊尔、阿曼、巴基斯坦、菲律宾、卡塔尔、新加坡、斯里兰卡、泰国、乌兹别克斯坦和越南。

② 引自中国财政部网站（http：//gjs. mof. gov. cn/pindaoliebiao/gongzuodongtai/201504/t20150415_ 1217200. html）。

/ 当代中国道路与智慧

为代表的新兴国家对美国及其在全球范围内建立起的金融体系构成严峻挑战。① 然而，随着越来越多的国家特别是英、法、德、意等欧洲国家纷纷宣布加入亚投行，美、日两国的态度也有所转变。3 月31 日，美国财政部长雅各布·卢在美国亚洲协会发表演讲时表示，只要能够补充现行国际经济治理结构，遵守多边决策规则、贷款标准和保障政策，美国对包括亚投行在内的国际机构的成立表示欢迎。亚投行与现有国际机构间的合作将有利于国际经济治理、环境与社会保障、债务稳定等方面的最高标准。美国欢迎中国更深度地融入全球经济体系，在国际舞台上发挥更大作用。②

亚投行创始成员国数量的不断增长引起了国际社会的广泛关注，特别是2015 年3 月英国申请加入亚投行的决定引发全球热议，国际社会对亚投行的关注由此骤然升温。国际主流媒体对英国此举及其引发的巨大示范效应给予了持续关注。英国《金融时报》在英国加入亚投行的次日，便对此事进行了报道，并指出此举有利于加强英国与北京的联系并符合英国的战略利益③；该报在3 月26 日

① 参见赵琬仪《亚投行公演中美暗战》，《联合早报（新加坡）》2015 年3 月22 日。
② 参见中国财政部网站（http：//afdc. mof. gov. cn/pdlb/yzcj/201504/t20150413_1215709. html）。
③ http：//www. ft. com/cms/s/0/c3189416 - c965 - 11e4 - a2d9 - 00144feab7de. html#ixzz3 VZaNyDyP.

的一篇报道中指出，美国的欧洲盟友做出加入亚投行这一美国明确表示反对的机构，是迄今为止最为强烈的全球权力中心东移的信号。欧洲国家急于加入亚投行表明，中国已经展示出了与其经济实力和强大的国际影响力相匹配的日益成熟的外交能力。① 3 月 19 日，美国《华盛顿邮报》以"为何美国抑制亚投行的努力注定要失败"为题，反思了美国对待亚投行的态度。文章指出，事实上中国缺乏颠覆现行国际金融组织框架的意愿和能力，美国不应对中国筹建亚投行采取抵触态度。② 此外，美国《纽约时报》、英国《经济学家》、德国《明镜周刊》以及路透社等全球主要媒体均对此事进行了持续报道和评论，各方观点纷至沓来、不一而足。篇幅所限，不再赘述。

二　中国的战略考量与意图

（一）以多边框架支撑"一带一路"倡议

如前所述，中国主导筹建亚投行的一个重要考量是为"一带

---

① http://www.ft.com/cms/s/0/d33fed8a – d3a1 – 11e4 – a9d3 – 00144feab7de.html#ixzz3VZXRkR8S.

② http://www.washingtonpost.com/blogs/monkey-cage/wp/2015/03/19/why-the-u-s-effort-to-curb-the-asian-infrastructure-investment-bank-is-doomed-to-fail-and-why-it-doesnt-matter-all-that-much/.

一路"这一亚欧经济整合倡议提供金融支撑。显然，在多边框架下开展这一工作具有十分明显的优势，也是符合包括中国在内的各方利益的最优选择。首先，以开放的姿态提高亚投行创始成员国来源的广泛性，特别是邀请区域外的发达国家参与筹建，能够显著地提高亚投行作为一个独立国际金融机构的资信等级（英国、德国等区域外发达国家创始成员的主权信用等级显著地高于区域内创始成员国），从而有利于放大金融杠杆，提高实际可利用资金规模，最大限度上地为"一带一路"倡议的落实提供金融支持。

其次，"一带一路"倡议的落实无疑需要聆听多方声音，顾及区域内众多国家的利益，亚投行建立起来的多边融资框架事实上也是一个各成员方沟通、协商的平台，有利于在最大程度上凝聚共识、消除分歧，将"一带一路"的具体项目落到实处。

再次，尽管经济的持续高速增长使中国的资本实力日趋雄厚，但中国在对外投资特别是国际发展融资领域仍然是一个新手，缺乏相关经验，在人力资源储备、对国际金融规则的熟悉程度等诸多方面仍有所欠缺。因此，在多边框架下，通过邀请经验丰富的区域外发达国家参与亚投行筹建，有利于中国吸收和借鉴其丰富的经验，并显著提高亚投行的操作水准和国际形象。

最后，亚投行透明、开放的多边框架有利于消除和化解国际社会对中国的无端猜忌，例如中国利用一股独大的地位制定所谓的"中国规则"以及在对外投资中输出所谓的"中国模式"，从而在最大程度上争取国际社会的理解和认同，并促进亚投行这一国际发展融资体系的新成员与国际货币基金组织和世界银行等国际金融组织开展合作。

（二）助推新一轮对内改革和对外开放

中国主导筹建亚投行，旨在加大对"一带一路"沿线的亚洲国家的基础设施投资。新形势下，中国亟须开展新一轮对内改革和对外开放，以确保宏观经济的可持续增长。从对内改革来看，本轮全球金融危机的爆发使得中国维持了 30 年的主要依靠高投资和高出口拉动经济增长的模式难以为继，加快产业结构升级和去产能化步伐，实现创新驱动型和内需拉动型增长已是当务之急。从对外开放来看，在美国大力推行高标准的"跨太平洋伙伴关系协定"（TPP）并试图重塑全球贸易规则的大背景下，中国需要改变长期以来以沿海带动内陆为基本格局、以吸收对外直接投资为主要方式、以建设"世界工厂"为主要目标的传统开放战略，以更加开阔的视野、灵活的方式和务实的态度构建全方位的对外开放格局，特别是加快广大内陆和沿边地区的开发开放，并鼓励中资企业走出去。为此，逐步扩大对外投资应成为新开放格局的题中应有之义。

从上述两个方面来看，以亚投行为金融支点的"一带一路"倡议，能够为中国的对外产业转移和海外投资开辟广阔空间，并盘活长期以来受地理区位、资源禀赋以及发展基础等因素制约的中国西部经济，助推内陆沿边地区由对外开放的边缘迈向前沿[1]，形成横贯东中西、联结南北方的对外经济走廊，从而进一步释放开发开放和创新创造的活力[2]。随着中国对外开放程度的提高，中资企业在走出去的过程中逐步提高使用人民币结算的比率，进而日渐扩大人民币的国际影响力也是可以期待的。从一个更加长远的视角来看，亚洲国家有着占全球 60% 的人口，平均经济发展水平相对较低，是一个庞大的投资和消费市场，具有巨大的经济增长潜力。如果中国以亚投行为起点和契机，改善周边国家的基础设施状况，加强彼此的互联互通和贸易投资往来，以带动其他亚洲国家实现经济社会的快速发展；一旦这一潜力得以开发，中国也无疑将成为受益者。从这个意义上说，亚洲需要一个繁荣的中国，中国也同样需要一个繁荣的亚洲。亚投行将成为盘活亚洲棋局的关键一子。

---

[1] 高虎城：《深化经贸合作共创新的辉煌》，《人民日报》2014 年 7 月 2 日，第 11 版。

[2] 袁新涛：《"一带一路"建设的国家战略分析》，《理论月刊》2014 年第 11 期。

（三）走出"美元陷阱"的有益尝试

2001 年中国加入世界贸易组织以后，通过将本币钉住美元的方式获得了极为稳定的汇率环境，在此基础上大力发展外向型经济从而实现了快速赶超式发展，并积累起了巨额的美元储备（其中绝大部分是美国国债）。然而，这一发展模式的弊端是，中国经济形成了对美元体系的严重依赖，并由此陷入了巨大的风险之中。[①] 全球金融危机爆发后，这一弊端暴露无遗。美联储推出的定量宽松货币政策使得中国持有的巨额美元资产面临贬值风险。对于中国而言，如果不继续购买美国国债，那么庞大的存量美元资产就会随着美元贬值而缩水；而如果继续购买美国国债，虽然支撑了存量资产价值，但继续加深了对美元的依赖。这就是克鲁格曼（Paul Krugman）所谓的"美元陷阱"（Dollar Trap）。[②]

2008 年以来，中国尝试通过各种途径破解这一难题，如在加快调整外向型经济增长步伐的同时，积极推动现行国际货币体系改革。然而，中国经济的结构性特征和多年以来形成的产业布局难以在短时间内调整到位，而现行国际货币体系改革进程也由于美国的阻挠

[①] 项卫星、杨丽莹：《美元本位制对中美经济关系的影响》，《东北亚论坛》2014 年第 1 期，第 67 ~ 74 页。

[②] Krugman, Paul, "China's Dollar Trap," *The New York Times*, April 2, 2009；余永定：《见证失衡——双顺差、人民币汇率和美元陷阱》，《国际经济评论》2010 年第 3 期，第 7 ~ 44 页。

而进展缓慢。无论是新国际储备货币方案（如 SDR）还是 IMF 投票权改革，都在拥有"一票否决"权的美国的干预和阻挠下无法取得实质性进展。在此背景下，中国不得不被动地启动人民币国际化进程，试图在一定程度上扭转自身在中美金融非对称性依赖关系中所处的极其被动的地位。① 然而，历史经验和大量研究都表明，主权国家货币的国际化是一个长期的进程，相当复杂、艰巨，且很容易令人联想到中国这一迅速崛起的新兴大国试图谋求国际货币体系的主导权，从而被卷入大国货币博弈的漩涡。②

近年来，中国开始尝试在多边框架下使用美元储备开展对外投资，如参与筹建金砖国家开发银行以加大对发展中国家基础设施项目的投资，以求改变长期以来被动购买美国国债这一近乎唯一的储备资产管理方式，提高美元资产储备的使用效率。此次中国提出设立亚投行亦有此意。与上述方式相比，在多边框架下对外加大美元投资，既不涉及对美元本位制的改革这一敏感问题，又有利于积累国际投资经验和促进亚洲地区经济的长远发展，这对于深陷"美元陷阱"且缺乏良策的中国而言，不失为一种新的尝试。

---

① 项卫星、王冠楠：《"金融恐怖平衡"视角下的中美金融相互依赖关系分析》，《国际金融研究》2014 年第 1 期，第 44 ~ 54 页。
② 陈平、管清友：《大国博弈的货币层面》，《世界经济与政治》2011 年第 4 期，第 25 ~ 47 页。

三 亚投行对于亚洲乃至全球经济的意义

（一）补充完善现行国际发展融资体系

众所周知，基础设施是一国开展经济活动的基础。大量经验研究表明，基础设施状况与一国经济活动的效率和有效性高度相关。如阿绍尔认为，基础设施服务的可得性是一种重要的生产要素。[1]其实证研究发现，一国基础设施状况的恶化会导致生产效率的下降；伯恩特和汉森[2]以及莫里森和舒瓦茨[3]的研究认为，一国基础设施条件的改善能够降低企业的生产成本；诺顿[4]的研究则发现，基础设施特别是通信条件的改善能够显著地促进一国经济增长。类似的研

---

① Aschauer, D. A. , "Is Public Expenditure Productive?" *Journal of Monetary Economics*, 1989, (2): 177 – 200.

② Berndt, E. R. and B. Hansson, "Measuring the Contribution of Public Infrastructure Capital in Sweden," National Bureau of Economic Research Working Paper, Number 3842, 1991.

③ Morrison, C. J. and A. E. Schwartz, "State Infrastructure and Productive Performance," National Bureau of Economic Research Working Paper, Number 3981, 1992.

④ Norton, S. W. , "Transaction Costs, Telecommunications, and the Microeconomics of Macroeconomic Growth," *Economic Development and Cultural Change*, 1992, 40: 175 – 196.

究还包括世界银行①、于勒和魏夫曼②、坎宁③、玛丽安妮④以及凯德伦和瑟温⑤等。因此，基础设施投资对于促进广大发展中和新兴经济体的经济发展具有十分重要的意义。

然而，无论是从全球层面来看，还是从亚洲地区来看，广大发展中国家普遍面临着巨大的基础设施投资缺口。面对巨大的基础设施投资资金需求，现行国际发展融资体系所能实际动用的金融资源显得杯水车薪。从全球层面来看，在未来10年，广大发展中国家和新兴经济体每年的基础设施投资需求将从目前的0.8万亿~0.9万亿美元提高到1.8万亿~2.3万亿美元（按区域以及部门分布情况参见图1）。⑥ 目

① World Bank, *World Development Report 1994*: *Infrastructure for Development* (New York: Oxford University Press, 1994).

② Röller, L. H. and L. Waverman, "The Impact of Telecommunications Infrastructure on Economic Growth and Development: A First Look at the Data," in *The Implications of Knowledge-Based Growth for Micro-Economic Policies* (The University of Calgary Press, 1996).

③ Canning, D., "The Contribution of Infrastructure to Aggregate Output," World Bank Working Paper, Number 2246, 1999.

④ Marianne, F., "Financing the Future: Infrastructure Needs in Latin America, 2000 – 05," World Bank Working Paper, Number 2545, 1999.

⑤ Calderon, C. and L. Serven, "The Output Cost of Latin America's Infrastructure Gap," Central Bank of Chile Working Papers, Number 186, 2002.

⑥ Fay, M., M. Toman, D. Benitez, and S. Csordas, "Infrastructure and Sustainable Development," in Fardoust, Shahrokh, Yongbeom Kim, and Claudia Paz Sepúlveda (eds.), *Postcrisis Growth and Development*: *A Development Agenda for the G – 20* (Unknown, 2011).

前，政府预算和传统的私人部门融资依然是这部分投资需求的主要融资来源，而来自发达国家的官方援助（ODA）和国际发展融资体系提供的贷款只能满足大约7%的融资需求，这一融资缺口每年将高达1万亿～1.4万亿美元。从亚洲的情况来看，情况更是如此。一个被广泛引用的数据是，据亚洲开发银行估算，在2010～2020年这一期间，亚洲国家基础设施投资的总需求高达8万亿美元并将面临巨大的资金缺口。

因此，现行的国际发展融资体系亟须改革：一方面，应当充分发挥现有融资平台的作用，加大对广大发展中国家的基础设施建设融资；另一方面，也应当积极拓展更多的融资平台和渠道，扩大可动用的金融资源总量，以更加多样、灵活、务实的方式满足发展中国家基础设施建设的融资需求。从这个意义上说，亚投行在完善现行国际发展融资体系、弥合亚洲国家基础设施融资缺口方面大有可为。事实上，包括亚洲开发银行在内的现行多边发展融资机构的融资领域都比较宽泛，如减贫、社会发展以及改善民生社会环境等，而中国主导下的亚投行主要开展基础设施融资，二者的互补性是十分明显的。在亚洲范围内，亚投行的成立在客观上也将促进亚洲开发银行推进自身改革，从而更好地为成员国的基础设施建设提供融资服务。

／当代中国道路与智慧

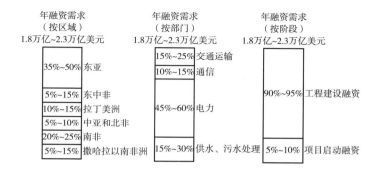

图 1　发展中与新兴市场国家 2010～2020 年基础设施融资需求情况

数据来源：Bhattacharya, A. and M. Romani, "Meeting the Infrastructure Challenge: The Case for a New Development Bank," Presentation in the Global Economic Governance Seminar, Madrid, 11th March, 2013。

（二）促进亚洲经济融合和一体化发展

亚洲拥有 40 亿人口，约占世界总人口的 60%，是面积最大、人口最多的大洲。然而，自工业革命以来，全球经济的重心一直在西方，亚洲始终处于全球经济格局的边缘和外围。除日本和韩国以外的大多数亚洲国家在全球产业分工格局中始终处于价值链的中低端。地域狭长、幅员广阔的亚洲走廊成为夹在大西洋板块和北美板块这两个发达国家聚集区中间的经济低地。受地理区位、历史文化以及地缘政治等多种因素的影响，亚洲国家的经济发展水平普遍较低且差异巨大，经济多样化程度高、一体化程度低。在经济全球化和区域经济一体化这一世界经济发展大势下，任何国家都难以脱离全球和区域经济发展而单独实现经济腾飞。因此，东亚、南亚国家与中、西亚国家缺乏互联互通。这不仅束缚了各国自身的经济发展空间，而且已经成为制约亚洲国家合作共赢进而实现亚洲整体崛起的重要障碍。

最为典型的一个例子莫过于多年以来迟迟无法取得实质性进展的亚洲区域货币金融合作。1997 年亚洲金融危机爆发以来，亚洲区域货币金融合作的进展十分缓慢并逐渐陷入停滞，且有被货币互换等双边货币金融安排取代之势。一方面，亚洲货币金融合作以中、日、韩以及东盟国家为主体，印度等一直未深度介入；另一方面，这一合作进程始终缺乏内生的驱动力，并在 2008 年全球金融危机爆发后遭遇了重大挫折。① 而亚洲国家经济发展阶段有较大差异和经济一体化程度低则是导致这一问题的重要原因之一。

中国主导下的亚投行将业务领域明确定位在基础设施融资领域，这将对缩小亚洲国家经济发展差异、促进各国经济融合和区域一体化发展发挥至关重要的作用。首先，从各国内部来看，基础设施建设能够促进投资所在国的经济发展，提高其经济效率。特别是刺激其制造业和交通运输业等相关产业的迅速发展，并带动农业和第三产业发展。其次，从加强各国经济联系的角度来看，基础设施建设

---

① 李晓：《东亚货币合作为何遭遇挫折？》，《国际经济评论》2011 年第 1 期，第 109 ~ 128 页。

特别是铁路、公路、港口、机场、电力以及通信领域的投资有利于加强各国的互联互通，降低运输成本，便利通信往来，从而促进区域内货物贸易和产业分工细化，进而以贸易带动金融和投资的跨国往来，促进各国金融市场发育并逐步加强各国在货币金融领域的合作，提高亚洲经济体在现行国际经济、金融体系中的地位。因此，从亚洲经济全局和长远视角来看，"该子一落、全盘皆活"，即中国主导下的亚投行旨在盘活整个亚洲地区的经济、金融发展，最终形成一个真正意义上的"亚洲经济圈"。

（三）破解东亚高储蓄难题、推动全球经济再平衡

如果将亚洲经济看作一个整体的话，那么这一"经济体"长期以来存在的一个问题是，东亚国家的高储蓄无法在区域内转化为高投资，从而支撑区域经济增长。长期以来，亚洲经济始终面临着这一尴尬，即以中国和日本为代表的东亚国家的高储蓄与经济发展相对缓慢的东南亚、中亚和西亚国家的高投资缺口并存。导致这一问题的原因是复杂和多方面的。其中一个重要原因是，在现行的美元本位制下，钉住美元进而发展外向型经济成为东亚国家的理性选择——东亚国家以产能输出（即贸易盈余）的方式向美国转移国内过剩的储蓄，将其转化为美元储备，从而实现储蓄投资的平衡。然而，此举存在负面效应。第一，以中国为代表的东亚国家面临麦金

农所谓的"高储蓄两难",即任何无法以本币提供对外融资的债权国都会出现货币错配问题；随着经常项目顺差的积累，债权国政府的货币政策特别是汇率政策会陷入左右为难的境地。[1] 第二，高储蓄率的东亚国家成为全球经济失衡的盈余方，从而成为诱发全球经济、金融动荡的重要根源。有学者甚至将2008年全球金融危机归咎于东亚国家的高储蓄率及其引发的全球经济失衡。[2] 尽管这一观点有失偏颇，但不可否认的是，以中国为代表的东亚高储蓄国家作为全球经济失衡的重要一方需要反思。

中国改革开放30余年来，进行了大量的基础设施建设，在这一领域积累了丰富的经验，如果能够将其与过剩的国内储蓄相结合，通过亚投行这一多边发展融资平台加大对"一带一路"相关国家的基础设施投资，进而打通亚洲区域内的"储蓄－投资"转化机制，最终在真正意义上实现"亚洲资源、亚洲利用"，无疑将为全球经济的再平衡做出巨大贡献。

（四）加快国际金融秩序改革的步伐

众所周知，第二次世界大战结束后，美国主导确立了以"双

---

[1] 〔美〕罗纳德·麦金农：《美元本位下的汇率——东亚高储蓄两难》，中国金融出版社，2005。

[2] Blanchard, O. and G. M. Milesi-Ferretti, "Global Imbalances: In Midstream?" IMF Staff Position Note, December 22, 2009.

挂钩"为主要特征的布雷顿森林体系。美元这一主权国家货币在人类历史上首次通过国际盟约的方式成为世界货币。美国通过所谓的"三根支柱"——国际货币基金组织、世界银行和《关税与贸易总协定》（GATT）掌握了全球经济、金融体系的主导权。尽管布雷顿森林体系在日、德经济迅速崛起等因素的作用下于20世纪70年代初解体，但这不仅未能削弱美元的国际货币权力，反而使美元摆脱了黄金的束缚，从而使美国对全球金融体系的主导权得以进一步强化和巩固。在此后的40多年里，国际金融秩序再无重大变化，全球金融治理结构和现行国际货币体系也一直没有重大调整。然而，与此相对应的则是广大发展中和新兴市场国家经济的迅速崛起。特别是近10年来以中国为代表的金砖国家的经济总量不断扩大，对全球经济的贡献日益突出。而现行的以美国为核心、以"七国集团"（G7）为主体的全球金融治理结构却无法反映广大发展中国家的利益诉求。美国通过"一股独大"的份额始终牢牢掌握着对IMF和世界银行的主导权，进而实现对国际金融秩序的控制。2008年全球金融危机爆发后，国际金融秩序特别是国际货币体系改革的迫切性与日俱增。[①] 但在美国的干预和阻挠

---

① 李向阳：《国际金融危机与国际贸易、国际金融秩序的发展方向》，《经济研究》2009年第11期，第47～54页；潘锐：《美国次贷危机的成因及其对国际金融秩序的影响》，《东北亚论坛》2009年第1期，第3～11页。

下，这一改革进程非常缓慢且始终无法取得实质性进展。以备受诟病的 IMF 投票权改革为例，美国国会迟迟不批准 2010 年 IMF 投票权改革方案，美国也始终不放弃对重大事项的"一票否决"权。这种无视新兴市场国家整体崛起的单边思维，令现行国际金融秩序的改革异常困难。

在此背景下，中国提出筹建亚投行体现了一种增量改革的思维，即既然"存量改革"困难重重，不如从"增量改革"入手，在新思维、新规则和新框架下推动国际金融秩序的改革，使它向更加合理的方向转变。因此，亚投行既是发展中国家用"增量思维"助推国际金融秩序改革的尝试，也是"中国智慧"对构建更加合理的国际金融秩序的贡献。

四　亚投行运作面临的问题与挑战

（一）经济问题政治化的困扰

自从中国加入世界贸易组织进而全面融入经济全球化进程以来，经济问题政治化一直困扰着迅速发展的中国，并对中国与全球经济之间的良性互动施加着负面影响。从市场经济地位评估，到针对中国的跨国投资审查，乃至 2003 年以来愈演愈烈的人民币汇率之争，等等。① 中国一直疲于应对这些对经济问题的非经济诘责。事实上，这是 20 世纪 70 年代以来国际经济关系特别是大国经济关系逐渐政治化的表现。20 世纪 70 年代初，在东西方对抗有所缓和的背景下，国际经济关系逐渐成为一种实现国际政治目标的有效手段，并越发具有控制和协调国家利益关系这一国际政治功能。国际经济关系的政治化与集团化成为当代国际关系最为基本的特征之一。② 国际经济关系政治化可以理解为国家之间正常的经济关系在特殊国际政治环境的影响下具有了政治功能，引起或加强了国家对"价值信仰、信念或意识形态分歧"的强调，或者对"国家之间实力、权力对比变化的竞争"的重视，乃至将其理解为"本国国内政治问题"的诱因。③

　　显然，由中国这一全球第二大经济体倡议并主导成立亚投行，是一个从国际政治角度解读和发挥的再适合不过的话题了。例如，"中国试图凭借亚投行挑战美、日主导的以亚洲开发银行为框架的亚洲金融秩序"；更有甚者，"亚投行是中国挑战二战后确立的以 IMF

---

① 项卫星、王冠楠：《美国的汇率政治与人民币汇率之争》，《东北亚论坛》2015 年第 2 期，第 65～75 页。
② 柳剑平：《当代国际经济关系集团化与政治化》，《武汉大学学报》（社会科学版）2002 年第 1 期，第 101～106 页。
③ 李若晶：《中美"经济关系政治化"分析》，《现代国际关系》2011 年第 3 期，第 50～55 页。

和世界银行为主导的国际金融秩序的表现"。尽管只要稍加思辨，便可发现这些观点在学理、逻辑甚至常识上都是站不住脚的，但它们无疑极具蛊惑性和煽动性。这不仅不利于亚投行正常业务活动的开展并损及中国与相关国家的经贸往来，而且将导致"双输"甚至"多输"的后果，从而使区域乃至全球经济受损。因此，我们需要清醒地认识到，尽管国际经济关系政治化是一种大趋势，但在经济全球化进程日渐深入的今天，对经济问题的过度政治化解读是有害无益的。

（二）治理结构、股权份额及投票权分配

亚投行的治理结构特别是投票权分配是一个备受关注的问题。因为它事关亚投行的决策机制和运作效率等诸多重大事项。根据目前可得的公开信息，正在筹建的亚投行拟采用国际金融机构通行的做法——理事会、董事会和管理层三级治理架构。理事会为最高权力机构，可根据亚投行章程授权董事会和管理层一定的权力。在运行初期，亚投行设非常驻董事会，每年定期召开会议决策重大事项。目前，亚投行各创始成员国正在研究现有多边开发银行的治理模式和经验，并将在此基础上对如何设计亚投行的治理模式进行磋商。亚投行的治理框架应无悬念，但在高管选择等具体问题上，各方仍需沟通、协商，避免陷入零和博弈。

更为重要和敏感的是亚投行的股权份额、投票权分配以及决策机制的设计。根据 2014 年 10 月各方签署的《筹建亚投行备忘录》，亚投行的法定资本为 1000 亿美元，初始认缴资本目标为 500 亿美元左右，实缴资本为认缴资本的 20%。中国作为发起方，为尽早启动亚投行，将在资本认缴初期最多提供 500 亿美元即 50% 的股权份额。但随着成员国的增加，中国的持股比例将逐步降低。在投票权方面，按照目前的计划，亚洲区域内成员国的投票权约占亚投行总投票权的 75%，区域外成员国约占 25%。与主要的国际多边开发银行相比，亚投行投票权的这一分配比例较好地体现了区域内、外成员国的利益平衡原则。如何在公平和效率之间寻求最佳平衡，将是亚投行投票权具体分配方案的关键。亚投行采用广为 IMF、世界银行等国际金融机构使用的"混合式"投票权分配方案的可能性比较大。即将投票权分为基础投票权和与各成员国的贡献相挂钩的投票权两部分，前者按照总投票权的一定比例在各成员国间平均分配，后者则按照各国的认缴份额等指标按照成员国一致认可的规则综合计算。

对于中国而言，如何在多边框架下既发挥大股东的影响力，同时又避免树立美国"一票否决"式的投票权威，是一个考验自身智慧的重要问题。从目前的情况来看，中国似乎有意淡化投票权在亚投行决策机制中的作用，而旨在在与有关各方充分沟通与协商的基础上，以民主、公开、透明的方式决策重大事项。① 这种摒弃地缘歧视、倡导平等协商的理念无疑是值得提倡的。当然，这需要中国拿出诚意并付出极大的努力，使亚投行成为谋求亚洲福祉的机构而非实现某个国家利益的工具。

（三）潜在的投资风险与挑战

亚投行的主要投资领域为基础设施融资。众所周知，基础设施的建设往往周期长、难度大，因此融资风险较高，特别是跨国基础设施投资还面临诸多复杂因素的干扰。因此，开展跨国基础设施投资往往要求相关机构具有丰富的项目运作和管理经验、对国际金融市场有深入理解以及能对金融工具做创新性运用。亚投行可能面临的投资风险大体上分为两类：一类是投资项目本身的财务风险，如基础设施建设项目的中断、项目借款方乃至贷款国政府清偿能力不足、亚投行自身无法实现滚动融资等；另一类则是由政治、军事、安全等非经济因素导致的投资风险，如政府更迭引发的政治风险、地缘政治冲突和军事对抗导致的项目工程瘫痪、极端分子和恐怖主义活动的威胁等。

---

① 2015 年 3 月，在由中国国务院发展研究中心举办的"中国发展高层论坛"上，亚投行临时秘书长金立群明确表示，中国作为亚投行的第一大股东，不会靠投票权行事，尽量以达成一致的方式做决策。

/ 当 代 中 国 道 路 与 智 慧

从应对策略来看，对于第一类风险，亚投行应充分发挥"后发优势"，即积极借鉴和学习国际上较为成熟的基础设施投资的经验和做法，在这方面经验相对丰富的区域外发达国家成员可以发挥更大的作用。与此同时，应当在全球范围内招贤纳才，特别是吸引在基础设施项目管理、跨国法律事务、国际资本运作、国际事务协调等诸多领域有着丰富实践经验的高端人才，从而充分把控项目投资风险。对于第二类风险，则只能依靠全体成员国的共同努力，特别是国家层面的沟通和协调，共同维护地区和平稳定。中国、印度等区域性大国应当在这方面承担更多责任，发挥更大的作用。

（四）可能面临的其他技术性问题

作为一个多边发展融资机构，亚投行在技术层面还面临许多有待解决的问题。较为突出的问题包括以下几方面。

首先，基础设施建设涉及环境保护、劳工利益、人权保障等问题，如何在项目投资中妥善解决在这些方面可能出现的矛盾与问题，需要各成员国的深度协调与合作。众所周知，美国等西方国家历来对环境保护标准等问题较为重视。对于亚投行项目投资的环保标准，可以借鉴比较成熟的国际通行做法，例如实行项目投资分级制度，将拟投资的项目划分为三个等级。第一等级为可能对当地环境产生较大负面影响或可能引起重大争议的项目，该类项目的投资决策须以通过严格、规范的环保评估为前提条件；第二等级为对投资所在地环境产生较小影响并能够通过一系列措施进行补偿和恢复的项目；第三等级为对环境不会产生任何负面影响的投资项目。在此基础上针对每一类投资项目制定具体的投资规范和决策程序。

其次，亚投行将面临如何放大金融杠杆、提高投融资效率的问题。国际经验表明，发展融资机构单纯依靠成员国的初始资本注入开展投资活动是远远不够的，只有充分利用金融杠杆才能够扩大实际可利用的金融资源。对于专注于基础设施投资的亚投行而言，这点尤为重要。然而，亚投行的信用评级如何？未来如何利用债券融资、票据融资等多种手段筹措资金？如何实现长、短期融资的合理搭配？这些都是亚投行未来将面临的具体问题。此外，在扩大可贷资金规模的同时，提高资本利用效率，也是一个不小的挑战。以亚洲开发银行为例，目前其贷款与资本之比为0.3，在全球主要多边发展融资机构中排名倒数第二位（仅略高于非洲开发银行的0.2）。亚投行应在提高资金使用效率方面有所突破。

最后，如何拓展多种融资方式，特别是调动私人部门参与的积极性，也是亚投行面临的一个重要问题。引入私人部门投资不仅能够扩大可利用资金的规模，而且私人部门对项目审查和投资回报更为敏感，从而有利于加强项目管理和控制投资风险。私人部门投资的加入也有利于提高亚投行项目管理的透明度和可信度，促进亚投行的可持续发

/ 当代中国道路与智慧

展。亚投行应当积极探索跨国基础设施投资的公私合营（Public-Private-Partnership，PPP）模式。IMF、世界银行等国际金融组织在这方面有着丰富的经验，亚投行应当积极与之开展合作。

五　对"亚投行热"的冷思考

回顾此前国际社会对中国的关注与评论，众说纷纭、毁誉参半时多，异口同声、论调一致时少。耐人寻味的是，此次国际社会对中国主导亚投行筹建所取得的阶段性进展的反应小异大同——中国占据促进区域发展的大义、欧洲国家加入亚投行是理性选择、美日不应对亚投行采取抵触态度、亚投行是中国对外战略取得成功的标志，等等。国内也出现了非常乐观的声音，如亚投行是中国新金融外交战略的胜利。[①] 事实上，面对持续升温的"亚投行热"，中国需要冷思考。

（一）"亚投行热"因何而来？

早在2010年，时任中国总理的温家宝在塔吉克斯坦首府杜尚别参加上海合作组织成员国总理会议时便提出，建议研究成立上合组织开发银行，在上合组织框架下支持多边经贸合作。中国计划在100

[①]　沈建光：《亚投行——中国新金融外交战略的胜利》，华尔街见闻，http://wallstreetcn.com/node/215482，2015年3月19日。

亿美元的资本金中出资 80 亿美元，其他上合组织成员国分担 20 亿美元。2014 年，中国同巴西、俄罗斯、印度以及南非四国共同筹建了金砖国家开发银行。在总规模为 1000 亿美元的应急外汇储备基金中，中国出资额为 410 亿美元；中国的投票权为 39.95%，高于印度、巴西、俄罗斯三国的 18.10% 和南非的 5.75%。因此，亚投行并非中国首次提出并参与筹建的多边发展融资框架。然而，亚投行因何会吸引全球的目光？究其原因，大体有二。

首先，中国首次以大股东和主导方的身份，召集各方筹建一个独立的、以实体形式存在的国际金融机构。与此前中国参与或主导成立的相对虚拟化的基金或货币互换协议相比，亚投行显然具有更加突出的现实意义和国际影响力。为此，筹建亚投行被普遍视为以中国为代表的发展中国家主张自身利益诉求、推动现行国际金融秩序改革的破局之举。

其次，中国主导成立的亚投行受到了西方国家，特别是欧洲国家的认同，从而在全球治理意义上产生了巨大的冲击效应。从现象来看，全球治理的核心——"七国集团"（G7）罕见地在对待亚投行的态度上出现了重大分歧，超过半数的成员不顾美国的反对加入亚投行。特别是英国这一长期以来始终与美国保持密切关系的战略伙伴率先加入亚投行，令人很容易产生 G7 分裂、美国盟友"倒戈"以及美国金融霸权地位动摇的遐想。

（二）"亚投行热"的国际政治经济学逻辑与思考

笔者认为，面对"亚投行热"这一现象，有几个基本事实需要厘清。

首先，"亚投行热"背后所透视和体现的，并非所谓的中国影响力的全球扩张，而是现行国际金融秩序的不合理性，以及除美国之外的全球各国对推动国际金融秩序改革的强烈愿望与事实上的改革不可得性之间的尖锐矛盾。从这个意义上说，美国作为现行国际金融秩序的领导者和维护者需要深刻反思。美国是"亚投行热"现象的制造者，亚投行"热"与"不热"取决于美国而非中国。正是在单边思维下迟迟不愿推进国际金融秩序改革的美国亲手将其欧洲盟友推向了亚洲。

其次，"亚投行热"并非所谓的中国金融外交的胜利。在分享经济全球化红利的盛宴中，只有后知后觉、行动迟缓者，没有失败者，因而也就谈不上胜利。这种以权力观为基础的"胜败观"容易形成盲目的自大情节，并助长大国博弈与对抗思维，对中国有害无益。一种较为客观的评价是，筹建亚投行既是中国新一轮对内改革和对外开放的新平台和新起点，也是新时期中国开展金融外交的新抓手。

再次，中国牵头成立亚投行在很大程度上仍然是一种被动意义上的对现行国际金融秩序改革迟迟无法推进的无奈之举。换言之，这仍然是中国维护自身利益的防御性举措而并非中国试图改变现行规则特别是挑战美国的战略性进攻行为。中国在当前国际金融秩序中的弱势地位并未发生实质性改变，美国主导下的全球金融治理结构和全球金融格局也未发生显著变化。因此，不应过分渲染亚投行成立的全球治理意义。

最后，需要指出的是，"亚投行热"现象既反映了国际社会对中国发展的关注，也透视着有关国家特别是美国对中国崛起的隐忧。这种隐忧背后的国际政治经济学逻辑是，伴随着崛起，中国必然寻求国家权力的全球扩张，从而触及美国等现行体系维护者的利益。这种根植于国际政治现实主义学派理论的国际关系权力观①，在国际社会特别是西方发达国家有着众多拥趸。现实主义学派是20世纪60年代占据主导地位的国际政治学理论，推崇极端的国家权力观——国家利益只能用权力概念加以定义，争夺权势是终极目标。随着国际政治经济学理论的发展，20世纪70年代以来逐渐兴起的科学行为主义学派、新自由主义学派以及建构主义学派都对现实主义学派的国家权力观进行了反思与批判。② 尽管如此，现实主义思潮

---

① 国际政治现实主义大师摩根索认为，"主权国家行为的动力，是各自的国家利益，而不是对公共福利的效忠"。引自〔美〕汉斯·丁·摩根索《国家间政治——为权力和和平而斗争》，徐昕等译，中国人民公安大学出版社，1990，第563页。

② 张宇燕、李增刚：《国际经济政治学》，上海人民出版社，2008，第5~7页。

/ 当代中国道路与智慧

至今仍有十分广泛的受众和影响力。事实上，过去半个世纪以来不断加速的经济、金融全球化进程，早已使全球各国的经济紧密相连。主要大国之间经济、金融相互依赖关系的日益加深使得彼此成为密切的利益相关方，而非简单的国际权力之争的对手方。全球经济多极化趋势已不可逆转，全球经济的深度融合与互动呼唤各国采取务实、包容的经济、外交战略。这种根植于"冷战"时期的现实主义学派理论的国际关系权力观，不仅早已不合时宜，而且在经济全球化程度如此密切的今天，是十分有害和危险的。因此，摒弃现实主义权力观特别是霸权思维是大势所趋、人心所向。从这个意义上说，中国提出的构建以"不冲突不对抗、相互尊重、合作共赢"为内涵的中美新型大国关系的建议，值得全世界共同思考。

（三）中国主导下的亚投行：世界准备好了吗？

亚投行真正的意义和最为人称道之处在于，中国旨在"以本国发展带动亚洲繁荣，在亚洲繁荣中实现国家利益"，即平衡自身国家利益与促进区域经济发展之间的关系。经济发展已不是一国的独角戏，各国需要在分工和协作中共同发展，实现共同繁荣。全球主要发达经济体通过积极参加亚投行这一实际行动表明了对这一理念的认同。中国在国际金融的诸多领域仍是一个经验非常欠缺的新手，因此"亚投行热"背后的逻辑是现行国际金融秩序存在的巨大矛盾和问题，以及各方旨在通过促进亚欧经济融合促进本国经济发展的迫切需求。如果看不透这一真切的经济内涵和实实在在的国家利益，而单纯地从政治、外交乃至军事安全角度宣扬以现实主义权力观为核心价值观的"中国崛起论"甚至"中国威胁论"，是徒劳无功和毫无意义的。

对于中国而言，应当冷静地看到，目前中国国内的改革正处在一个十分关键的历史时期，对外开放战略也站在了一个全新的起点。中国的发展基础依然薄弱，困难和问题仍然非常多。冷静、客观地看待全球对亚投行给予的关注，扎扎实实地推进包括亚投行在内的"一带一路"倡议，以新一轮开放和对外投资全面带动国内经济结构调整和深化改革才是当务之急。

幅员辽阔、人口众多的中国是名副其实的国土大国、人口大国。中国作为联合国安理会常任理事国，也是当之无愧的政治大国。然而，在经济特别是金融领域，中国一直是全球化的积极参与者和全球规则的遵守者。然而，从"一带一路"倡议的提出，到亚投行这一非常具体和务实平台的筹建，似乎传递出一个信号：中国在经济领域的大国思维和大国意识正在觉醒且日渐明晰。中国将承担更多的责任，也将在全球范围内应对更多的挑战。世界各国需要清醒地认识到这一点，并有所呼应。中国经济的崛起是经济全球化进程的必然结果，必将进一步促进和推动经济全球化进程向更深层次发展、演进。世界经济将进入一个加速融合的时代，未来不属于哪一个国家，而属于懂得在合作共荣中求生存、谋发展的国家。只有深刻明了这一趋势，扬长避短、顺势而为，才能更好地实现国家利益与长远发展。世界应当把目光投向英国——因为敏锐的英国人已先知先觉并有所作为。

中国特色社会主义实践进程中的反贫困道路

贾玉娇[*]

贾玉娇[*]

1949 年 9 月 30 日《中国人民政治协商会议共同纲领》的颁布，表明中国共产党在马克思科学社会主义理论指导下，立足于中国现实国情，领导中国人民走上了一条社会主义的国家建设道路。与同时代的苏联等社会主义国家一同实践了人类社会历史，开创了世界人类社会发展史的新篇章，将社会主义由理论预设转变为现实存在，践行了马克思关于人类社会是带有目的性的人的活动的历史观，显示出了中国共产党领导下的中国人民所具有的强大能动性。在这场开创历史的宏伟历程中，充满了挑战与考验。与马克思设想的社会主义发生方式与存在形态不同，中国社会主义是在落后生产力基础上的实践过程，即在社会主义应然形设指引下，重构出新的制度和结构，并历时地对制度和结构不断进行改革与创新的动态发展过程。在此过程中，中国特色社会主义矛盾运动规律成为反贫困实践的支配逻辑。因此，与社会主义实践

---

* 贾玉娇，吉林大学哲学社会学院教授、博士生导师，主要研究方向为社会治理与国家治理。

相适应，形塑出符合社会主义实践要求的人，成为中国反贫困战略的根本标准。

一　中国特色社会主义实践与反贫困

放眼世界，中国已然成为当代社会主义国家的代表。"实践"成为保持中国社会主义长久繁荣的关键，其中凝结了中国共产党及其领导下的中国人民的智慧与力量。中国特色社会主义实践的特殊性表现为压缩式[①]和自我探索式，并在多种逻辑交织下向前推进[②]，同时面临发展市场和反贫困的任务。按照马克思的理论，落后市场的基础之上是无法全面解决贫困问题的。[③] 因此，市场的充分发展成为最终全面解决贫困问题的基本前提。然而，在一定的历史时期中，二者的发展往往存在矛盾，由此加剧了中国社会主义实践的复杂性和挑战性。但是，中国共产党的杰出领导人将马克思主义活化于中国实践，坚定不移地走出了一条具有中国特色的社会主义实践道路，向中国人民与全世界人民庄严做出消除贫困、实现共同富裕的政治承诺，并在社会主义实践进程中逐步兑现。从这个意义上讲，中国特色社会主义实践是

---

① 孙立平：《走向积极的社会管理》，《社会学研究》2011 年第 4 期。
② 李强：《中国城镇化"推进模式"研究》，《中国社会科学》2012 年第 4 期。
③ 成保良：《马克思市场范畴研究》，《〈资本论〉与当代经济》1991 年第 3 期。

一场以摆脱贫困、实现美好生活为目标的国家重塑过程。大体上，可以将新中国成立至今的反贫困实践划分为以下五个阶段。

第一个阶段是从 1949 年至 1956 年的新民主主义时期，即社会主义过渡时期，它终结于完成社会主义三大改造。该时期存在的理论预设是，资本主义是社会主义发展过程中不可逾越的必要的合理存在。因此，驾驭并发展资本主义成为这一时期社会主义实践的核心议题①。在这一时期中，中国主要采取应急性贫困救济策略。同时，在促进国家资本主义发展、实现生产力稳步恢复的过程中，中国共产党对贫富分化充满担忧。因此，提前进入共同富裕的社会主义实践阶段。

第二个阶段是从 1957 年至 1978 年的社会主义均贫富时期。在这一时期，中国完成全国人民的劳动者身份改造，社会阶级结构整合、净化为"两大阶级，一个阶层"②。在全国普遍建立起人民公社和单位，将它们作为政治、经济、社会的基本组成单元③，并在其内部实行平均主义的劳动报酬分配原则。虽然避免了贫富分化，但是由于劳动生产力水平低下，与共同富裕的社会主义建设目标存在较大差距。

第三个阶段是从 1979 年至 20 世纪 90 年代初，这一时期可称作

① 毛泽东：《毛泽东选集》，人民出版社，1991。
② 李培林：《我国发展新阶段的社会建设和社会管理》，《社会学研究》2011 年第 4 期。
③ 李汉林：《中国单位社会：议论、思考与研究》，中国社会科学出版社，2014。

社会主义经济体制转型的社会红利期。邓小平指出贫穷不是社会主义,经济增长长期处于停滞状态不是社会主义,人民生活长期停止在很低的水平不是社会主义。[①] 因此,中国开启了以经济市场化改革为核心议题的社会转型。在经济体制转型初期显现出的"平等化效应"作用下,这一时期的收入分配较平均或合理,人民生活水平有了较大提升。与之前的时期相比,社会边缘群体获益显著,非贫困地区的贫困人口数量明显减少。[②] 同时,针对贫困地区的贫困问题,国家成立专门的扶贫机构,以县为单位进行贫困考量,并进行贫困类型的划分,以此作为给予援助的依据。

第四个阶段是从 20 世纪 90 年代初至 2000 年初的丰裕社会贫困期。在这一时期中,以人民公社和单位体制为载体的平均主义开始全面瓦解,社会主义市场经济体制逐步全面确立。由此,中国进入特色社会主义实践阶段。1993 年党的十四届三中全会提出社会主义市场经济体制的基本框架,内含市场主体、市场体系、宏观调控体系、收入分配制度和社会保障制度等"五大支柱",并制定了总体实施规划。[③] 然而,该时期社会主义实践的重点放在经济建设方面,

① 邓小平:《邓小平文选》(第 2 卷),人民出版社,1994,第 312 页。
② 孙立平:《社会转型:发展社会学的新议题》,《社会学研究》2005 年第 1 期。
③ 《中共中央关于建立社会主义市场经济体制若干问题的决定》,人民网,http://cpc.people.com.cn/GB/64162/134580/137920/。

导致社会公共事业衰落。在上一个时期中获益的社会边缘群体，成为这一时期中深化经济体制改革的代价承担者，导致贫困人口数量急剧增多。为此，国家制定了"八七扶贫攻坚计划"（1994～2000年)，变救济式扶贫为开发式扶贫[①]。同时，社会救助获得空前发展。然而，贫困问题并没有得到有效遏制。在贫富分化日趋严重的背景下，解决这一问题变得越来越紧迫。

第五个阶段是从 2000 年初至今，为扶贫攻坚时期，制定出台了2001～2010 年和 2011～2020 年的中国农村扶贫开发纲要。在这一时期，中国社会主义实践呈现在重视经济建设的同时，越来越重视社会发展的矛盾运动特点。国家反贫困力度加大，社会保障制度体系获得重大发展，贫困问题得到遏制。但是，贫困问题并未因此趋向终结，相反成为社会顽疾"久攻不下"，具体表现为贫困县的贫困帽久摘不下。究其原因主要有两点，一是反贫困体制存在可寻租空间，二是反贫困方式粗放、反贫困技术模糊。[②] 为此，习近平总书记提出"精准扶贫"的反贫困战略思路和以 2020 年为分水岭的反贫困战

---

① 刘冬梅：《中国政府开发式扶贫资金投放效果的实证研究》，《管理世界》2001 年第 12 期。

② 汪三贵、刘未：《"六个精准"是精准扶贫的本质要求——习近平精准扶贫系列论述探析》，《毛泽东邓小平理论研究》2016 年第 1 期。

略规划①，这是对中国近几十年来反贫困实践的深刻反思与终极拷问，标志着中国反贫困实践进入新的历史阶段。

二　对我国新时期反贫困实践的总结与反思

在习近平总书记反贫困战略思路的指导下，党中央的反贫困意志通过国家治理链条迅速传导到我国基层组织。各个基层组织在考量本地实际情况后，做出国家反贫困战略的具体实施方案，使得反贫困政策迅速在全国铺开。反贫困成为"十三五"发展阶段中各级政府面临的主要任务。在此过程中，以项目制为具体开展形式，形成了教育扶贫、产业扶贫、医疗扶贫、能源扶贫、技术扶贫、金融扶贫、环境扶贫等类型。②

从各个扶贫项目的主导逻辑看，主要包括以下三种，即以招商引资为表现形式的资本运作逻辑，以财政专项资金为表现形式的公共资产逻辑，以及以慈善捐助为表现形式的社会资本运作逻辑，形

---

① 汪三贵、刘未：《"六个精准"是精准扶贫的本质要求——习近平精准扶贫系列论述探析》，《毛泽东邓小平理论研究》2016年第1期。
② 马良灿：《项目制背景下农村扶贫工作及其限度》，《社会科学战线》2013年第4期。

成政府、市场与社会多元主体共治。① 除此之外，还出现了体现市场与社会双重逻辑的社会企业这一新型治理主体。在贫困对象的确定上，推行制度瞄准与民主瞄准相融合的基层贫困瞄准机制，即将个人申请、民主推选和家计调查、贫困测量相结合。在确定贫困对象后，实行建卡立档制度，对贫困家庭进行长期监测。②

虽然我国扶贫攻坚取得历史性重大成就，但是在实践过程中仍旧存在一些问题，值得反思和警戒，集中表现在以下三个方面。一是对贫困状态改进过程中人与社会之间适恰关系的理性认识有待深入。贫困治理的要义包含以下三个层面。首先，对贫困做出定义。这不仅仅是对一定社会发展时期最低生活水平做出的一般性定义，还是对一种不同于主流生活方式与个体存在状态的意义赋予。从这个意义上讲，贫困治理要改进的不仅是收入水平，还包括贫困个体的存在方式。其次，在发展的分析框架下，对个体与社会之间的适恰关系进行带有某种价值立场的构想。在此指导下，形成反贫困策略、方案与政策。最后，将贫困治理理论设计转变为实践。

---

① 王三秀：《农村贫困治理模式创新与贫困农民主体性构造》，《毛泽东邓小平理论研究》2012 年第 8 期。

② 王雨磊：《数字下乡：农村精准扶贫中的技术治理》，《社会学研究》2016 年第 6 期。

由此引出我国贫困治理中存在的第二个问题，即贫困治理的外部干预与贫困系统内部的适恰度有待进一步提高。对贫困，尤其是长期贫困和深度贫困进行治理，是一个通过系统性的外部干预手段实现贫困系统改进、优化的渐进过程，亦即从外部干预嵌入贫困系统，到最终实现内外合一，是一个在实践过程中二者不断趋向融合并达至目标的过程。① 在此过程中，人的主观能动性起着连接的作用，即将外部干预移入和使之内化于贫困系统，并根据贫困系统的反应进行外部干预调试。由此可见，要在贫困治理过程中形成良好的内外因素适恰度，离不开三大基本要素：健全、合理的外部干预系统，实践的时间与人的主观能动性。

三是存在物质扶贫倾向。一方面，这使得我国贫困人口迅速脱贫，但是由于受扶对象并未形成脱贫能力，以及并未形成包容性的社会支持系统，所以留有返贫风险；另一方面，虽然强化了国家的责任，但是引发弱化家庭责任的社会心理。一些有条件的家庭逃避对老年和残疾家庭成员应尽的供养义务，出现家庭伦理危机。② 对于物质扶贫以及由此引发的社会问题，背后是关于扶贫的价值取

---

① 张兴杰、何煜：《结构功能主义视野下的中国农村反贫困系统》，《探索与争鸣》2006 年第 11 期。
② 高杨、刘永功、张克云：《中国扶贫工作下农村脆弱家庭的识别和帮扶——以华北地区柳村为例》，《山东社会科学》2016 年第 12 期。

向问题。这需要搞清楚何为社会主义社会发展规律及人的存在形态？遵循此规律，何为中国特色社会主义社会与个体之间的适恰关系？只有对此进行深入阐述，把握中国特色社会主义反贫困的支配逻辑，才能更好地指导反贫困实践。为此，本文从马克思主义理论出发，对此做出理论回应。

三 中国社会主义实践进程中的反贫困规律

（一）社会主义的理论建构

社会主义是一些西方学者秉承 15 世纪理性主义，反思、批判标榜"自由、平等、博爱"的资本主义社会曾经存在的普遍贫困，对未来社会做出的超越资本主义之上的、全面消除贫困的想象，具体划分为基于思辨的空想社会主义和基于实证的科学社会主义。为阐释社会主义全民富裕的实现机理，这两种想象体系均对社会主义国家如何分配劳动力资源、如何组织生产，以及如何进行分配等问题做出了探讨。其中，早期空想社会主义者勾画出一幅以绝对平均主义为伦理信仰的计划式的发展图景。[①] 为将此图景付诸实践，构想出一个拥有全部信

---

① 〔美〕约瑟夫·熊彼特：《资本主义、社会主义与民主》，吴良健译，商务印书馆，1999，第 265～280 页。

息和强大调配能力的中央局及其支配下的有效组织体系，以及一套运行机制，从而保证节约生产，即社会生产资料和劳动力整体使用的效率最大化；保证生产资料分配与消费偏好和数量信息的对称，最大化地满足消费者。然而，正如马克思所说，想象越具体，发生失真的可能性就越大。① 此外，在已经达到的人类社会进化水平下，这种具有实现资源配置、使用最优能力的中央局是不存在的。

与之不同，马克思并未对社会主义社会进行精细设想，而是在阐释人类社会发展规律中揭示社会主义的基本特征。马克思在《1857～1858年经济学手稿》中，以人的发展为主线，将人类社会发展划分为三大阶段，其基本社会特征分别是自然发生的人的依赖关系、以物的依赖性为基础的人的独立性，以及人的自由和全面发展。② 资本主义与社会主义同属第二阶段，均以人对物的依赖性为基础，即在这种形态下，形成普遍的社会物质交换、全面的关系、多方面的需求以及全面的能力的体系。市场经济作为高度发达的商品经济，成为该形态的运行机制。③ 换言之，市场经济非但没有构成资本主义与社会主义之间的本质区别，相反作为二者的基本制度。那么，社会主义与资本主义的不同之处是什么呢？那就是基于对物的依赖

---

① 《马克思恩格斯文集》（第2卷），人民出版社，2009，第72～75页。
② 《马克思恩格斯文集》（第8卷），人民出版社，2009，第159～163页。
③ 《马克思恩格斯全集》（第30卷），人民出版社，1995，第126～128页。

之上所形成人的独立性。在资本主义社会中，市场经济脱嵌于社会，人高度依附于物，具体表现为人的商品化和资本化①，即人的异化。虽然在 20 世纪末，资本主义国家逐渐开启了部分实现"人的独立性"的福利国家时代，但是，资本主义内部矛盾的主要方面在于维持人对物的依赖性，即维持人的商品化。自 20 世纪 70 年代中后期以来，愈演愈烈的福利国家危机所暴露出来的根本问题正是劳动力商品化与去商品化之间的矛盾冲突。

与资本主义劳动力商品化逻辑占主导地位截然不同，马克思指出社会主义具有实现人的独立性的制度优势，即将有计划地合理分配劳动时间作为"首要的经济规律"，将劳动者这个生产力的首要的、决定性要素，摆在他应有的位置上，真正成为社会生产力发展的出发点和归宿点，从而实现人的商品化基础上的"去商品化"。② 由此可知，社会主义是一个内部蕴含"人对物的依赖性和独立性"，抑或表述为"人的商品化与去商品化"这对逆向逻辑的矛盾体。其中，实现人的独立性或去商品化作为矛盾的主要方面决定社会主义性质。作为此机理的外在运行结构，社会主义具有三大构成基础：一是社会主义意识

---

① 〔匈牙利〕卡尔·波兰尼：《大转型：我们时代的政治与经济起源》，冯钢、刘阳译，浙江人民出版社，2007，第 16 页；《马克思恩格斯文集》（第 8 卷），人民出版社，2009，第 213 页。

② 〔丹麦〕考斯塔·艾斯平 - 安德森：《福利资本主义的三个世界》，郑秉文译，法律出版社，2003，第 38 ~ 42 页。

形态，二是充分发达的市场经济，三是具有强大调控能力的国家。只有三位一体，才是成熟的社会主义①，才能完全消除贫困。

（二）中国社会主义实践与反贫困

中国的社会主义并非建立在马克思构想的社会主义经济基础之上，而是在特定历史条件下做出的超前尝试。因此，一直以来，中国社会主义建设方案的重点放在生产力和经济发展上面。虽然方案目标相同，但是建设思路有所不同。与社会主义想象的应然状态的演进路径相似，中国社会主义建设经历了从前期具有理想色彩的全面计划经济向中期社会主义市场经济转向。中国的反贫困实践也随之经历了从均贫富到先富带后富。其中，社会主义市场经济的确立是中国社会主义探索取得的重大突破与进展。基于此后中国社会主义实践呈现出来的阶段性特征及发展动向，可将它划分为发展"以物的依赖性为基础"、同时发展"人对物的依赖性和人的独立性"和追求"人的独立性"三个历史阶段。② 这三个阶段中主要矛盾的主要方面的动态演进构成这一时期中的贫困与反贫困规律。

第一个阶段中主要矛盾的主要方面是建立起普遍的物质交换、全面的关系，具体表现为以经济建设为中心，快速实现了市场经济

---

① 《马克思恩格斯文集》（第 2 卷），人民出版社，2009，第 54 ~ 57 页。
② 陈少晖：《马克思社会主义劳动就业思想论述》，《当代经济研究》1999 年第 2 期。

的压缩式发展，大力解放和发展生产力，迅猛提高了人民的物质生活水平。与此同时，市场经济发展以及由此带来的社会急剧变迁，导致贫困发生风险空前增多，丰裕社会中的"贫困"问题开始显现。① 与资本主义社会中严重依赖物的人的存在形式有本质区别，中国在实现社会主义市场经济转型后，自党的十六大开始重视社会保障制度完善，并将这作为民生工作的重点。

由此，中国进入同时发展"人对物的依赖性和人的独立性"阶段。在这一阶段中，"人对物的依赖性"和"人的独立性"作为决定中国社会主义性质的主要矛盾的两个方面，始终处于矛盾运动状态，即对立基础上的相互依存和相互浸透。具体表现为以发展市场经济为中心，同步大力发展社会保障制度。这在党的十七大和十八大报告中均有明确体现。党的十七大报告指出，从制度上更好地发挥市场在资源配置中的基础性作用，同时指出加快建立覆盖城乡居民的社会保障体系，保障人民基本生活。② 在党的十八大报告中，空前地将市场在资源配置中的基础性作用改为决定性作用，与此同时，对社会保障工作给予了高度重视。空前地在党的

---

① 许宝强、汪晖选编《发展的幻象》，中央编译出版社，2000，第56~63页。
② 《胡锦涛在中国共产党第十七次全国代表大会上的报告》，《人民日报》2007年10月25日，第1版。

/当代中国道路与智慧

纲领性文件中将社会保障摆在了更加突出的位置。[1] 由此可见，保持社会主义市场经济体制改革的深入推进与大力发展以社会保障为主要制度载体和导向的扶贫攻坚，成为中国国家治理的两大核心议题。这一阶段的长度取决于中国社会主义市场经济发展至成熟状态的时间长度。换言之，只要市场经济体制尚未完全成熟，中国就会始终处于反贫困的矛盾运动状态之中。[2] 由于中国社会主义市场经济体制从确立至今仅有 20 余年的时间，尚处于深入推进进程中，所以在未来一段时期中，中国仍将处于这一阶段。那么，这一历史时期大致多长呢？在党的十九大报告中，习近平同志将 2020～2049 年划分为两个阶段，其中，2020～2035 年为第一个历史时期。在这一时期，中国基本实现社会主义现代化，社会主义市场经济趋于成熟。

在第三个阶段中，主要矛盾的主要方面不再是发展市场经济条件下的人对物的依赖，而是追求人的独立性。按照十九大报告的预判，这一过程将于 2035～2049 年实践，即在新中国成立一百年时建成富强、民主、文明、和谐的社会主义国家。

---

[1] 《胡锦涛在中国共产党第十八次全国代表大会上的报告》，《人民日报》2012年 11 月 18 日，第 1 版。

[2] 苏东斌：《邓小平"摆脱贫困的社会主义"思想的方法论意义》，《学习与探索》1987 年第 6 期。

（三）未来绝对贫困风险的来源

导致绝对贫困发生的外部结构性风险还将长期存在。具体说来，源于三个方面。一是源于中国社会主义反贫困实践的客观规律。由前文分析可知，中国尚处于社会主义建设进程中反贫困实践的第二个阶段。在这一阶段中，市场经济仍旧处于结构变动期，产业结构调整、升级，以及国家相关政策变动都会对生计维持系统脆弱的人群形成冲击，致使他们陷入生计维持中断的困境。此外，在中国经济发展水平持续上升的趋势下，贫困线水平必然提高，导致不具有生计维持能力、依靠政府救助脱贫的人群再次陷入绝对贫困状态。二是来源于市场经济中的客观规律。市场供需信息不对称的天然弊端，以及无法逆转的经济全球化背景下的世界经济波动等也会成为绝对贫困风险来源。三是源于风险社会中的客观规律，人为风险以及由此加剧的自然风险的增多，加大了个体生计维持系统中断的概率。

贫困治理系统的内生性风险尚存。风险发生一方面取决于风险发生的客观性，另一方面取决于人类社会所具备的风险管理能力。由于贫困风险产生机理复杂，贫困风险管理或贫困治理成为一项世界难题。具体说来，贫困现象往往嵌入社会诸多领域。纵观贫困理论发展历程发现，一旦把贫困和贫困产生原因联系起来，并形成概念，就会形成一个庞大的研究网络，其中包含相对匮乏、不平等、社会排斥、下层阶级、生活机会、能力等，彼此扩展导致产生大量问题与争议①，涉及政治、经济、社会与文化等诸多领域。因此，清除贫困毒瘤如同切除恶性肿瘤一般，难以在不动其他器官的前提下将它清除干净。

反观中国，新中国在短短几十年的社会主义实践过程中，跳跃式地完成了人类社会发展进程，经历了几次全面、深入、快速的社会转型。② 然而，从宏观上看，中国经济社会转型程度和速度在空间和时间分布上是不均衡的，致使中国贫困问题更具复杂性③，从而给中国贫困治理提出了严峻挑战，考验国家贫困治理能力与水平。虽然中国正在不断完善贫困风险管理体系，如变区域粗放扶贫为到户精准扶贫，变行政任期内的有限扶贫责任为脱贫任务完成制，变关系式贫困救助为基层民主评议、监督制，变一刀切式的扶贫资源供给为靶向式的类别化输出，消除绝对贫困存量，并形成贫困治理整体架构，但是仍旧在反贫困的基础性社会和制度工程建设，以及基本权责关系理顺等方面存在发展空间。如若不能有效缩小上述空间，就会导致贫困风险的发生。

---

① 〔英〕安东尼·哈尔、〔美〕詹姆斯·梅志里：《发展型社会政策》，范西庆、罗敏译，社会科学文献出版社，2006，第65页。

② 孙立平：《转型与断裂——改革以来中国社会结构的变迁》，清华大学出版社，2004，第157页。

③ Janowitz, Morris, *Social Control of the Welfare State* (Chicago: University of Chicago Press, 1976), pp. 33 – 37.

四 中国反贫困理念

（一）价值理念

1. 将国家反贫困与个体积极发展相结合，将反贫困与实现美好生活相结合

认清一定历史阶段中合理的绝对贫困风险具有社会激励意义。关于合理的不平等所具有的社会促动效用，早在 200 年前就被提及。托马斯·马尔萨斯曾指出，在一个社会里，对上层群体与下层群体这两个极端部分的消除不能超越一定的限度。如果社会上没有人希望崛起或担心衰落，如果产业部门没有奖优罚劣，就会削弱中间部分的活力。① 虽然这个观点具有一种历史静止观下对资本主义社会辩护的色彩，但是合理的不平等所具有的历史阶段性的积极意义开始得到理性认知。200 多年后，罗尔斯提出以开放的社会阶层体系为结构前提，正义的社会经济安排是由其产生的不平等符合每一个人的利益及期待②，即符合社会整体利益与期待的最优要求。上述

---

① 〔美〕阿瑟·奥肯：《平等与效率——重大抉择》，王奔洲等译，华夏出版社，2010，第 38～40 页。
② 〔美〕约翰·罗尔斯：《正义论》，何怀宏等译，中国社会科学出版社，1988，第 221～228 页。

观点对于现阶段中国社会主义建设具有一定启示意义。

消除绝对贫困是社会主义的本质要求，但是在 2020 年之前的扶贫过程中，如果处理不好扶贫与脱贫的关系，即产生就业替代效应，就会对社会形成负向激励，即诱使那些处于贫困线以下或刚刚超过贫困线之上的个体产生努力工作不如领取国家救济金的主观认知，从而导致贫困固化，破坏社会主义社会发展动力。党的十九大报告指出，"必须认识到，我国社会主要矛盾的变化，没有改变我们对我国社会主义所处历史阶段的判断，我国仍处于并将长期处于社会主义初级阶段的基本国情没有变。全党要牢牢把握社会主义初级阶段这个基本国情，牢牢立足社会主义初级阶段这个最大实际。"① 因此，应当理清哪些绝对贫困需要长期扶持和救助，哪些绝对贫困应当给予短期救助，从而适当保存绝对贫困发生风险。换言之，促使那些机体健全的贫困者保持陷入绝对贫困的危机感和紧张感，从而更加努力地配合社会支持系统调试，形成摆脱贫困的内在自觉。

2. 形成积极推动贫困者融入劳动力市场的价值立场

党的十九大报告指出，就业是最大的民生，要坚持就业优先战略和积极就业政策，实现更高质量和更充分就业。作为积极就

---

① 《党的十九大报告辅导读本》，人民出版社，2017，第 12 页。

业政策的辅助制度安排，反贫困应当具有激励和增强受助者就业意愿和能力的制度功能。事后补救式的反贫困做法虽然兜住了处于绝对贫困状态的社会成员，使他们生活在贫困线之上，但是无法起到控制或缩小可能遭遇或已遭遇绝对贫困风险的脆弱人群的规模。在此，需要进一步追问的是反贫困最终要实现的人的存在状态是什么样的？是靠救助维持生活的消极状态持久化？还是扶助贫困个体形成参与劳动力市场竞争的能力，并使他积极融入劳动力市场，同时在国家主导的社会保障制度下形成独立于商品化的自由状态？由这一时期主要矛盾的两个方面的辩证统一关系可知，人对物的依赖是人具有独立性的意义基础。社会中的个体只有进入市场中，获得并依赖工资或其他货币收入，完成对物的依赖，其独立性才具有真正的意义。然而，收入维持式的救助计划对于绝对贫困个人而言，并未使他形成独立性，相反易使他掉入贫困陷阱，形成福利依赖。[1]

作为重要的生产要素，劳动力分配机制的市场化转型成为中国社会主义市场经济发展的题中应有之义。按照马克思对社会主义实现路径的科学阐释，建立与完善劳动力市场是社会主义国家的一项基础性社会建设，最大化的劳动力市场成为最大限度地实现人的独

---

[1] Malthus, Thmas Robert, *An Essay on the Principle of Population* (London: Penguin Books, 1970) (originally published in 1798), p. 207.

　　　　　　　　　　　/当代中国道路与智慧

立性的结构性前提。在由计划经济向市场经济转型的过程中，国内政治经济学界曾围绕社会主义商品经济条件下的劳动力是否为商品的问题展开了热烈讨论。① 因此，中国共产党循序渐进地推动劳动力市场发展。中共中央早在第七个五年计划（1986～1990 年）中就提出"促进劳动力的合理流动"。在党的十四大（1992 年）中将这一表述改为"劳务市场"。后在《中共中央关于建立社会主义市场经济体制若干问题的决定》（1993 年）中，首次提出"劳动力市场"，并将它作为"当前培育市场体系的重点"。② 经过 20 余年的发展，中国劳动力市场在市场机制和社会保障制度等劳动力维持和发展机制的作用下，得到迅速发展，但是存在的问题不可小觑。因此，未来一段时期的反贫困应当以扶助绝对贫困个体进入劳动力市场为核心价值导向，攻克绝对贫困风险承担者融入劳动力市场的主客观障碍。

（二）操作理念

（1）多元主体参与。反贫困并不仅仅是政府的职责，而是

---

① 卓炯：《劳动价值学说就是劳动力创造价值的学说——兼与孙尚清同志商榷》，《南方经济》1986 年第 2 期；卓炯：《再论社会主义商品经济》，经济科学出版社，1986，第 76～79 页。

② 孟捷、李怡乐：《改革以来劳动力商品化和雇佣关系的发展——波兰尼和马克思的视角》，《开放时代》2013 年第 5 期。

全社会的共同责任。罗尔斯在正义思想中，对全社会共担反贫困责任做出了理论阐释。其理论分析的前提假设是优越是人类社会进步产生的结果。因此，即便是那些在社会中拥有财富、权利与声望资源的个体所具有的基因，也是人类社会整体演化形成的优秀基因随机分配的结果。① 同理，贝克在风险社会理论中也指出风险不确定地落到某一个体或人群头上②。由此可见，从社会整体角度而言，分配给富人和穷人的发展成果与代价之间具有转换的守恒关系。此外，在后工业社会阶段，社会复杂化水平空前提高，传统单中心、单向度的治理设计失灵，多中心协同治理应运而生。

（2）技术与人文价值导向相结合。从现代国家治理手段创新上看，反贫困具有明显的技术导向，即利用大数据、互联网、通信、生物电智能传感技术等，对贫困者进行数字化、信息化拆解，建构起可量化、可操作化的贫困者。这一导向虽然具有科学性，但是人文性不足。因此，应同时注重加强技术治理过程中的人文引导，重视贫困治理的社会技术发展。

---

① 〔美〕约翰·罗尔斯：《正义论》，何怀宏等译，中国社会科学出版社，1988，第98～101页。
② 〔德〕乌尔里希·贝克：《风险社会》，何博闻译，译林出版社，2004，第11～14页。

五 与中国特色社会主义实践相契合的反贫困战略

（一）中国特色社会主义反贫困战略的根本立足点

中国反贫困战略的根本立足点在于遵循社会主义实践规律，顺应这一人类社会发展形态所蕴含的阶段性要求，同时遵循特定历史条件下中国社会主义实践的特殊规律，与其他制度共同形塑出中国特色社会主义实践中人的应然存在状态，从而实现个体与社会适恰发展的美好生活状态。具体说来，由社会主义本质属性决定，国家对贫困人口负有最终的完全责任。同时，由社会主义实践的历史阶段性与中国社会主义实践的特殊性决定，保持并发展劳动力市场是一项基本工程，积极推动贫困群体进入具有去商品化功能的劳动力市场成为主流。

就前者而言，这是社会主义国家与资本主义国家的根本不同之处。虽然许多西方资本主义国家中的政党已将提升社会福利作为换取政治合法性的筹码，但是此种福利制度具有资本主义性质，服务于资本主义国家政权。当剩余价值向社会扩散的水平不断达至资本积累能够容忍的界限时，就会激起资本主义体系内资本逻辑的抑制和反扑。中国作为社会主义国家，扶助全体社会成员共享社会发展成果是自己应尽的责任和义务。

就后者而言，由马克思对人的主体性的历史分析可知，社会主义社会中人的主体性是一种辩证存在。与共产主义社会相比，社会主义社会中人的独立状态是不充分的，它的存在需要一个基础性前提，即人对物的依赖，而在现代社会中人依赖于物的过程也就是人的商品化过程。因此，在社会主义社会中，个体只有完成商品化过程，进入劳动力市场，才能进入社会主流系统，享受该系统所赋予的保障性资源。

从宏观层面上看，劳动力市场作为个体存在形态劳动化的宏观体现，只有规模达到最大时，才有可能最大限度地实现人的独立性，才能保持社会主义长久繁荣[1]，逐步实现向共产主义的美好升级。应当说，中国自改革开放以来所取得的显著的经济社会发展成就是日益扩大的劳动力市场所生红利的表现。扩大劳动力市场规模、提升劳动力市场质量、增强劳动力市场弹性，成为中国特色社会主义市场经济发展的重要议题。保持最大化的劳动力市场是社会主义的核心要义之一，是社会主义优越性的体现。[2] 与之相比，资本主义

---

[1] 唐德才：《〈资本论〉中的劳动力市场理论与社会主义劳动力市场》，《南京社会科学》1996 年第 3 期。

[2] 高文舍：《社会主义劳动力商品与劳动力市场》，《学习与探索》1986 年第 5 期。

国家通常给社会成员贴上各种标签，并通过所谓公平的市场选择机制，真实赋予部分社会成员劳动的权利，而将部分社会成员排除在劳动力市场之外。①

然而，在现阶段，中国正处于经济社会转型的深水区，市场经济体制改革持续推进，各种发展的代价不确定地被分配给了不同的社会群体。② 与此同时，伴随第四次工业革命浪潮的到来，科技和机器替代劳动力的水平日趋提高，以及受国际市场变动的影响，劳动力市场正在面临新一轮的调整、升级。③ 这给中国劳动力市场的发展带来严峻挑战。那么，该如何认识这一所谓的世界劳动力市场的变动规律，以及由此衍生出来的劳动力保护政策的新动向？西方国家的劳动力市场与福利政策是与资本积累的发展要求而伴生的，是资本信仰下的社会实践，不是用来指导与预测社会主义国家劳动力市场发展的定律。但是在经济全球化的背景下，这容易对中国劳动力保护政策制定产生误导。在由西方国家构筑的全球体系下，中国特色社会主义发展的时代主题之一是用马克思主义实践观指导中

---

① 〔丹麦〕考斯塔·艾斯平 – 安德森：《福利资本主义的三个世界》，郑秉文译，法律出版社，2003。
② 孙立平：《转型与断裂——改革以来中国社会结构的变迁》，清华大学出版社，2004。
③ 〔德〕乌尔里希·森德勒：《工业 4.0——即将来袭的第四次工业革命》，邓敏、李现民译，机械工业出版社，2014。

国劳动力市场繁荣发展。

因此，在这一新形势下，突破对反贫困的狭隘认知。反贫困政策作为中国特色社会主义制度体系中的组成部分，应符合中国特色社会主义实践的根本要求。反贫困的价值立场应当与劳动力市场保护和发展相一致。一方面，保障社会个体的自由劳动权，激发个体的劳动意求，扶持贫困者进入劳动力市场，提供劳动机会，弥合贫困者与主流经济社会体制之间的断裂，促进个体以劳动的方式存在，在劳动过程中实现社会成员自身与社会的共同发展。另一方面，保障劳动者的社会保障权，并伴随经济社会发展水平的逐步提高，不断提高社会保障水平。

（二）中国特色社会主义反贫困战略的目标

基于中国特色社会主义反贫困实践的根本立足点，反贫困的战略目标是与社会主义基本经济社会制度协调一致，通过各种干预手段，积极推动贫困者进入主流的经济社会制度空间。这既是国家的责任，也是人民应当享受到的社会权利。

在探寻中国特色社会主义道路上，中国共产党探索出了社会主义市场经济体制，将其作为实现人的独立性的基础性制度。早在20世纪80年代的社会转型发轫期，中国就开展了一次关于劳动力商品化的讨论，并在1986年第七个五年计划中提出"促进劳动力的合理

/当代中国道路与智慧

流动"①。此后，中国社会主义市场经济体制确立，全国统一的劳动力市场逐渐形成，实现了个人与国家的双赢发展。与之相配套，中国建立起以社会保险为主体的社会保障制度体系，以实现人基于物的依赖性的独立性。由此可见，市场经济制度与社会保险制度作为社会主义两大基本制度，分别践行人对物的依赖性和人的独立性的社会主义使命。因此，二者共同构成社会个体存在的主流制度空间。

单向度地考察家庭收入的贫困救助审核制度，是在传统的国家治理手段下，对复杂的贫困情况进行的一种简化反应。虽然此种贫困治理易于标准化、指标化、程序化和可检验化，但是由于未能治本，会导致贫困者形成福利依赖，陷入贫困陷阱。尤其对于那些有劳动能力且处在劳动年龄阶段，或伴随现代科技进步存在劳动力恢复潜力的贫困者，一味救助非但不能帮助他们脱贫，相反还会造成其劳动意志与能力进一步衰退，陷入一再返贫的持久的贫困状态中。

反贫困战略作为由一系列政治、经济与社会制度构成的有机组合体，应积极发挥维护劳动者属性，保持和激发人的劳动欲望，并促进个体再生出融入劳动力市场能力的制度合力，从而推动贫困者进入由市场经济制度和社会保险制度构成的制度空间。这并非将不具备劳动能力的个体硬推向市场，而是通过资源、制度和结构调整，

---

① 赵波：《对培育有中国特色社会主义劳动力市场的思考》，《云南社会科学》1994 年第 2 期。

对贫困个体进行系统性的功能补偿。优化传统收入补偿式的简单做法。将贫困个体嵌入其家庭，及其所处社会生存系统，而非将贫困者从其所处生活系统中抽离出来，全盘考察其功能性缺陷和障碍，将贫困视为一个由多个存在缺陷的因素所共同构成，且对个体产生融入性功能障碍的系统来看待。

（三）中国特色社会主义反贫困战略的政策框架

在 2020 年消除既有贫困线以下的绝对贫困的历史存量后，顺应中国特色社会主义实践的阶段性要求，以及在此背景下反贫困实践呈现出来的规律，建立与之相契合的、以精准化为目标的反贫困政策框架，做好防控贫困风险的制度准备。

马克思指出，"人的本质不是单个人所固有的抽象物，在其现实性上，它是一切社会关系的总和"[1]。其中，社会关系是在社会系统中处于不同位置的主体之间的互动连接。由此可以抽象出个体与社会之间的结构关系，即以个体为中心而延展开来的关系网络与主流经济社会系统相融合，则由个体延展开来的系统能够支持个体融入主流系统，个体陷于贫困的风险就会降低，反之则升高。因此，可将贫困理解为，在以个体为中心的社会生活系统中，致贫因素由产

---

[1] 马克思：《马克思论费尔巴哈》，载《马克思恩格斯文集》（第 1 卷），人民出版社，2009，第 505 页。

生、聚合和发生作用而逐渐引发该系统功能性病变，从而产生个体融入性障碍的状态与结果。致贫因素内容与结构的不确定产生即为贫困风险发生。对此，应当形成具有贫困发生风险预警和治理功能的政策框架。

（1）建立起完善的贫困风险预警机制。贫困风险预警即对非贫困人口的社会生活系统因招致致贫因素而发生支持功能病变的预判。建立致贫因素监测体系，并随社会变迁而发展，进行阶段性的监测，提早做好贫困风险防控准备。重点监测对象为那些徘徊在贫困线之上的人口。变事后补救为事先预防，提高扶贫时间点的精准度，从而减少扶贫成本。① 贫困治理是一个包含贫困精准瞄准、精准扶持、精准评估的全过程。与之相对应，对于已经发生的贫困，应进一步完善精准扶贫政策体系，建立健全精准瞄准、精准扶持、精准评估的政策体系。

（2）建立起完善的贫困精准瞄准政策框架。除了考察收入指标外，还应对贫困者进行劳动力储备和发展能力评估，建立起包括年龄、机体机能、心理和精神状态、受教育水平、掌握劳动机能情况、社会交往能力、是否有需要照顾的家庭成员等指标的综合评估体系，将贫困者进行可行劳动力的等级划分。所谓可行劳动力是指可供个

---

① 范和生、唐慧敏：《农村贫困治理与精准扶贫的政策改进》，《中国特色社会主义研究》2017 年第 2 期。

体有效支配，并使个体追求有理由享受的生活的劳动力①。可行劳动力是基于个体劳动力储备的，是个体主客观条件与社会系统之间相互作用的结果。大体上可以划分为可行劳动力丧失、折损、禁锢三种形态。其中，可行劳动力丧失是指完全或重度失能者，可行劳动力折损是老化、患病、受伤，以及具有康复潜力的中轻度失能者，可行劳动力禁锢分为主观禁锢和客观禁锢，主观禁锢源于个体心理或文化障碍，客观禁锢源于家庭和社会等客观环境对个体的束缚。以此为核心，观测贫困者自身及其所在社会和自然生态系统，建立可行劳动力的评估体系，精准瞄准贫困者的可行劳动力储备情况，以及造成可行劳动力储备差异的原因。

（3）建立起完善的贫困精准扶持政策框架。改变提供最低生存资源的供给思路，针对可行劳动力评估结果，对多元致贫原因进行系统性的多维度干预。对于完全丧失和基本不具备可行劳动力的贫困者，建立起合理的国家、社会与家庭供养责任分担机制。

对于在保卫国家利益，或为国家和人民服务的过程中，或国家所有的企事业单位人员在从事生产的过程中，因公受伤失能且经由权威

---

① 马克思指出劳动力是人的体力、脑力和创造力的总和，是个体经由劳动工具与自然和社会互动的结果，人类通过劳动既改变外部世界，同时也改变和发展人类自身。由此可见，劳动力是人体内主客观力量相互作用，以及个体与外部世界相互作用的产物。因此，在这个意义上，借鉴阿马蒂亚·森的可行能力概念，提出可行劳动力。

机构认定者，应由国家承担主要供养责任；对于在非公企业或组织中工作受伤者，经鉴定为工伤，应由用人单位承担主要供养责任，用人单位倒闭的，由地方政府承担主要供养责任；对于其他失能贫困者，实行国家兜底供养，着重考察其家庭支持能力，应强化具有抚养和赡养能力的家庭成员的责任，加大对逃避家庭供养责任的家庭成员的惩罚力度。

对部分丧失劳动力且具有劳动力发展潜力的贫困者，根据造成可行劳动力缺陷的因素，不断完善医疗保障、医疗保险制度，实现医疗资源、康复资源和现代辅助器具及时、有效地向部分失能者递送，有的放矢地给予功能补偿，开发部分失能者的可行劳动力潜力[1]；同时进一步开放教育体系，提高教育全纳水平[2]，改善特殊教育环境，提高师资水平。在经由前面的补偿工作后，推动形成三种就业分疏，其一是与健全人一样参与劳动力市场竞争，其二是进入特殊就业岗位，其三是进入自由就业领域。对具有劳动能力的贫困者，通过进行外部制度、资源援助与内在人格、心理建设等介入，积极帮助他们获得融入主流经济社会体系的正向经验与可行能力。

（4）建立起完善的贫困精准评估政策框架。通过对接受扶贫资源的群体进行相关经济、社会指标的持续监测，对脱贫绩效展开评

---

[1] 许丽丽、李宝林、袁烨：《基于生态系统服务价值评估的我国集中连片重点贫困区生态补偿研究》，《地球信息科学学报》2016年第3期。
[2] 周满生：《全纳教育：概念及主要议题》，《教育研究》2008年第8期。

估、检验。除了考核扶贫资源配给、制度覆盖面、制度建设等方面，还应定期考核接受扶持贫困者的可行劳动力储备、发展情况，劳动就业情况，家庭收入情况等，宏观考量扶贫资源投入总量、贫困人口总量、就业人口总量及其经济贡献率、社会进取感、家庭保障水平、企业社会责任等各方面的变动情况。

六　未来中国反贫困的攻坚重点

习近平总书记在看望参加全国政协十二届五次会议的各界委员时指出，"因病致贫问题是一个长期化的、不随着 2020 年我们宣布消灭绝对贫困以后就会消失的，对此应当进行综合治理"。① 在此指导下，应当关注导致绝对贫困发生的系统性因素及风险。因此，在迈向 2020 年的过程中，以及在取得扶贫攻坚阶段性全面胜利后，未来中国扶贫攻坚战略重点由"攻量"向"攻质"转变。具体说来，攻克一个核心难点，建设三大基础工程。

（一）攻克一个核心难点

1. 扶贫攻坚的核心难点

首先，对存在绝对贫困风险的人群进行机体功能上的分类，具

---

① 《习近平总书记——回应政协委员建言》，新华网，2017 年 3 月 4 日。

体划分为严重失能者、轻度失能者和机体健全者。其次，基于此，有的放矢地制定扶贫策略。对严重失能者给予长期性、人性化的脱贫资源，如最低生活保障、相关社会救助和社会福利，保障他们过上有质量、有尊严的生活；对于轻度失能者，在侧重提供医疗康复和技术性障碍补偿的基础上，依据机体的去障碍效果，分疏进行以潜能开发为主的特殊教育与纳入普通教育，并以此决定未来融入就业体系的路径；而对于机体健全者，则应当以积极促进他们进入劳动力市场为扶贫价值导向，即通过具有临时性、过渡性、激励性的扶贫政策，扶持和引导他们进入或重回劳动力市场。换言之，扶贫政策或社会救助不仅具有托底功能，还应当具有"反弹"功能，对脱落于劳动力市场而落入其内的个体发出使他向上弹回劳动力市场的作用力。

那么，哪一种贫困类型是扶贫攻坚的核心难点呢？相比较于那些受身体失能劣势制约的贫困者而言，机体健全的贫困者或拥有劳动力的贫困家庭更值得关注与反思。根据国家统计局 2012 年农村住户调查数据可知，农村低收入户平均每户整半劳动力为 2.9 人，中等偏下收入户为 2.9 人，中等收入户为 2.8 人，中等偏上收入户为 2.7 人，高收入户为 2.5 人。[1] 由此可见，农村贫困户并非因为缺少

---

① 国家统计局农村社会经济调查司：《中国农村贫困监测报告（2009）》，中国统计出版社，2010，第 57~59 页。

劳动力而致贫。那么，为何那些拥有相近甚至更多劳动力的家庭会陷入贫困状态？这应当成为中国反贫困事业重点反思与回应的核心问题。然而，对这一问题的反思与回应充满了挑战。这是因为相比于为严重失能者建立供养体系，为轻度失能者建设去障碍环境，要实现机体健全的贫困风险承担者进入劳动力市场需要进行社会与个体之间的双向建构，即一方面进行系统性的制度与结构调整，另一方面通过向贫困风险承担者提供社会工作援助，推动他们进行社会融入性尝试并不断积累正向的社会体验。

2. 攻坚难点分析

基于上述，应重点研究致使机体健全贫困者劳动力禁锢并丧失市场竞争力的多元原因。具体说来，可按照劳动力释放障碍将机体健全贫困者划分为以下四种类型。第一种是自身障碍者，主要包括具有劳动能力的贫困老年人，尤其是老年妇女，儿童，患有重大疾病、罕见病以及需要长期服用高价药的病患等。第二种是环境适应障碍者，即不能满足由于外部经济、社会与家庭环境变迁而产生的新的就业或生计维持需求。例如，下岗失业，失地，易地搬迁，生态破坏，家庭支柱成员的故去，照顾失能、长期患病、年幼等的家庭成员；第三种是环境适应障碍内化者，即适应经济社会变迁失败后，形成脱离主流经济社会体系的消极的自我保护状态，由此生成贫困文化，导致贫困代际转移并固化。① 第四种是现代化适应障碍者，即在一些边远少数民族地区，由于受现代化开化影响较小，民风古朴，具有与其他现代化地区不同的意义世界，从而对现代生活条件与方式产生排斥。②

由此可见，反贫困的难点不在于物质、资源向贫困人口的精准递送，而在于对贫困生成环境进行精准的系统性治理，在已经割裂的贫困群体与主流经济社会体系之间搭建起连接的桥梁③，重构贫困风险承担者的生计维持系统，为他们提供发展的机遇④，赋予他们维持可持续生计和发展的可行能力⑤。通过让贫困风险承担者逐渐体验到融入社会之后的存在感和满足感，帮助他们建构起积极的人格、认同和参与社会的主体自觉，从而破解贫困发生的主客观条件。换言之，反贫困是一场借助外部力量干预并重塑贫困风险承担

---

①　王卓：《论暂时贫困、长期贫困与代际传递》，《社会科学研究》2017 年第 2 期。

②　〔英〕安东尼·哈尔、〔美〕詹姆斯·梅志里：《发展型社会政策》，范西庆、罗敏译，社会科学文献出版社，2006，第 90～91 页。

③　〔英〕拉尔夫·达伦多夫：《现代社会的冲突》，林荣远译，中国人民大学出版社，2016，第 44～47 页；〔孟加拉国〕穆罕默德·尤努斯：《穷人的银行家》，吴士宏译，三联书店，2006，第 11～12 页。

④　〔德〕马克斯·韦伯：《经济与社会》（第一卷），阎克文译，上海人民出版社，2010，第 221～225 页。

⑤　〔印度〕阿马蒂亚·森：《以自由看待发展》，任赜、于真译，中国人民大学出版社，2002，第 21～22 页。

者生活方式，使之融入主流经济社会体系的实践历程。

3. 攻坚的策略

依据中国贫困人口脱贫的自身起点与所处地区特质的不同，形成标准化的基本扶贫与个性化的差异扶贫相结合的扶贫攻坚策略。其中，标准化的基本扶贫旨在形成贫困人口脱贫的基本能力，补齐贫困人口发展起点的社会一般差距，是指基本公共产品和资源的向下有效递送，具体包括安全的生活物质资源，如干净的水、电、燃气；基本的生活环境资源，如公路、生活物质资源输送系统、生活排污系统、垃圾分类与处理系统；基本的生活质量保障资源，如便捷、安全、低价的基本医疗资源，生活服务资源，以及住房保障资源；基本的人力资本发展资源，如教育和职业培训等。为贫困人口提供标准化的扶贫资源不仅是国家的责任，而且是全社会的共同责任。

个性化的差异扶贫旨在有针对性地提升有劳动力能力的贫困人口进入劳动力市场或形成某种生计维持形式的基本能力。具体说来，包括提供就业和生计支持的信息资源。由格兰诺维特提出的"弱关系"理论可知，相比较信息内容高度相似的强关系，弱关系更有利于劳动者获取有效的就业信息。然而，贫困者的社会关系资源匮乏，社会关系的同质化特征显著[1]，从而易于造成贫困基质相互强化与

---

① 〔美〕马克·格兰诺维特：《镶嵌：社会网与经济行动》，罗家德译，社会科学文献出版社，2007，第86~88页。

/ 当代中国道路与智慧

固化的问题①。因此，为打破贫困的"集聚效应"②，应当拓展贫困人口就业与生计信息获取途径；提供就业和生计维持的社会支持资源，包括相关政策法律的咨询和援助、激励性的政策、小额信贷等融资政策③；提供培育贫困风险承担者形成内在积极认知的社会工作资源。内在认知包含两个方面，一是对贫困状态的自我认知，二是在接受来自外部扶持与救助时所形成的主观体验和价值判断。这是决定扶贫工作成败的关键，即有效的扶贫政策能够形塑出与主流经济社会体制相合意的人，实现主导经济社会价值理念内化并转化为个体社会实践，而无效的扶贫政策则会加剧贫困内化与固化。因此，应当在对致贫或蕴含致贫风险的外部制度与结构进行调整时，运用社会工作助人自助的方法，建立起社会工作与贫困风险承担者之间的"伴走"关系，为他们形成走出贫困陷阱的内在驱动力提供助力。

（二）建设三大基础工程

（1）基层社会组织建设工程。在新一轮的扶贫攻坚进程中，村

---

① 贾玉娇：《从制度性底层到结构性底层——由威尔逊〈真正的穷人〉思考中国底层群体管理问题》，《社会》2009 年第 6 期。

② 〔美〕威廉·J. 威尔逊：《真正的穷人》，成伯清、鲍磊、张戌凡译，上海人民出版社，2008，第 168～176 页。

③ 〔美〕迈克尔·谢若登：《资产与穷人——一项新的美国福利政策》，高鉴国译，商务印书馆，2005，第 44 页。

和社区具有重要作用，直接承担起了精准瞄准、精准递送、精准治理的责任。在中国国家治理体系中，村和社区作为末梢，最贴近人民群众，也最能检验国家治理能力。从理论上讲，村、社区这一层级的基层社会组织应当发挥上传下达、外联内合、内疏外导等功能。但是，就目前中国村、社区基层社会组织建设与功能发挥情况来看，它们还远远不能发挥上述功能，从而限制了精准扶贫功能的发挥。

（2）国家治理现代化的基础性数据库建设工程。要提高贫困治理的精准度，应当在充分发挥基层民主功能的同时，加快完善社会主义贫困理论，形成贫困人口生活与发展的指标体系，建立起绝对贫困人口的大数据，对绝对贫困人口进行动态监测，预警绝对贫困发生风险，评估精准扶贫政策效果。

（3）基本权责关系的建构工程。具体说来，主要理清三对基本的贫困责任主体关系。一是明确家庭和国家之间的责任划分。中国人的社会支持网络呈现"差序格局"的结构特点，即以个体为中心，由近及远地划分出层层嵌套的关系网络。其中，以直系血缘关系为连接纽带的家庭是个体的第一重保护网，并相比于国家保护具有价值优先，即只有当家庭保护失灵时，国家保护才出场。因此，在扶贫攻坚过程中，在强调国家责任的同时，重视家庭责任，并通过法律和制度维护家庭保护功能，惩戒家庭成员逃避保护责任。二是理顺国家治理体系中中央和地方之间的关系。由于中国国家治理链条过长，中央和地方之间存在治理能动性的紧张感，即"一抓就死，一放就乱"。同时，在党中央加大行政体制监管力度后，出现"不作为"的消极行政。因此，创新中央和地方关系实现机制对于提升国家治理能力、深入推进精准扶贫具有重要意义。三是协同处理好工会、红十字会、惠民办、扶贫办和民政部门之间的权责关系。尤其是扶贫办和民政部门之间的关系。扶贫工作由于由传统连片式开发扶贫转变为以户为单位的精准扶贫，从而与社会救助工作出现边界重叠，不利于公共救助资源的高效利用。

"中国学派"的构建与发展：
学术话语和学科建设

郭　锐　郭婷婷[*]

　　"中国学派"提出、创立与发展的时代大背景是，改革开放以来中国国内及国际形势的不断变化和新发展。在 40 年的风雨历程中，中华民族顽强的再生能力再次发挥出来，中国一跃成为当今世界的第二大经济体和全球瞩目的新兴大国。伴随着经济实力的迅速壮大，中国经济社会发展中出现了一系列的问题与矛盾，其解释和解决很难或是根本无法套用西方国家现有的理论、方法和模式，从而使"中国问题""中国现象""中国道路""中国模式""中国特色"等一系列的新提法成为世人关注和热议的重要话题。由此，呼吁和探讨"中国学派"创立与建设的呼声越来越多，也越来越高。"中国学派"的创立

　＊　郭锐，法学博士、理论经济学博士后，吉林大学行政学院国际政治系主任，教授、博士生导师，研究方向为当代中国外交、国际安全与军备控制、国家发展战略对接；郭婷婷，吉林大学行政学院国际政治系 2016 级硕士研究生，研究方向为当代中国外交、大国关系。

／当代中国道路与智慧

与发展有其深厚的根基和实践的土壤，具有明显的地域文化特性①，可以说，它是与中国经济社会发展、国家由富转强、中华民族伟大复兴、坚持和平发展道路、担当大国责任贡献中国智慧等一系列的新进展、新成果相伴随的时代性命题和新时代课题。

一 "中国学派"的开创：时代性命题与新时代课题

40 年的改革开放历程，使中华民族顽强的再生能力重新发挥出来，中国的全面发展成果、和平发展成就为世界各国所瞩目。由此，"中国问题""中国现象""中国道路""中国模式""中国特色"等一系列的新提法，日益成为国际社会关心和谈论的热门话题。从人类发展进程来看，任何学派的兴起与发展均是特定时代的必然产物，是对时代命题的思想回应、对时代实践的理论概括。② 恩格斯指出，一个民族想要站在科学的最高峰，就一刻也不能没有理论思维。③ 可以说，在新时代的大背景下，努力开创"中国学派"，既是时代性的重大命题，也是新

---

① 秦亚青：《国际关系理论中国学派的生成和必然》，《世界经济与政治》2006年第 3 期，第 7 页。

② 鄢一龙：《让世界知道"学术中的中国""理论中的中国"：基于复兴实践构建中国学派》，《人民日报》2017 年 9 月 24 日，第 5 版。

③ 《马克思恩格斯选集》（第 3 卷），人民出版社，1995，第 467 页。

时代的重大课题。"中国学派"的开创与发展，既体现了坚持中国特色的根本诉求，也是对中国模式的理论阐释和对中国问题的现实关切。

（一）中国特色的根本诉求

2016 年 5 月 17 日，在北京召开的哲学社会科学工作座谈会上，习近平总书记强调，加快构建中国特色哲学社会科学要结合中国特色社会主义伟大实践。"中国学派"的开创与发展，同样要扎根于中国特色社会主义伟大实践之中。2016 年 7 月，习近平总书记在庆祝中国共产党成立 95 周年大会的讲话中指出，中国共产党人"坚持不忘初心、继续前进"，就要坚持"四个自信"，即"中国特色社会主义道路自信、理论自信、制度自信、文化自信"。对"四个自信"的重要论述，创造性地拓展了党的十八大提出的中国特色社会主义"三个自信"的思想谱系，进一步凸显了中国特色社会主义的文化根基、文化本质和文化理想，标志着中国共产党对中国特色社会主义有了更加明确而开阔的文化建构。[①] 习近平总书记的系列重要讲话和深刻理论阐释表明，中国特色社会主义是中国特色社会主义道路、中国特色社会主义理论、中国特色社会主义制度和中国特色社会主义文化的结合体，这四者统一于中国特色社会主义伟大实践之

---

① 冯鹏志：《从"三个自信"到"四个自信"——论习近平总书记对中国特色社会主义的文化建构》，《学习时报》2016 年 7 月 7 日，第 A1 版。

中。"中国学派"的开创与发展体现了坚持中国特色的根本诉求，中国特色社会主义道路、理论、制度和文化为开创"中国学派"，夯实了基础，引领了方向，创造了条件，提供了保障。

1. 道路特色与"中国学派"

中国特色社会主义道路，是指在中国共产党的领导下，立足基本国情，以经济建设为中心，坚持四项基本原则，坚持改革开放，大力解放和发展社会生产力，巩固和完善社会主义制度，建设社会主义市场经济、社会主义民主政治、社会主义先进文化、社会主义和谐社会、社会主义生态文明，促进人的全面发展，逐步实现全体人民共同富裕，建设富强、民主、文明、和谐的社会主义现代化国家。中国特色社会主义道路是历史和人民的选择，是推动和保障中国以短短几十年时间成功走过了西方发达国家数百年历程并创造了人类发展史奇迹的根本所在。只有始终坚持中国特色社会主义道路，"中国学派"的开创与发展才会有正确方向和明晰路径的指引，才能走出具有自身特色的发展之路。

2. 理论特色与"中国学派"

中国特色社会主义理论经过不断发展，现阶段形成了包括毛泽东思想、邓小平理论、"三个代表"重要思想、科学发展观、习近平新时代中国特色社会主义思想在内的科学理论体系，是对马克思列宁主义的坚持与丰富及对马克思主义中国化的进一步发展。该理论体系阐明了中国特色社会主义的思想路线、发展道路、发展阶段、根本任务、发展动力、发展战略、依靠力量、国际战略、领导力量等一系列的重大问题。贯通马克思主义哲学、政治经济学、科学社会主义等诸多领域，覆盖经济、政治、文化、社会、国防、外交、统一战线、祖国统一、党的建设等各个方面。坚持以马克思主义为指导，是"中国学派"的开创与发展有别于其他国家哲学社会科学的根本标志。只有坚持马克思主义在中国哲学社会科学领域的指导地位，"中国学派"的开创与发展才不会失去灵魂、失去方向。

3. 制度特色与"中国学派"

中国特色社会主义制度包括人民代表大会的根本政治制度、中国共产党领导的多党合作和协商制度、民族区域自治制度和基层群众自治制度的基本政治制度、以公有制为主体多种所有制经济共同发展的基本经济制度、中国特色社会主义法律体系，以及建立在基本政治经济制度上的其他政治制度、经济制度、文化制度和社会制度。中国特色社会主义制度从政治、经济、文化和社会制度等多个方面，全面地为国家的整体平稳运行提供了制度框架的设计、安排和保障。"中国学派"的开创与发展，必须依赖于这样一个已经成形并实现了长期良好运转的制度体系。在如今政治、经济、文化、社会等各个方面均有制度可依、制度可行、制度可守的中国，努力开创哲学社科领域的"中国学派"就有了中国特色的制度基础和发展保障。

/ 当代中国道路与智慧

4. 文化特色与"中国学派"

在庆祝中国共产党成立 95 周年大会的讲话中，习近平总书记特别阐释了文化自信，他指出"文化自信，是更基础、更广泛、更深厚的自信"①。由此，形成了中国特色社会主义的"四个自信"，即道路自信、理论自信、制度自信和文化自信。可以说，文化特色是"中国学派"开创与发展的第四大力量根基。

中国文化特色体现的不只是源远流长和一脉相承，更在于它根据时代和民族的发展要求始终根植于己，包容并蓄、海纳百川、勇于创新的文化自信与非凡气度。首先，绵延五千年的辉煌灿烂的中华文明历经兴衰而不断，诸如"精忠报国"的爱国情怀、"革故鼎新"的创新思想、"民惟邦本"的治国理念等千百年传承的传统文化，成为中华民族的优秀基因，构成了中国人的独特精神世界。这些传统文化理念，潜移默化地影响着中国人的思维方式和行为方式，也深深影响了当代中国的道路选择和制度建构。② 其次，鲜明独特、奋发向上的革命文化，始终发挥着时代引领作用。在新中国建立和成长的过程中，从井冈山精神、长征精神、延安精神、西柏坡精神，

---

① 《庆祝中国共产党成立 95 周年大会在京隆重举行　习近平发表重要讲话》，《人民日报》2016 年 7 月 2 日，第 1 版。
② 鄢一龙：《让世界知道"学术中的中国""理论中的中国"：基于复兴实践构建中国学派》，《人民日报》2017 年 9 月 24 日，第 5 版。

到雷锋精神、大庆精神、"两弹一星"精神，再到航天精神等这些富有时代特征、民族特色的宝贵精神财富，无不脱胎于中华民族优秀文化传统及其再生再造、凝聚升华的文化成果①，也彰显了革命文化在新时代的巨大影响力。最后，承前启后、继往开来的中国特色社会主义先进文化，具有巨大的时代凝聚力。中国特色社会主义文化是党和人民在继承中华优秀传统文化、培育革命文化和建设社会主义先进文化的百年历程中，与时俱进地进行文化建设、文化创造、文化积累、文化提升的历史性成果。② 中国特色社会主义的共同理想、以爱国主义为核心的民族精神、以改革创新为核心的时代精神，以及社会主义荣辱观，构成了中国特色社会主义文化的主要内容。可以说，中国文化是极富生命力、不断革新的文化。"中国学派"的开创与发展，既要从中华民族传统优秀文化中汲取养分，也要根植于中国特色社会主义先进文化的土壤和环境之中。

（二）中国模式的理论阐释

最早在国际社会上提出"中国模式"这一概念的是，美国著名

---

① 赵银平：《文化自信——习近平提出的时代课题》，新华网，http：//news. xinhuanet. com/politics/2016 – 08/05/c_ 1119330939. htm（访问时间：2017 年 10 月 14 日）。

② 潘启胜：《以文化自信弘扬中国特色社会主义文化》，《湖北日报》2016 年 8 月 10 日，第 15 版。

中国问题专家乔舒亚·库珀·雷默（Joshua Cooper Ramo）。2004 年，雷默在英国著名智库"伦敦外交政策中心"发表的题为"北京共识"（The Beijing Consensus）的文章中指出，中国已探索出符合自身国情的模式，即"中国模式"。

此后，"中国模式"伴随着中国经济发展不断取得新的突破性成绩，再次受到了全球热议。2010 年 1 月，新华网刊载的《"捧杀"中国，以"中国模式"的名义?》一文以当年的日本为例，提出中国要谨慎对待国外对"中国模式"的热议和捧杀。① 其实，"中国模式"并不是国外加赋给中国的一个名词，而是中国成功的现代化实践所形成的一种新的发展模式。"中国模式"有别于西方发展模式，是在实践中不断调整自身以符合基本国情需要，由此阐释和解决中国经济社会发展进程中的各种问题，它是具有可借鉴性和世界意义的发展模式。② 因此，"中国模式"不只是国际社会所热议的经济发

---

① 《"捧杀"中国，以"中国模式"的名义?》，新华网，http：//news. xinhuanet. com/world/2010－01/24/content_ 12863839. htm（访问时间：2017 年 10 月 15 日）。

② 2010 年 12 月 21 日，《光明日报》刊登的《媒体分析称中国模式对世界发展具借鉴意义》一文中指出，要以全球视野、普遍与特殊具体的历史的统一的视角来考察"中国模式"，可以说，"中国模式"对人类进步和全球发展具有普遍意义。徐崇温在《关于如何理解中国模式的问题》一文中指出，"中国模式"是在中国现代化发展的伟大实践中产生的，是客观存在的，也需要不断完善和与时俱进。郑永年在《国际发展格局中的中国模式》一文中指出，"中国模式"是发展的模式，它不局限于国际社会聚焦的经济模式上，还包括政治模式。上述分析表明了"中国模式"的存在性、发展性和普遍意义性。

展模式，也不是某一特定领域的发展方式，而是在中国社会主义现代化建设进程中成长起来的涵盖中国社会各个领域、不断推进与发展的模式。

任何模式的好与坏，都是在比较过程中得出的。"中国模式"的最大特点是，它经得起比较和时间的考验。放眼全球，历史上的大国崛起均要付出不小的代价。新中国成立后，中国人民以自己的智慧、理念和方法，完成了西方大国历时几个世纪走过的工业化道路，很好地解决了十几亿人口的生存与发展问题。因此，"中国模式"是一个动态化的过程，是不断纳新去陈的新型发展模式。从具体的发展历程来看，"中国模式"是中国历任领导集体在继承的基础上不断发展创新的必然结果，并形成了与"中国模式"相配套的理论学说。

在当代中国，"中国学派"的开创与发展，同对"中国模式"的理论呼唤密切相关。对"中国模式"的理解和借鉴，显然离不开理论层面的深入阐释与系统构建，而这些理论性、学理化的构建过程则需要"中国学派"不断贡献智慧和推陈出新。这一过程不只是对"中国模式"相关经验及问题的理论探讨和深入总结，同时也需要通过不断繁荣"中国学派"发展为"中国模式"进一步走向成熟，提供必要的、充分的理论支撑。

1. 中国经济发展的学理探讨

对中国经济发展的学理探讨，是把握和理解"中国模式"的重中之重。当前中国经济社会发展取得了巨大成就，既离不开对这一时代机遇的正确把握，也离不开对中国发展模式的调整与坚持。以改革开放为起点，中国经济发展到今天已经走过了近40年历程。在此期间，中国经济发展模式的变化、中国经济发展理论与学说的进步等，为中国经济发展的学理探讨，创造了条件，奠定了基础。

改革开放以来，中国开始了由计划经济体制向市场经济体制的转型。开放的市场经济大环境下，中国经济发展取得了突破性的进步。由此，经济学成为一门"显学"，现代的西方经济学同马克思主义政治经济学一道成为中国经济理论研究中的重要领域①。中国学者开始引进和学习西方国家的经典经济学著作，不断积累西方经济学说观点，进而努力开创"中国本土问题"的经济学方向。

比如，在中国经济发展模式上，郭熙保指出中国经济发展的突出特点是，在改革开放后的很长时间里，一直奉行增长优先、沿海先行、投资驱动和出口鼓励的政策方针。在经过30多年的持续高速增长后，根据中国经济社会发展的现实背景及需要，中国经济发展模式的新变化体现为：增长优先发展战略向增长与公平并重发展战略转变，投资驱动型发展战略向大众消费主导型发展战略转变，沿海先行发展战略向东中西部平衡发展战略转变，出口鼓励发展战略

---

① 高帆：《引入与再造：经济理论在中国的百年嬗变历程》，《经济学家》2012年第4期，第8页。

向出口中性发展战略转变。① 与对中国经济发展模式的研究是基于中国经济发展的阶段性实现背景一样，在经济发展理论上，李义平对影响中国经济发展的若干理论进行了深层辨析，他认为主要集中在四个方面，即经济发展的目的、手段及衡量标准，二元经济和片面城市化，内需和外需，比较优势与比较陷阱。② 钱津指出，中国经济理论研究要深入地进行社会主义初级阶段理论和社会主义市场经济理论的研究，并对常态社会与常态经济、虚拟经济、虚拟性货币、宏观调控、经济学最基础范畴等基础研究给予创新，在国有企业与公营企业的区别、货币贬值与通货膨胀的不同、新型工业化理论、农业现代化理论及国际金融危机等方面进行应用理论的研究。③ 此外，中国经济发展中的绿色增长、新型城镇化、农业经济转型、民营经济发展等问题，均是未来一个时期中国经济理论发展与创新的重要方面。

2014 年以来，中国国内对经济新常态下的中国进行了大量的评析与热议。在当前中国经济发展仍处在重要战略机遇期的大背景下，习近平总书记全面阐述了中国经济新常态的基本内涵，即经济增长

---

① 郭熙保：《论中国经济发展模式及其转变》，《当代财经》2011 年第 3 期，第 8 ~ 10 页。

② 李义平：《正确理解影响中国经济发展的若干经济理论》，《国家行政学院学报》2008 年第 6 期，第 43 ~ 46 页。

③ 钱津：《中国经济理论研究与中国经济发展》，《河北经贸大学学报》2015 年第 4 期，第 1 ~ 6 页。

速度由高速转为中高速，经济结构优化升级，经济发展方式由要素驱动、投资驱动转向创新驱动。[①] 2015 年 12 月召开的中央经济工作会议分析了当时国内国际经济形势，并部署了 2016 年全国经济工作。在重点落实"十三五"规划建议要求的同时，提出 2016 年中国经济社会发展的五大任务是，去产能、去库存、去杠杆、降成本、补短板。[②] 可以说，在当今的中国，国内经济形势究竟是何种状况、未来要调整到哪个方向、在国际社会的大环境中如何调整发展战略等，这些均需要中国学者的积极建言和献策，并以中国思维和中国智慧、用中国理论和中国方法来阐释及加以解决，这就要构建"中国学派"的经济发展理论与方法。

近年来，中国积极推动"一带一路"倡议、创建和运营亚洲基础设施投资银行（AIIB）、举办了一系列的重大国际会议等，这些是实现中国经济大步"走出去"的重要举措，也是推动形成新型周边经济环境及开放性关系的重要方面。2016 年 9 月 4 日，在中国杭州召开的 G20 峰会是一个全球共举经济发展之策的大型会议，"中国方案"、制度性话语权等引起世界瞩目。未来，中国经济发展能否自

---

① 《习近平首次系统阐述"新常态"》，新华网，http：//news. xinhuanet. com/world/2014 - 11/09/c_ 1113175964. htm（访问时间：2017 年 11 月 8 日）。

② 《今年经济五大任务：去产能去库存去杠杆降成本补短板》，中国财经报网，http：//www. cfen. com. cn/zyxw/yw/yw_ 7289/201601/t20160127_ 1658023. html（访问时间：2017 年 11 月 8 日）。

信地向世界展现、如何展现等，都需要以中国的学术话语来表达、补充和传递。可以说，构建"中国学派"的经济发展理论与方法已是当务之急。

2. 中国社会转型的理论研究

"社会转型"是中国社会学界研究中国现代社会变迁而引入和提出的一个概念，并成为研究中国社会变迁一系列问题的理论支撑点。①"社会转型"一词发端于西方国家对 20 世纪最后 20 年的中国、苏联和东欧国家社会转型实践的研究，并成为国际学术界普遍接受的概念。② 伴随着改革开放以来中国社会日新月异的变化，"社会转型"这一概念逐渐被中国学者接受和引入国内，并在中国社会转型研究领域产出了丰富成果。随着参与全球化进程的深度和广度不断加大，中国经济社会发展面临的不确定性问题和矛盾日益突出，影响社会转型的各类因素也越来越复杂。不过，从中国国内已有的研究及其成果来看，还未形成一定的范式和理论架构。深入挖掘和大力发展中国社会转型理论，不仅在于它是阐释和升华"中国模式"不可或缺的重要组成部分，还在于它对哲学社会科学的"本土化"发展具有独特的学术意义和理论价值。

---

① 陆学艺、景天魁：《转型中的中国社会》，黑龙江人民出版社，1994，第 2 页。
② 徐家林：《社会转型理论的范式构建》，《时事观察》2008 年第 12 期，第 34 页。

近代以来，中国社会经历了从传统社会到现代社会、从封闭性社会到开放性社会、从农业社会向工业社会的大转变。从中国的基本国情来分析，新中国成立后，实现了从新民主主义革命向社会主义革命的转变、从计划经济体制向社会主义市场经济体制的转变、从单一的按劳分配制度向按劳分配与按生产要素分配相结合的分配制度的转变。这些使中国的社会转型进程突出地表现为：以经济的基础或经济的体制、机制的重大变化为中心，由此带动和实现整个国家转型。改革开放以来，中国社会发展经历了多个阶段性的重要调整过程，对中国社会转型过程的认识和评价，显然不能够简单地以经济结构的变化来衡量，而必须结合经济结构、文化形态、价值观念、社会单元等诸多方面的深刻变化。与人类社会是一部社会变迁的进步史一样，一个国家在社会发展成熟到一定阶段后，必须进行阶段性的调整和转型才能够实现可持续发展，而这离不开学术界的智慧贡献和理论构建。对于中国来说，这就要推动构建和发展"中国学派"。

当前，中华民族正面临新的重大历史机遇，中国社会能否成功实现转型升级，决定了这个古老的民族能否继续屹立于世界文明之林。因此，要始终把握社会转型期国家政治、经济、文化、制度、法制等的不同形势，高度关注国家发展建设任务。作为当今世界人口最多的发展中国家，中国的社会转型所要考量的因素极为复杂和特殊。就国内因素来说，促进民生发展、政党的可持续建设、突破经济增长瓶颈、摆脱地区发展不平衡、增强经济增长的引擎动力、外交转型等内容，都是要认真思考和解决的重要问题。近年来形势严峻的国际大环境及其多方面的深刻影响，也是不容小觑的重要课题。除此之外，还要预测或研究实现中国现阶段和未来社会转型的动力与时机、把握转型升级的方向、研判形势变化和明晰主要任务、优化结构因素和化解主要矛盾等，这些都少不了要有适合中国的道路选择和制度基础的理论化思维作支撑。因此，始终坚持自己的发展道路和制度体系，建立与这条发展道路相匹配的独特的理论体系，不仅与中国社会转型的理论研究和理论挖掘等密切相关，也是推动"中国学派"建设的题中应有之义和重要内容。

3. 中国制度建设的现实需要

所谓的制度建设，就是用制度来管权、管人、管事。制度建设的内涵和外延丰富宽泛，大到国家机关，小到社会团体、企业单位等，都离不开制度建设。因此，制度建设是任何一个国家都要重视的核心问题，也是一个国家能够持续健康的发展、高效率地完成运转的重要保障之一。中国历来强调制度建设的必要性和重要性。邓小平指出，组织制度、工作制度这些方面的问题关系党和国家是否变颜色，必须引起全党的高度重视。近年来，中国在制度建设上取得了巨大成就，这成为推动"中国学派"构建和发展的重要议题和亮点内容之一。

比如，法制建设是中国制度建设的重要组成部分之一，是关系国家和社会各个层次良性运转的重要基础和基本保障，对于如何顺应中国改革开放的伟大实践而不断优化法律法制体系，如何制定相应的细则使法律法制体系的实际运转更加地深入民心，融入中国经济社会发展环境，更好地服务于中国改革开放的伟大事业，无不需要以中国的基本国情和现实情况为重要参照，离不开中国学术界的智慧贡献、理论构建和实践优化。又如，党的制度建设是至关重要的。对于中国来说，党的制度建设引领中国特色社会主义制度建设，是发展和完善中国特色社会主义制度的内在要求。① 作为执政党的中国共产党，应始终顺应国家发展和人民群众的根本要求，不断提高自身的执政能力，进一步优化、调整和加强职能关系，这些既是党的制度建设的重要内容，也是中国制度建设的重要组成部分。毫无疑问，加强和深化对党的制度建设相关内容的研究，将是推动"中国学派"构建和发展的重要方面之一。

中国的制度建设，要符合社会发展的客观规律性、贯彻以人为本、追求公平正义、尊重传统文化和价值观等。② 不可否认的是，在当前的中国制度建设中，还有不少的难题待解。比如：虽然中国历

---

① 杨万山：《党的制度建设与中国特色社会主义制度建设》，《科学社会主义》2016 年第 3 期，第 63 页。

② 徐斌：《制度批判与制度建设》，《北京师范大学学报》2013 年第 2 期，第 86 页。

任领导集体均强调要加强和提升制度建设，但人们对制度建设的认识仍不全面、不深刻。这主要体现在三个方面。第一，制度建设的法理基础是什么以及如何体现法治的基本要求，维护不同领域具体运转的制度体系及其建设与优化的具体内容包括哪些重要方面。第二，制度建设缺乏足够的顶层设计和安排。就当前中国的制度建设来说，更加注重解决现实的、急迫的突出问题，这就造成了制度建设中的规则不配套、衔接不持续、效果不持久等一系列的问题。第三，制度建设过程中的执行力、创新力、持续力足不足问题，这是需要深入思考和认真回答的重要问题。对于中国学术界来说，只有推动"中国学派"的构建和发展，树立全球视野和培养世界情怀，不断吸纳国际学术界的有益经验与成熟做法，又始终结合中国的基本国情和本土文化，才能适应当代中国经济社会发展的现实情况和长远要求，才能更好地展开对制度建设的理论化构建，提出中国经验和中国方案，并赢得世界认同。

4. 中国和平发展的理论创新

虽然在中国的和平发展道路、和平发展战略等方面的研究成果已不在少数，但中国和平发展的理论创新仍是需要时间和实践来丰富、检验和证明的过程。2003 年 12 月，温家宝在美国哈佛大学演讲时指出："昨天的中国，是一个古老并创造了灿烂文明的大国。今天的中国，是一个改革开放与和平崛起的大国。明天的中国，是一个热爱和平和充满希望的大国。"① 2005 年 12 月 22 日，国务院新闻办公室发表了白皮书《中国的和平发展道路》，正式提出了"和平发展道路"这一概念，并表明中国坚持走和平发展道路的决心。② 可以说，坚持和平发展道路是中国在正确分析和准确把握了国内国际形势和重大战略机遇的基础上，对国际社会中此起彼伏的"中国威胁论""中国崛起论""中国责任论"等舆论的有力回应。2011 年 9 月 6 日，国务院新闻办公室再次发布白皮书《中国的和平发展》，表明中国将坚定不移地走和平发展道路。③ 党的十八大报告中提出，中国将继续高举和平、发展、合作、共赢的旗帜，坚定不移致力于维护世界和平、促进共同发展。④ 党的十九大报告提出，中国坚持和平发展，推动构建人类命运共同体。由此，表明了中国坚持和平发展的决心与信心。

---

① 《温家宝总理哈佛演讲："把目光投向中国"（全文）》，人民网，http：//www. people. com. cn/GB/shehui/1061/2241298. html（访问时间：2017 年 10 月 15 日）。

② 《中国的和平发展道路》，中央人民政府官网，http：//www. gov. cn/xwfb/2005 − 12/22/content_ 133974. htm（访问时间：2017 年 10 月 15 日）。

③ 《国务院新闻办发表〈中国的和平发展〉白皮书（全文）》，中央人民政府网，http：//www. gov. cn/jrzg/2011 − 09/06/content_ 1941204. htm（访问时间：2017 年 10 月 15 日）。

④ 《胡锦涛在中国共产党第十八次全国代表大会上的报告》，新华网，http：//news. xinhuanet. com/18cpcnc/2012 − 11/17/c_ 113711665. htm（访问时间：2017 年 10 月 15 日）。

目前，中国和平发展等方面的研究成果，大致可以概括为以下方面。在目标上，着眼于人民群众的物质文化生活需要、国民素质的不断提高，实现经济社会发展和人的全面发展的相互协调、促进和辩证统一。在战略上，把坚持改革开放，解放思想、凝聚力量、攻坚克难和实现奋斗目标统一起来，把改革、发展、稳定和国家治理现代化紧密结合起来，把对外开放与主动融入国际产业发展和分工紧密结合起来。在技术上，不断推进自然科学技术和社会科学技术发展，实现体制机制、政策措施、管理方式等多个方面的创新，抢占新科技革命的"最前沿"和"制高点"。在思想上，高举和平发展、合作共赢的旗帜，坚持独立自主的和平外交政策，牢牢把握战略机遇期，努力战胜风险挑战，坚持维护世界和平，实现"中国梦"。可以说，和平发展是中国的担当情怀与理论创新的高度辩证统一。中国和平发展道路的提出和确立，是对中国特色社会主义道路内涵的揭示，在新时期新背景下把发展生产力和实现世界和平二者辩证统一起来，是中国开创的一条全新道路。这方面，应是推动构建和发展"中国学派"的一个重点内容和未来引领国际学术话语的突破点之一。

（三）中国问题的现实关切

如今的中国是一个辉煌成就与复杂矛盾并生的开放性国家，这是要正确认识的国情现状，也是深刻理解中国问题的题中应有之义。一方面，中国问题既是人类社会发展史上国家发展过程中存在的具有共性特点的普遍问题，也是具有中国特点的一类特殊问题。另一方面，中国问题是较长时间内仍难以解决但终将被化解的问题。在当今，中国发展、中国问题等很难再套用西方的现有理论、方法和模式。在历史上，从没有哪个国家的发展是照搬和依赖于其他国家的方式而获得成功的，中国也不会照搬西方模式。虽然国外有很多研究中国问题的机构和专家，但他们得出来的结论往往有失偏颇，中国问题也常常被转化为"问题中国"。因此，正确解释和精准理解中国问题非常重要，也只有如此才能更有针对性地提出解决方案。毫无疑问，这是中国学术界的责任所在。

在世界经济、人文交往等活动日益密切和加深的大背景下，中国问题带来的多种影响容易被泛化和复杂化。虽然中国问题被冠以中国之名，但其形成、发展、阐释、解决等要立足于中国本土，放眼于世界。从这个意义来说，"中国学派"的构建与发展正是对中国问题的现实关切。无论对中国问题的内容、种类等如何归纳，都要建立在社会主义初级阶段这一现实的基础上。[1] 也就是说，中国问题的解决之道最终归于如何妥善处理改革、发展和稳定三者之间关

---

① 沈昕、吴波：《中国模式、中国问题与科学发展观》，《当代世界与社会主义》2010年第6期，第69页。

系以及三大问题。

　　第一，坚持发展是目的，是硬道理。中国问题的解决关键，要靠自己的发展。发展不能单靠经济总量、经济指数和经济指标等衡量，还包括政治、文化教育、社会科学等领域的综合实力的进一步提高。因此，中国问题的解决要扎根于中国政治、经济、文化、科技等领域大发展大繁荣的土壤之中，要形成符合基本国情的中国发展理论，同时提出相应的问题解决对策，并随着中国可持续发展态势的变化不断提升"中国学派"的实用能力。第二，改革是动力。作为中国经济社会发展的强大动力，改革是中国特色社会主义制度的自我完善和发展过程。改革不仅要解决中国经济社会发展中的一些重大问题，推进社会生产力的解放和发展，还要为国家的持续发展和长治久安打下坚实的基础。"中国学派"的创立和发展，既要顺应改革的时代潮流、借助改革的新生力量来打下坚实的基础，又要具备推进改革的足够的理论支撑。第三，稳定是前提。稳定是改革和发展的前提条件，发展和改革必须有稳定的大环境。尽管当前中国的现实国情是发展与问题、矛盾等并存，但是，在中国特色社会主义制度、理论和道路的保障之下，整体的大环境是稳定与和谐的。稳定的大环境是"中国学派"创立与发展的必要前提，而继续保持和维护稳定这一前提则需要"中国学派"不断发展来提供不竭的学术支撑。即以"中国学派"的视野、思维和方法，审视和解决中国问题。

二　学术话语权与"中国学派"的发展

学术话语权体现了中国哲学社会科学界对"理论自觉"的深层次要求，即做到话语权利与话语权力的统一、话语资格与话语权威的统一，也就是做到"权"的主体和客体的统一。① 通常，学术话语权是实现和促进经济发展与社会进步所要研究关注的必要话题，它体现了一个国家的道路自信、理论自信、制度自信和文化自信。在当今中国，学术话语权建设是中华民族伟大复兴的必要环节之一。深入研究和推动发展中国特色学术话语权，对于促成"中国学派"的构建与发展，无疑具有重大现实意义和深远影响价值。此外，构建融通中外的学术话语体系，也是展示中国形象，阐释中国理念，增进其他国家更深入、更恰当的理解和认识当今中国的必然要求。从学术话语权的角度分析，就是要处理好理论引入转化为理论再造的能力、中国特色国家建设的学理诠释、中国问题与问题中国的理论争辩三大问题。

（一）理论引入转化为理论再造的能力

伴随着中国综合国力的不断提升，扩大中国在国际学术领域的

---

① 郑杭生：《话语权与中国社会学发展》，《中国社会科学》2011 年第 2 期，第 7~28 页。

话语权和影响力已提上日程。2012 年 6 月 2 日，李长春在马克思主义理论研究和建设工程工作会议上指出，如何在学习借鉴人类文明成果的基础上，用中国的理论研究和话语体系解读中国实践、中国道路，不断概括出理论联系实际的、科学的、开放融通的新概念、新范畴、新表述，打造具有中国特色、中国风格、中国气派的哲学社会科学学术话语体系，是理论界和学术界面临的重大而紧迫的时代课题。① 这表明，推动"中国学派"的构建与发展，要具备将理论引入转化为理论再造的能力。从价值理性层次来说，中国学术界要建立自己的理论解释体系，要形成自身的理论解释能力。这既体现了一个国家对自身发展的认识能力及水平，也反映它对国家发展过程中相关问题的解决处理能力。

新中国成立以来，中国哲学社会科学发展经历了从学习马克思主义与苏联模式，到与世界接轨、文化开放、引入西方理论的转变过程。当前推动构建"中国学派"所面临的一大困境是，在国家发展处于艰难抉择的重要时刻，可用的理论储备却严重不足。改革开放以后，中国学术发展大量引入西方话语体系，在与国际学术接轨的同时，也弱化了自身独立自主的创新精神，致使在中国特色学术话语体系探索方面有所滞后。由于各个国家的基本国情多有不同，经济发展水平参差

---

① 《打造具有中国特色、中国风格、中国气派的理论学术话语体系》，《光明日报》2012 年 6 月 11 日，第 1 版。

　　　　　　　　　　　　　　/ 当 代 中 国 道 路 与 智 慧

不齐，政治基础和社会体制运行模式不一，因此，套用西方引入理论及其模式无法满足中国可持续发展需要是不争的事实。从中国发展历程及经验来看，引入和学习西方理论及其模式，显然无法提供破解中国发展难题的有效方案。因此，加快和加强理论创新已成为中国学术界的当务之急，也是推动"中国学派"构建及发展的题中应有之义。

比如，以马克思主义政治经济学和斯大林社会主义经济理论作为主要的引入对象，对 1949 ～ 1978 年中国的经济理论研究乃至中国的经济实践活动，均产生了广泛而深刻的影响。[①] 这一时期，如果没有对上述引入理论的深刻反思和积极改造，没有对社会主义基本经济规律、社会主义生产劳动、社会主义制度下价值规律和生产关系的性质等关键问题的讨论与论证，那么，日后就很难提出和推进改革开放政策。伴随着改革开放的巨大成功，中国哲学社会科学进入了快速发展的"春天"，经济学科建设及学术研究等方面取得了长足进展，经济学研究也日益表现出范式的国际化和问题的本土化特征。[②]

此外，从国际政治、国际关系、外交学三个学科的建设历程来看，中国在理论引入转化为理论再造的能力方面还有不少功课要做。

---

① 高帆：《引入与再造：经济理论在中国的百年嬗变历程》，《经济学家》2012年第 4 期，第 8 页。

② 高帆：《引入与再造：经济理论在中国的百年嬗变历程》，《经济学家》2012年第 4 期，第 9 页。

中国的国际政治、国际关系、外交学等涉外学科是随着改革开放进程而逐渐发展起来的,是从学习和吸收西方国家现有的理论成果开始的。虽然引入、学习和借鉴其他学派包括西方学派的理论成果非常重要,但不可否认的是,切合中国国情、促进中国发展、调和主要矛盾、坚持中国道路等,离不开中国学术界将理论引入转化为理论再造的能力。因此,从价值理性层次来说,"中国学派"的创立与发展的必要性和重要性,在于其完备的理论解释能力、有效可行的解决思路和推陈出新的再生能力。

(二)中国特色国家建设的学理诠释

从制度理性层次来说,学术话语权与"中国学派"发展之间的互动关系,从对中国特色国家建设的学理诠释中可见一斑。一般来说,国家建设是指由传统国家转变为现代民族国家的国家建制过程,也是在超越传统国家的前提下建立起和不断完善一整套具备现代国家基本特征的组织、价值和制度的历史过程。① 现代民族国家的建设内容涉及方方面面,可以将之划分为物质建设、强力建设、制度建设三个部分②,而其主要

---

① 黄杰:《国家建设模式的类型和中国的选择》,《社会科学》2011 年第 10 期,第 22 页。
② 燕继荣:《国家建设与国家治理》,《北京行政学院学报》2015 年第 1 期,第 57~58 页。

内容则包括经济、政治、文化、社会、生态文明五大领域。不管是哪种划分，都难以忽视制度、国家建设与国家治理三者之间关系。制度质量是衡量和决定国家治理现代性的关键变量，现代国家制度是国家治理的有效基石。[1] 就中国特色国家建设而言，制度不仅是中国特色国家建设的组成部分之一，也是其中最具中国特色的重要构成方面。

新中国成立以来，在国家建设的模式、道路和理论经历了西方民主政治模式和苏联集权模式的影响下，最终探索出了适合中国基本国情的国家建设之路。[2] 当前中国学术界对国家建设的研究，主要集中在社会主义、法治、中国政党制度、国家治理能力、国家认同、软实力、巡视制度、民族政治、创新型国家建设、国家建设模式等方面。可以说，中国学术界完成的大量研究成果，为进一步推动中国国家建设提供了途径和方向上的指引，同时也丰富了中国国家建设的基本内容与着力点。

纵观中国国家建设的发展历程，中国人民在中国共产党的领导下，在国家建设的各个方面均取得了巨大进步与突出成就。以中国

---

[1] 李放：《现代国家制度建设：中国国家治理能力现代化的战略选择》，《新疆师范大学学报》（哲学社会科学版）2014 年第 4 期，第 29 页。

[2] 李默海：《中国国家建设的历史、特点与启示》，《延安大学学报》（社会科学版）2006 年第 2 期，第 45 页。

政党制度建设和依法治国为例，在国家建设中发挥核心领导作用的中国共产党，在中国革命与国家建设中开创和发展了中国特色政党制度。全称为中国共产党领导的多党合作和政治协商制度，是中国党派联合执政、多元协商、合作治理的辩证统一。[1] 政党制度在中国国家建设中发挥着重要作用，因此，党的建设与党的执政能力提高成为中国国家建设的重要内容。此外，现代国家建设离不开法治精神和法治理念。推动中国特色依法治国建设，既是对中国历史的真切反思和经验总结，也是社会主义民主政治发展的必然要求。自1997年党的十五大提出依法治国的基本方略以来，有关依法治国背景下的国家建设思想、理论和制度得到了历任中央领导集体的高度重视和中国学术界的持续关注。依法治国成为新时期中国治国安邦的基本方略之一，是对全国上下所有部门正常运作的保障和要求。同时，依法治国的基本方略是中国特色法治理论的重大成果，内涵丰富、意义重大，并具有全局性、整体性、长期性的突出特点。这决定了依法治国的基本方略在建设中国特色社会主义法治国家进程中的重要地位和突出作用。伴随着中国进入全面依法治国的新阶段，中国的法治建设及发展日臻完善。

从中国国家建设取得的巨大成就来说，中国特色国家建设的模

---

① 林尚立：《中国政党制度与国家建设》，《毛泽东邓小平理论研究》2006年第9期，第1页。

式、思想、制度、理论成果等，反映了中国学术界对理论创新的高度重视和不懈追求。主动塑造和掌握学术话语权，就是要在国家建设的方方面面中提炼和总结中国经验，弘扬中国智慧，推动构建和形成"中国学派"，大力发展"中国学派"，广泛宣扬"中国学派"。

当然，任何一个国家在其国家建设中都会不可避免地面临一些问题，这些问题与矛盾的相互作用，能够促进整个国家哲学社会科学的发展与繁荣。现阶段中国仍处在社会主义初级阶段的基本国情，以及国家建设中构建和掌握全局发展的能力与执行力度之间的矛盾，使得中国问题、中国特色等提法越来越多地成为学科建设、学派创立的热点、重点和难点。就问题解决意识来说，中国特色既体现在中国国家建设的内容、道路、理论等学说观点要符合国情、适应国情上，也体现为促进中国国家建设的制度设计与制度安排始终具有本土化特色。比如，制度形式与制度的实际运作之间存在差距，这是中国国家建设中遇到一个重要问题。① 从这个意义来说，中国特色学科建设与"中国学派"的创立和发展的重要目的之一，就是夯实各方面国家制度建设的思想基础和理论基石。

总之，从制度理性层次来说，中国特色国家建设的历史与特点启示中国学术界，对它加强研究与深入发掘是构建当代中国学术话语和推动

---

① 李默海：《中国国家建设的历史、特点与启示》，《延安大学学报》（社会科学版）2006 年第 2 期，第 45 页。

"中国学派"发展的重要切入点与着力点之一。中国特色国家建设的内涵、层次、理论根基等内容，既需要依赖于中国政治经济文化生长的本土氛围，也需要"中国学派"不断发展的话语传播和智慧贡献。

（三）中国问题与问题中国的理论争辩

中国问题与问题中国是两个完全不同的学术用语。当前学术界对中国问题与问题中国的学术争论及其探讨的意义在于，这具有很高的理论构建和话语构建价值。从工具理性层次来讲，"中国学派"的构建与发展意味着它具有了自己的学术话语，可以用自己的理论学说来充分恰当地解释当今中国所面临的各类问题。

第一，中国问题应该如何定性和分析。显然，中国问题不应停留在含义的辨析阶段，它应当有被充分阐释和解决的方法与模式，这里就涉及理论构建问题。一方面，中国问题不仅是官方和大众的用语也是学术界的热词，其最大特点是文字外在表意虽易但个中内涵模糊不清。可以说，当前中国学术界中中国问题研究的困境在于，尝试给出的一个标准与实际状态不符或不全面。比如，在学术史和国际关系史上，曾有许多冠以国名的问题——"英国问题""德国问题"等，它们都有明确的内涵指向。① 而"中国问题"一词被中

---

① 郑永流：《"中国问题"及其法学辨析》，《清华法学》2016 年第 2 期，第 5 ~ 20 页。

国学术界所提及，则是在中国现代化不断取得成就之后。不过，中国学术界对此问题没有一个具体的内涵指向，只有中国主体性和中国特殊论的态度。① 另一方面，中国问题具有特殊性和普遍性。显然，不能简单地认为只要是发生在中国的、影响人民生活等方面的问题就是中国问题。毕竟，诸如物价上涨、看病难、看病贵、收入差距过大、贪污腐败、房价过高、就业失业、养老保障、食品安全、教育收费、环境污染、社会治安等，是所有国家都要面对的问题。为此，中国学术界应冷静地对待和辨析中国问题，而不是将中国发展过程中出现的各种问题和困扰一揽子地纳入中国问题的研究框架。

第二，问题中国与西方国家对中国崛起的误读紧密相关。随着资本主义的全球扩张、经济全球化的日益深入，任何一个国家的危机所带来的后果都可能引发区域性或全球性危机的大爆发。不过，无论是苏联解体、东欧剧变，还是 1997 年亚洲金融危机、2008 年全球金融危机，抑或是拉美地区照搬西方新自由主义模式却使国家走向破产，都没有使中国走向衰落或国家破裂，而是向世界展示了中国发展的特殊性和成功性。因此，越来越多的西方学者把目光转向中国，诸如"中国道路""中国模式"等问题的研

---

① 郑永流：《"中国问题"及其法学辨析》，《清华法学》2016 年第 2 期，第 5 ~ 20 页。

究成为国外学术界的重要理论关切。由于西方国家普遍对中国的发展及其进程中产生的问题有着不同的理解和认识，从而造成了"问题中国"的情况。即看待中国发展及其进程中产生的问题时，西方国家的理解是当今中国遇到的发展困境好比是人类患病一样，是其体制机制、发展模式等出现了问题。显然，这种说法不正确，中国和平发展的巨大成就及事实就是明证。应当认识到，"问题中国"现象是少数的西方学术流派对中国发展的误解误读所致。在中国和平崛起的过程中，总会有一些不和谐的声音。面对这些质疑和误解，中国学术界要保持和发展自己的话语权，要形成具有说服力的观点解释，最重要的是构建自己的理论体系、推动"中国学派"发展。

三　学科建设与"中国学派"的未来发展

推动和实现"中国学派"的大繁荣、新发展，要准确把握当前和未来学科建设的四个方面。一是基础在学人，尤其是青年学者群体；二是关键在学派，要促动百家争鸣、百花齐放的新局面；三是情怀在学脉，要始终坚持和传承中国特色；四是自信在学理，要正确阐释和传递中国模式与中国表达、全球问题的中国理解、中国责任与中国贡献等一系列的重要议题。

（一）基础在学人

学科建设、学脉传承和学派发展，都离不开学人的不竭贡献。可以说，学科建设的重要桥梁是学人。实际上，学脉传承也需要一辈新人的固本开新。① 推动和实现"中国学派"的发展，要始终把握住学科建设这一基础及学人这一基础中的基础，尤其是青年学者群体。在当代中国，无论是哲学社会科学领域，还是自然科学领域，都吸纳了众多的青年学者和青年学术工作者，也涌现了一大批的杰出青年人才。青年学者群体在当代中国的学科建设中，发挥着承前启后的桥梁作用，这种作用势必会体现在"中国学派"的创立与发展进程中。参与开创和推动发展一套与当代中国所经历的伟大实践相匹配相适应的理论体系、制度设计和价值标准，正是时代赋予中国知识阶层包括青年学者群体的历史使命和光荣责任。

基础在学人。一方面，需要一辈新人的持续的学术热情和不竭的学术贡献。致力于当代中国学术发展和学科建设的青年学者群体，要深刻认识到学术创新的重大意义，要认识到这一创新过程是全方位的和长期性的。青年学者群体要牢固树立起在不同的学科领域，

---

① 《学脉传承需新一辈学人"固本开新"》，全国哲学社会科学工作办公室官网，http://www.npopss-cn.gov.cn/n/2014/1219/c219470 – 26241713.html（访问时间：2017 年 10 月 16 日）。

努力开创"中国学派"的历史使命意识。以往,一些学者急功近利,把学术当作职业甚至是副业,并未将之作为一种崇高的事业来追求,因此缺乏足够的创新意愿和创新动力。如今,越来越多的中国知识界人士包括青年学者意识到并肩负起了历史责任,越来越多的社会各界人士也超越物质层面的利益权衡,更多地关注和扶助中国不同领域的学科建设与发展,不断开创"中国学派"大繁荣、新发展的新时代。基础在学人,意味着青年学者群体要树立"成为知识生产者"的远大志向①,要致力于开创"后西方话语时代"的中国话语体系,这应成为当代中国青年学者群体的共同理想与追求。另一方面,离不开对一辈新人的"提携"善举。学术的传承、学脉的延续,既需要一辈新人自身的不懈努力与探索,也需要学术界同仁对有志青年学者的倍加呵护与支持。只有形成了良性的学术竞争环境和良好的学术研究氛围,才能更快更好地促进学术研究领域青年学者群体的成长,也才能持续地促进学科建设,不断推动"中国学派"繁荣发展。

(二)关键在学派

纵观人类历史的每一次重大变革,无不是理论先行。不论是中国春秋战国时期的百家争鸣,还是欧洲文艺复兴和近代启蒙运动时

---

① 任晓:《走自主发展之路——争论中的"中国学派"》,《国际政治研究》2009 年第 2 期,第 15 页。

期的思想井喷，抑或是工业革命、科技革命时期的百花齐放，都表明了推动学科建设与发展要有百花齐放、开放包容的学派峥嵘环境。这方面，恰恰是中国学科建设和"中国学派"发展的难点重点所在。

与当前中国经济社会发展所取得的辉煌成就相比，中国学术界尚无法形成引领当今世界不同领域学科发展的理论流派，并从自身的学术观点来系统阐释和全面解释"中国问题""中国现象""中国道路""中国模式""中国特色"等一系列的新议题。在这方面，亟待中国学术界有所建树和实现新突破。比如，在国际问题研究领域，中国一直在向西方国家学习和借鉴。在过去的三四十年里，中国学者一直致力于引进和吸收西方国际关系界的理论成果，一大批青年学者在此基础上深造和发展。然而，与学科建设和学派发展的实际进度形成鲜明对比的是，国际关系研究领域的"中国学派"仍处在构想之中，尚无法在该领域形成具有足够影响力和广泛传播力的中国话语。

一个真正意义上在世界舞台上扮演独立角色的国家，必然有其特色化的发展道路、理论建树、制度典范和国家话语。关键在学派，这就要认识到"中国学派"应当包含不同的理论流派，要有内部之间及与国外学术界的思想碰撞和观点争鸣，这样，各个学科大类的"中国学派"构建与发展，才具有了可能性和必然性。① 作为与国家经济社

---

① 潘维：《构建中国学派恰逢其时　彰显中国学派的独特精神》，《人民日报》2017 年 9 月 24 日，第 5 版。

会发展密切相关的哲学社会科学学科，都可以扎根中国土壤，开出"中国学派"的绚丽花朵，结出"中国学派"的丰富果实。推动实现"中国学派"的创立与发展，就不能放弃对中国特色学科建设的努力。中国特色社会主义的伟大实践，为"中国学派"的理论构建与发展开辟了广阔天地，提供了丰富的宝贵的资源，也使哲学社会科学等学科具备了创建中国话语体系的深厚土壤、充分条件和必要性。在当今世界西方主流意识形态主导和泛滥之下，"中国学派"的开创与发展，需要作为未来的理论建构者和引领者的青年学者群体立足于中国经济社会发展的重大战略需求和客观实际，立足于中国改革开放的伟大实践，不断地努力探索和奋斗。

（三）情怀在学脉

学脉体现的是对学科和学派的真传，既是对前辈的最好纪念，也是对学科建设和学派发展的继往开来。对于任何一个学派，学术观点、理论分支和学科建设等，都离不开对它的历史既往和已有成果的传承与发展。有传承，才有创新。中国特色学科建设、"中国学派"的开创与发展，都要把握好一脉相承的学脉情怀，而首要的则是处理好中国特色的传承问题。

一方面，在中国特色社会主义建设的大背景和大前提下，形成了中国特色社会主义道路、中国特色社会主义理论、中国特色社会主义制度、中国特色社会主义文化等不同领域的建设成果、实践发展与繁荣局面。这些囊括中国发展与崛起的各大领域和各个层次的"特色"，是中国历代领导集体和中国人民的智慧结晶和对实践经验的理论凝练。

另一方面，中国特色主要体现在四个方面：一是实践特色，二是理论特色，三是民族特色，四是时代特色。[①] 实践特色是马克思列宁主义和科学社会主义的根本要求，也是任何一个学科建设和学派发展所要坚持的基本准则。实践出真知，实践是理论创新的源泉和动力。历史传统、文化积淀、基本国情等诸多方面的特色，意味着中国的发展道路必然要有自己的实践特色。理论特色在于对马克思主义的坚持和发展，对民族传统和群众基础的正确把握，以及不断与时俱进的开放包容特性。民族特色是指中国的学科建设和学派发展，要始终立足于本民族的根基与要求。中华文化积淀了中华民族最为深沉的精神追求，是中华民族生生不息、发展繁荣的丰厚滋养，而中华民族的一个突出优势则是有着深厚的文化软实力。时代特色是指在中国特色社会主义文化与核心价值体系之下，更好地顺应中国经济社会发展的实际需要和中华民族振兴的客观要求。在经济全球化和国际学术交往日趋深化的大背景下，实现"中国学派"

---

① 韩震：《科学把握"中国特色"的内涵和特征》，《理论参考》2012 年第 9 期，第 34 ~ 35 页。

的借鉴式和创新式新发展、大繁荣。

中国特色社会主义根植于中华文化的深厚沃土之中，反映了中国人民的真切意愿，也表达了中国人民的根本利益，很好地适应了中国发展与崛起的时代要求，具有厚重的历史基因和广泛的现实基础。因此，要深刻理解和正确把握中国特色的传承问题，要始终坚持和把持"中国学派"开创与发展的学脉情怀。

（四）自信在学理

在此，学理是指"中国学派"要有自己的理论表达和理论创新。近年来，中国在解释和应对自身发展过程中的成就与困境时，产生了不少的具有重大意义的理论表达。只有形成了适合中国基本国情的理论体系及理论表达，才能开创具有自信力、说服力和影响力的"中国学派"新局面。

1. 中国模式与中国表达

一个国家的文化基因，大致决定了其经济社会变迁的大趋势。对于中国来说，数千年的文明传承始终不断，强大的文化基因内核及多民族和谐共生的现实状况，决定了中国经济社会发展既不会采用西方社会的发展模式也不能继续走过去的发展道路。[①] 应当说，

---

① 张维为：《中国模式和中国话语的世界意义》，《理论导报》2014 年第 3 期，第 16 页。

"中国模式"是值得中国人自信和坚持的具有自身特色的发展模式。在《历史的终结?》一文中极力推崇西方市场经济体制和民主政治制度，并认为人类社会的发展史就是一部"以自由民主制度为方向的人类普遍史"、自由民主制度是"人类意识形态发展的终点"和"人类最后一种统治形式"的美国学者弗朗西斯·福山，在2009年接受日本媒体专访时坦承中国经济令人惊异的快速发展，这体现了"中国模式"的有效性。客观事实表明，西方自由民主制度并不是人类历史进化的终点。中国和平崛起使得所谓"历史终结论"有待进一步推敲和完善。① 伴随着中国经济社会发展而日趋凸显和不断完善的"中国模式"，不仅丰富了世界各国对发展规律、发展道路、发展模式的认识，还为人类社会的和平、发展、合作提供了全新视角和中国经验。

畅谈"中国模式"就是要向世界表明，中国发展要有自己的模式。这种模式有别于西方发展模式，它是在实践中以不断调整自身来切合本国国情，以解释和解决中国经济社会发展中的各类问题，具有可借鉴性和世界意义。目前，越来越多的中国学者开始尝试对"中国模式"进行体系化、学说化的研究和构建。比如，在如何理清

---

① 刘志明：《国际金融危机中的世界社会主义——国际金融危机观点全球扫描与透视》，中国共产党新闻网，http://theory.people.com.cn/GB/41038/11661304.html（访问时间：2017年10月16日）。

"中国模式""中国道路""中国经验"这三者关系上，中国学者进行了诸多研究和深入探讨。张维为比较全面地概括了"中国模式"具有的八大特点，即实践理性、强势政府、稳定优先、民生为大、渐进改革、顺序差异、混合经济、对外开放。[①] 对于坚持中国特色社会主义道路的中国来说，"中国模式"的世界意义和深刻启示体现在三个方面：以民为本的主体价值追求、实事求是的思想理论原则、和平崛起的科学发展理念。在此基础上，中国学者开启了对"中国模式"理论化构建的新进程，这非常的及时、必要和重要。

表达是一种交流的行为，既可以是交流行为的方式之一，也可以是交流行为的一种结果。表达以交际、传播为目的，以物、事、情、理为内容，以语言为工具，以听者、读者为接收对象。"中国表达"就是中国人包括个体、团体，社会组织和政府机构及其人员等，以积极、开放、自信的态度，向世界各国表达自己的理念和情感，在当今风云际会的国际形势下发出"中国声音"。其实，"中国表达"并不是一个新兴词汇。在哲学社会科学领域如文学、美学、法学等不同学科中，已有大批中国学者在锲而不舍地对内对外宣扬具有中国特色的传统文化、戏剧影视、国际法治理念等内容。中国领导人在对外谈话和外事活动中所展现的独特的个人风格和人格魅力，

---

① 张维为：《中国模式和中国话语的世界意义》，《理论导报》2014 年第 3 期，第 20 页。

也是"中国表达"的重要形式之一。正是通过这些"中国表达","中国声音"传播到了世界各地。

不过，中国经济的迅猛发展和强势崛起的客观事实在全球引起了巨大的反响，其中也夹杂着不少的不和谐声音。这些质疑和猜忌，给中国的国家形象和国际声誉带来了不可小觑的损害。因此，正确认识和运用"中国表达"，具有重要的现实意义和深远的战略影响。2013 年 8 月，习近平总书记在全国宣传思想工作会议上强调指出，要打造融通中外的新概念、新范畴、新表述，讲好中国故事，传播好中国声音。要求"中国表达"融入世界话语圈，用不同文化都能理解的方式传播中国声音。"复兴之路工作室"系列短片，就是其中的成功尝试之一。习近平总书记在 2014 年中央外事工作会议上再次提出，要提升中国软实力，讲好中国故事。2015 年人民网刊载的《习近平讲述"中国故事"　诠释官方外交语言新"温度"》① 一文，再次阐释了"中国表达"的重要性和创造性。这些论述论断，不仅对国内学术界做好中国问题研究和掌握国际话语权提出了新要求，也指明了新方向、提供了新思路、开辟了新道路。

"中国表达"是理论性和实践性的统一结合。近年来，中国在向

---

① 《习近平讲述"中国故事"　诠释官方外交语言新"温度"》，中国共产党新闻网，http://theory.people.com.cn/n/2015/0422/c136457 - 26884138.html（访问时间：2017 年 10 月 16 日）。

世界表达、展示自己的过程中，对内丰富了实现中国发展、解决中国问题的中国特色社会主义理论体系，不断推进社会主义核心价值体系建设，使各方面的制度设计和制度安排更加的成熟和完善；对外展示了中国应对全球化浪潮和全球经济危机的担当实力、解释风云际会的国际社会的理论创新能力和负责任大国的外交外事行动能力。可以说，"中国表达"就是向世界充分展示中国的道路自信、理论自信、制度自信和文化自信，要让世界理解中国的和平发展并感受到中国的决心信心。另外，"中国表达"是历史传承和时代呼唤的统一结合。中国在向世界展示东方古国在当代崛起的同时，也表明了自己对全球发展的担当贡献和从历史深处汲取经验的意识能力。毫无疑问，这些都离不开不同学科领域"中国学派"的创立与发展，需要中国向世界表达自己对国家发展与繁荣、对世界和谐共生与和平发展的态度和情感。

2. 全球问题的中国理解

全球问题是 20 世纪中叶伴随着新技术革命的不断发展而出现的一类新问题，涉及并危害到人类生活的各个领域，成为具有普遍性、复杂性、时代性的阻碍全球发展的难题。全球问题的涉及范围十分广泛，包括人口问题、环境生态问题、难民问题、气候变化问题、资源能源问题、网络安全问题、跨国犯罪问题、金融危机问题等。

中国对全球问题的研究起步时间较早，在 20 世纪 90 年代中国学者就有从哲学的视角来解释全球问题，提出全球问题与全球意识、国际社会和人类命运，以及传统发展观、经济发展和生态环境之间具有密不可分的关系。在全球化时代，全球问题与每个国家的发展都息息相关。目前，中国学者对全球问题的研究已形成了全方位的视角。据中国知网的学术论文统计，在全球问题和全球化、全球问题与全球治理、全球问题与经济全球化和可持续发展、国际组织与全球问题、全球问题与新安全观、全球问题的成因与本质及解决路径等方面，就产出了很多的研究成果。

可以说，全球问题的产生与扩散是公共用地悲剧和集体行动困境的外在表现之一，其内核仍是利益争夺。解决全球问题需要国际社会的共同协作和努力，要在从制度、理念到组织等的各个方面进行全面变革。针对全球问题，国际社会提出了"全球治理"的概念。中国把全球治理务实地聚焦在对全球问题的治理上，基于国内治理模式的有效经验，提出了国际社会治理全球问题的有益方案。由于全球问题对当代国际关系的内容、框架、行为体、主旋律等均产生了深刻影响，这种影响的广泛性和程度的严重性，从新安全观的产生与发展中可见一斑，同时也加深和丰富了人类社会对安全领域诸多问题的认识与理解。比如，新安全观对经济安全、环境安全等非传统安全领域问题的内涵与外延做出了新的界定，从而表现出鲜明的追求全球安全的价值取向。换言之，在审视和研究当代国际关系时，一系列的全球问题所导致的安全观变革已成为重要命题。

总之，全球问题研究对于中国和西方发达国家而言，由于各自的发展阶段、国际地位、历史文化传统等方面的诸多不同，无论是学术界的关注重点和研究视角，还是具体方案和实践路径，都会有一定的差异。在新时期，加强和深化对全球问题的中国理解，就要立足于中国的基本国情和发展实际，立足于全球化和区域化进程下国际社会大交流大融合、世界经济发展和国际安全环境加速变化的大背景，提出和形成一个开放性、共享化的中国方案，而这离不开"中国学派"的成长成熟和发展贡献。

3. 中国责任与中国贡献

近年来，在国内国际的各个场合、各个领域内，对中国责任与中国贡献的讨论一直十分热烈。这体现的既是中国综合国力的持续增强所带来的国家拥有能力和国家输出能力之间的匹配问题得到了各方面的高度关注，也真切反映了中国具有国际道义感和人文情怀感，并愿意在此方面有所作为。

中国责任在本质上反映的是中国的国际责任观。自古以来，中国就有天下责任的国家责任观。受时代和发展任务的要求，这种国家责任观集中体现为对外谋求自身的独立与生存、对内实现国家的稳定与发展。伴随着中国综合国力的不断上升、中国解决国际问题

/当代中国道路与智慧

能力的不断增强，国际社会对中国积极参与和处理国际事务有了更多的期待。对此，国际社会特别是西方世界越来越热衷于炒作"中国责任论"。中国该不该接受来自国际社会对它所要求的形形色色的"责任大国"头衔，中国该如何正视其国际角色与国家能力的匹配问题，伴随着国际形势变化中国责任该如何界定，伴随着综合国力增长中国应承担何种角色与责任，等等。

针对这些议题，中国学术界进行了大量的理论分析和论证，并形成了多种观点。尽管这些观点各有所长，但是，仍离不开对中国责任与负责任大国之间密切联系的论证。习近平总书记强调，以正确义利观为指导，积极发挥负责任大国作用，进一步开创中国外交新局面。[①] 中国不仅是国际社会的构成者和建设者，也是国际秩序的参与者和推动者、国际事务的担当者和责任者。可以说，对中国责任的阐释、理解和担当，反映的是与中国能力相匹配的国家自信度问题，在这方面仍需要"中国学派"贡献智慧、理清思路、开辟路径、提供方案。

中国贡献在本质上体现的是中国的国际贡献。[②] 在世界历史上，

---

① 王毅：《坚持正确义利观　积极发挥负责任大国作用——深刻领会习近平同志关于外交工作的重要讲话精神》，人民网，http://opinion.people.com.cn/n/2013/0910/c1003-22862978.html（访问时间：2017年10月18日）。
② 林文佳：《中国贡献论分析》，硕士学位论文，中共中央党校，2010。

中国古代的四大发明是它对世界做出的技术贡献，中国也因此在国际上拥有很高的声望。在当今，中国贡献主要体现在经济发展贡献、军事安全贡献和生态环境贡献等多个方面。中国以自身独特的社会主义市场经济体制，实现了与其他国家和地区的经济发展联动，促进了地区经济和全球经济的共同发展。中国经济发展的巨大吞吐量，极大地促进了周边国家对中国的商品出口，也带动了世界经济的快速增长。由此，中国经济发展成为世界经济的第一引擎。在此过程中，中国的经济发展模式和经济增长模式，成为世界各国解决其发展问题的最好范例之一。中国的军事安全贡献主要体现在长期奉行缩减军队规模的方针、始终坚持和平主义政策、积极维护周边安全与世界和平、大力参与国际维和行动等方面，从而有效地维护了世界和平与国际正义的基本准则。作为当今世界最大的发展中国家，中国在实现自身发展、突破发展困境、开辟发展道路的同时，也十分关心和积极参与了全球生态环境治理事业。迄今为止，中国认真履行了已签署的所有的国际环境公约，并在国内不断加强环境保护和生态治理领域的法律法规建设。之所以说中国贡献是一种国际贡献，就在于它是对国际社会大有裨益的国家外部行为之一，体现了中国的强大综合国力和高度的国际道义感。在这方面，仍需要中国学术界加强研究实力尤其是理论构建能力，不断传递传播"中国学派"的好声音。

四　结语

近年来，在哲学社会科学领域，关于构建和发展"中国学派"的呼声越来越多，也越来越大。可以说，推动构建和发展"中国学派"，既是中国经济社会发展到一定阶段的必然要求和产物，也是一个时代性命题和新时代课题。当前中国处在全球化日趋深入、世界经济紧密交织、世界安全环环相扣、国际社会加速变化的大背景下，在当今世界的政治、经济、军事、安全、外交、文化等各个领域，越来越占据重要的地位，发挥着世界瞩目的影响力，也拥有了越来越大的国际话语权。中国学术界应立足于国家发展的实际状况和长远前景，从学术话语的角度、学科建设的高度，形成以学派成长为本体、以确立和提升学术话语及加强和繁荣学科建设为两翼的"一体两翼"新格局。推动构建和发展"中国学派"，需要举国上下的正确认识和共同努力，特别是投身于国家战略顶层设计的学术精英和代表着国家未来发展高度的青年学者群体。由此，通过"中国学派"的构建和发展，更好地展示中国形象、传播中国声音、贡献中国智慧，让世界各国更好地理解中国模式、认同中国表达、接受中国方案，开创中国和平发展和推动构建人类命运共同体的新时代。

新时代中国国际法治思想及实践探析

何志鹏[*]

摘　要：新时代的中国国际法治思想是在 21 世纪中国自身政治、经济、文化稳步发展，从而在世界格局中越来越占据主要地位，以及世界在逆全球化的背景下需要一种新的发展动力这双重趋势的促动之下形成的制度思想与文化观念。这种国际法治思想从传统的中国理念文化中诞生，与中华人民共和国成立以来的外交思想和国际法认知有着非常清晰的继承关系，但是又积极汲取了世界各国关于国际关系和国际法的优秀成果，在马克思主义的世界观和方法论的指导之下，酝酿成为一种彰显中国特色、维护中国利益、促进世界进步的思想理论体系。它以独立平等为底线和起点，以文明多样共存为交往原则，以公正有效为行为方式，以互利共赢为最终目标，鲜明反映而且主动引领国际社会状态的新格局，提出了一系列的新观念、新方案，为世界发展提供了中国智慧、中国力量。"一带一路"的倡议充分保证了参与各方的独立自主，努力促进合作机制的文化多元性，渐进塑造着公平妥善的区域交易规则，积极营造开放共享

---

* 何志鹏，吉林大学法学院教授，主要研究方向为国际法理论、人权理论、法学教育。

的国际经济交往环境，因此是良好的、理想的国际区域经济法制框架。当然这种框架和构想仍然在实施的初级阶段。还应当谨慎，既不能无所作为，也不能轻率冒进；在相关法律机制的设计和运行过程中要充分体现对市场规律的尊重，同时要充分重视相关国家的主动性和积极参与的实质行动，通过合力来达到协同共进、塑造人类命运共同体的目标。

关键词：新时代；国际法治思想；"一带一路"倡议

一　导论

中国共产党的第十九次全国代表大会提出了一个非常重要的概念，就是"新时代中国特色社会主义思想"，这会是相当长一段时间之内中国发展、引领世界的航标。与这个概念同时出现的，还有一个论断，就是对新时代中国社会主要矛盾的论断。[①] 这个概念和论断以及相应的措施要求构成了中国未来发展的关键方面、重中之重，

---

① 中国共产党第十九次全国代表大会报告（以下简称"十九大报告"）指出："中国特色社会主义进入新时代，我国社会主要矛盾已经转化为人民日益增长的美好生活需要和不平衡不充分的发展之间的矛盾……我国社会主要矛盾的变化是关系全局的历史性变化，对党和国家工作提出了许多新要求……我国社会主要矛盾的变化，没有改变我们对我国社会主义所处历史阶段的判断，我国仍处于并将长期处于社会主义初级阶段的基本国情没有变，我国是世界最大发展中国家的国际地位没有变。"报告的摘要版可参见《决胜全面建成小康社会夺取新时代中国特色社会主义伟大胜利——习近平同志代表第十八届中央委员会向大会作的报告摘登》，《人民日报》2017 年 10 月 19 日，第 2～3 版。

新时代中国国际法治思想及实践探析／

作为思想指南和行动纲领，它必然会带领中国在经济、社会、文化领域乘风破浪，勇往直前。

为了使中国知识界、文化界在这样一个新的重要的历史节点立于时代之潮头、发出思想之先声，真正地奠定文化自信，就需要通古今之变化，认真观察和深刻思考这个时代的需求，在社会生活的各方面审时度势、深思熟虑、集思广益、厚积薄发，结合伟大的社会实践进行归纳总结、反思论断。也就是说，新时代中国特色社会主义思想必然会广泛和鲜活地体现和渗透于当代中国各方面的社会工作与生活之中，演绎成为各个领域、各个门类、各个方面的理论。此间，中国特色的国际法治思想就构成了新时代中国特色社会主义思想的一部分，是中国国际关系思想、外交思想的重要组成部分，会对中国的未来发展和世界的演变前景构成积极参与和主动引领的作用。从当今国际法发展的状况来看，如果我们能够很好地把握国际法的发展状况，对国际关系的主旋律有明确的认知，对法律的价值、法律的形式、法律发展的步骤有清晰的掌握，就能够寻求到更好的维护中国自身利益的方式，同时也能找到更为合适的表达和维护世界各国利益的方式。反之，如果我们对法律的情形不知所以，就很有可能会危害我们自身的利益，就很有可能对中国的发展产生不利的影响。

中国的国际法治思想，就是在中国发展与世界变局的新坐标点上，中国对于国际法治的总体方向、价值追求、建设方式所提出的观念建议

／当代中国道路与智慧

和规划方案。国际法与国际法治的关系，有三个主要的差异。第一，静态与动态的侧重点不同。虽然国际法和国际法治都有规则和规则的运作这两个方面的内涵，但国际法更注重静态的规范，而国际法治则更强调规则的动态运行。也就是说，当我们谈论国际法的时候，我们主要指的是一种规则、制度，它是处于相对平面的状态。而当我们谈论国际法治的时候，我们主要强调制定法律、实施法律的过程，以及司法程序。①

第二，二者存在价值主导的差异。国际法可以是价值无涉的客观描述，但国际法治必须是包含价值导向的主观期待。国际法是多个维度的，它既可能是具有伦理导向的，也可能是纯技术性的。但是当我们分析国际法治时，各项指标中都涵盖一些价值追求。在考察规则时，符合国际法治要求的规则应该是好的法律，应该反映所有国家在当今世界的美好愿望；在分析规则的运行时，我们要求它必须形成公正有效的立法、监督、司法系统，必须是顺畅运行的，能够形成善治，而不是在践行强权政治。②

第三，国际法和国际法治所面对的历史阶段存在差异。国际法涵盖的所有时期，不仅包括现代的国际法体系，而且包括许多历史阶段和形态。国际法在其发展的早期主要反映了资本主义国家的意

①　何志鹏：《国际法治论》，北京大学出版社，2016，第 35 ~ 38 页。
②　车丕照：《我们可以期待怎样的国际法治?》，《吉林大学社会科学学报》2009年第 4 期。

图，不像如今这样，不仅包含发达国家的思想，也体现着发展中国家的思想。与之相对，在国际社会推行法治的观念不是一个非常古老的理想。法治的理念就意味着超越传统，在一个现代化的语境下追求所有国家，特别是发展中国家获得公正合理的待遇。在国际关系的进化历程中，国际法治的观念和主张迟至 20 世纪中叶才出现。

所以，国际法治应当被理解成一个现代的观念。国际法治的各项要求和指标中反映着国际关系的很多现代关切。基于现代理念所认识的国际关系，我们可以提供许多前人所不具有的思想理念，例如可持续发展、人权和国际共同体，由此推动国际关系和外交政策的良性转向。[①]

二　国际法治思想的中国智慧

新时代国际法治的中国思想，是在国际关系发展到现阶段，国际法具有一定的规则与组织基础，同时也还存在诸多缺陷和问题的背景下，中国作为一个正在高速发展的发展中大国对国际法的现状和良好发展未来方向所提出的建议和方案。

（一）国际法治语境下"中国"的含义

探索中国的国际法治思想，在主体方面特别有必要剖析和甄别

---

① 钱静、肖永平：《全球治理视阈下的国际法治构建》，《学习与实践》2016 年第 11 期。

"谁是中国"这个问题。对谁是中国这样一个概念的分析，包含几个方面的意义。

首先，从地理的意义上讲，中国划分为几个不同的区域，也就是中华人民共和国大陆地区、香港特别行政区、澳门特别行政区，和尚未回归的台湾地区。按照这样的一个地理区域标准来进行划分，根据相关地区的资源、人员数量，以及相关机构的设置，就不难看出，显然大陆地区最有资格、最有能力代表中国。

其次，从中央和地方的关系来讲，中国作为一个单一制的国家，地方政府应当在对外关系上与中央政府保持一致。地方政府是中国整体的一部分，负责自身权利义务范围之内的事务。不过在国际事务上地方政府所持的立场观念应当与国家的整体思路和政策保持高度统一。

再次，从代表国家的具体人员上看，可以按照国际法上对国家代表的认知来予以分析。根据条约签订和习惯国际法形成要素中对国家实践的要求，可以代表一国政府的有该国的司法机关、行政机关、国家元首和政府首脑。[1] 所以，这些部门所表达的关于国际秩

---

[1] Crawford, James, *Brownlie's Principles of Public International Law*, 8th ed. (Oxford University Press, 2012), pp. 371–372; Klabbers, Jan, *International Law*, 2nd ed. (Cambridge University Press, 2017), pp. 48–49; Evans, Malcolm D., *International Law*, 4th ed. (Oxford University Press, 2014), pp. 170–171; Malanczuk, Peter, *Akehurst's Modern Introduction to International Law*, 7th ed. (Routledge 1997), pp. 39–41.

序、世界图景的认知和理解，都属于一个国家的立场。由此，中国政府各个部门，特别是中国国家领导人所提出的关于国际关系、国际法律体系的分析和评价，自然属于国际法治中国立场的一部分。

最后，需要说明的是，中国的学术研究界对国际法律秩序所进行的分析、评论、反思，虽然也在一定程度上代表着中国的立场和观点，但是除非该项研究受到了政府部门的委托，而且政府部门认可其代表性，否则应当仅仅被视为学术讨论，而不具有国家立场的地位。

（二）中国作为发展中大国的特殊性

当我们明确了可以代表中国发出声音的行为体之后，在思考国际法治的中国理论、中国观念的时候，还有必要进一步理清"何以中国"的问题。也就是，为什么要由中国来提出其具有自身特色的国际法治观念和理论？为什么中国有必要、有可能提出自身的国际法治观念？要分析这个问题，必须关注中国所处的国际地位和历史阶段。也就是说，提出国际法治的中国立场，是由中国在国际社会所处的地位和中国在当今这个新时代所面临的历史问题共同决定的。

对于一个良好的国际法律秩序应当建立在什么样原则和理念的基础之上，不同的国家基于不同的文化传统可能会提出不同的

　　　　　　　　　　　　/ 当代中国道路与智慧

观点。而从空间的角度看，中国是一个亚洲大国。作为亚洲大国，它不同于欧美大国。如果中国是一个与欧美国家具有同样历史背景和现实取向的大国，那么中国的价值观念、基本思路可能与既有的国际法思想理念差异很小，从而提出具有自身特色的国际法理念、国际法思维的可能性不大。而由于地理位置和文化心态的特性，中国作为非西方大国在世界格局中具有较为特殊和重要的地位，所能提出的观点和主张必然会与西方的观念和立场存在深刻的差异。[①] 这种差异就表现为我们在很大程度上代表了亚洲、非洲、拉丁美洲的地理心态和秩序主张，并且由此倡导一种国际关系的新秩序[②]，这是世界大变革时期最需要了解和把握的世界发展方向的新航标[③]。

同时需要关注的是，中国是一个大国，而不是一个中型或小

---

① 谭再文：《三大国际关系范式的理论构成及其与中国传统理论模式之比较》，《国际观察》2009 年第 4 期。

② 徐崇利：《新兴国家崛起与构建国际经济新秩序——以中国的路径选择为视角》，《中国社会科学》2012 年第 10 期。

③ 十九大报告指出："世界正处于大发展大变革大调整时期，和平与发展仍然是时代主题。世界多极化、经济全球化、社会信息化、文化多样化深入发展，全球治理体系和国际秩序变革加速推进，各国相互联系和依存日益加深，国际力量对比更趋平衡，和平发展大势不可逆转。同时，世界面临的不稳定性不确定性突出，世界经济增长动能不足，贫富分化日益严重，地区热点问题此起彼伏，恐怖主义、网络安全、重大传染性疾病、气候变化等非传统安全威胁持续蔓延，人类面临许多共同挑战。"

型国家。在地理上，它占据着相当大面积的领土和海洋，由此在海洋政策、环境政策等领域具有至关重要的影响；在人口上，中国迄今仍然是世界上人口最多的国家，所以在可持续发展的问题上中国有更多的关切和更大的发言权，在人权的实现方面有着更为深刻的责任和更具有说服力的经验；中国在人口控制和扶贫开发方面所做出的努力和贡献举世瞩目，如果没有这方面的努力，中国对世界的负面影响就会极为严重。在政治上，中国不仅在国内事务的处理上获得国际社会的普遍关注，而且会对周边国家产生直接影响，会对世界所有国家产生波及作用，并且是联合国安理会的常任理事国之一，直接参与国际事务的讨论和决策，对于世界和平与安全具有特别突出的重要责任。从经济上看，它有着全球第二的 GDP，这意味着它的经济发展态势和经济政策一定会对世界经济的总体发展步调、发展方式构成深刻的影响。这一点在中国已经推进的国际经济法律机制之中显示了出来，很多国家愿意积极加入中国所倡导的国际经济法律构架，例如亚投行，这就是作为大国地位的直接影响。我们当然不否认中小国家也同样可以提出具有自身特色的国际法理念、国际法思想，甚至国际法整体的方向性评估和指针。但是作为大国，它承载着更多的国际社会的期待，因而中国所提出的国际法治思想、国际法的认知和建议，更能够吸引国际社会的注意力。

/ 当代中国道路与智慧

（三）世界与中国所处的历史时期的际会

从时间节点上看，中国现在处于一个重要的战略机遇期。[①] 这具体表现为：中国与世界的关系出现了"东升西降"的新局面。所谓"东升西降"，就是西方国家的全球影响力在下降，而发展中大国在世界上的地位在不断提升。

在传统上长期主张全球化、推进全球化的西方发达国家由于民粹主义的泛滥，开始逐渐地走向了逆全球化的新阶段。[②] 西方的很多发达国家，对全球化进程产生了很大的忧虑，因而出现了全球化进程的逆转。之所以会出现这种逆全球化的情形，主要是有以下四个方面的原因。第一，原有的全球化进程出现了部分领域的突进，超过了人类社会生活的客观承受能力和需要。特别是在金融领域，

---

① 王立君：《世界格局的新变化和中国的战略机遇期》，《江淮论坛》2016 年第 2 期；秦亚青：《国际体系转型以及中国战略机遇期的延续》，《现代国际关系》2009 年第 4 期；杨毅：《战略机遇期的中国国家安全》，《教学与研究》2006 年第 4 期；杨洁勉：《美国的全球战略和中国的战略机遇期》，《国际问题研究》2003 年第 2 期。

② 对这一问题的研讨，参见赵可金《大众的反叛——第三波民粹化浪潮及其社会根源》，《国际政治研究》2017 年第 1 期；俞可平《全球化时代的民粹主义》，《国际政治研究》2017 年第 1 期；林红《当代民粹主义的两极化趋势及其制度根源》，《国际政治研究》2017 年第 1 期；吴宇、吴志成《全球化的深化与民粹主义的复兴》，《国际政治研究》2017 年第 1 期；蔡拓《被误解的全球化与异军突起的民粹主义》，《国际政治研究》2017 年第 1 期；佟德志《解读民粹主义》，《国际政治研究》2017 年第 2 期。

在人类的现有制度还不匹配的状况下，形成了高度全球化的跨国金融体系，这就难免形成了世界金融的彼此依赖。在缺乏全球有效的金融监管的情况下，就必然会构成全球性的金融危机。无论是1999年的亚洲金融危机，还是2008年美国次贷危机所带动的整体世界经济放缓，都是这种金融在操作层面的全球运行机制，与在制度层面缺乏全球性规制这一矛盾的体现。所以，很多人会认为全球化走快了，需要停一停，甚至倒一倒车。

第二，过去的全球化在方向上可能出现了问题。在冷战结束之后，全球化的进程明显加快，而全球化所依赖的思想观念，甚至可以被称为意识形态，是西方的自由主义理念。这种理念强调自由化、私有化，强调对个人的自由和财富予以保护，强调限制政府的监督和管理，鼓吹自由竞争。然而这种方式却没有真正有过多少有效的实验，很多都仅仅是书斋里的空想。这种自由竞争的模型一方面可能会引发垄断，另一方面可能会导致市场的混乱无序。从国际关系的角度看，考虑到发展程度、发展能力差异，推进自由竞争所有可能带来的不良结果，就是一些没有发展能力的国家在这种自由竞争中被剥夺、被排斥，所以马太效应会扩大，财富鸿沟和数字鸿沟相继出现，不发达国家的程度和数量在过去一段时间逐渐地增加而没有减少。这使得国际社会对自由主义的全球化模式产生了诸多的不满，由此构成了全球化遭遇阻碍的重要理由。

第三，全球化的引领者在世界上缺乏说服力，在以往的进程中，全球化都是以欧洲、美国，特别是美国作为引领者的，但是美国在国际社会中存在诸多的道德缺陷，特别是它一味地以自身的利益为指导、为出发点去决定其外交决策和行为指向，给很多国家和民众带来了诸多灾难以及难以接受的后果。这种方式使得美国在国际社会中的声誉急剧降低，即使是它的财富和强大军事实力也难以挽回它在国际治理中地位的下降。因而国际社会对美国所引领的全球化存在很多负面的情绪和反对的声音。

第四，全球化的原有引领者和带动者失去了继续引领全球化的信心和能力。在全球化的相当长时期之内，西方国家都充满信心地认为，全球化不仅可以促使它们自身能力的增强和财富的增加，而且会巩固它们在国际社会中的地位。甚至它们还残存着使原有的殖民体系继续维持、财富供应链条持续发挥作用的帝国主义、殖民主义思想。但是实践证明，在席卷诸国的全球化进程之中，事情并不完全是线性发展的。在很多时候，西方国家自己也会成为其主张的理论、原则和其所创制和依据的规则的受害者。在这类情况发生之后，它们对全球化进程就失去了信心和热情，因而，继续引领和推进全球化的思想就不再如以往那般明晰和迫切。

在这样的状况下，中国在过去数十年的发展过程中，已经在农业社会上叠加了工业社会的特质，并且特别发挥了信息社会的新模式所具有的后发优势，以网络的方式进行经济交往和政府治理，能力和水平不仅并不亚于传统强国，甚至在有些时候还强于传统强国。在政治上，中国的国际地位相对稳定，在很多国际事务上具有相对明显的决定权和话语权。在经济上，中国在世界经济中的体量平稳增长，地位上升趋势明显，这对于世界各国而言，都是非常具有吸引力和感召力的。在文化上，中国文化吸引了越来越多的关注，在世界上的很多学术研究机构和高等学校都有亚洲研究中心这样的部门，而在这些部门之中，中国研究、中国现象、中国问题又是其中的关键甚至是主要方面，这些现象表明中国在世界上的地位越来越重要。中国也开始关注自身在国际社会的地位和作用，因而形成了在外交①、安全②、发展等事务上的一系列新观念，这些观念构成了

---

① 十九大报告在回顾近年来中国外交举措的发展时，以"全方位外交布局深入展开"概括了相关工作。具体内容包括：全面推进中国特色大国外交，形成全方位、多层次、立体化的外交布局，为我国发展营造了良好外部条件；实施共建"一带一路"倡议，发起创办亚洲基础设施投资银行，设立丝路基金，举办首届"一带一路"国际合作高峰论坛、亚太经合组织领导人非正式会议、二十国集团领导人杭州峰会、金砖国家领导人厦门会晤、亚信峰会；倡导构建人类命运共同体，促进全球治理体系变革。我国国际影响力、感召力、塑造力进一步提高，为世界和平与发展做出新的重大贡献。

② 十九大报告指出："坚持总体国家安全观。统筹发展和安全，增强忧患意识，做到居安思危，是我们党治国理政的一个重大原则。必须坚持国家利益至上，以人民安全为宗旨，以政治安全为根本，统筹外部安全和内部安全、国土安全和国民安全、传统安全和非传统安全、自身安全和共同安全，完善国家安全制度体系，加强国家安全能力建设，坚决维护国家主权、安全、发展利益。"

/当代中国道路与智慧

国际法治中国观念的前提和基础。① 由此它就获得了主动推动和引领全球化以及全球治理的信心和能力。将这些观念和国际法的现实结合在一起，中国的国际法治理念就呼之欲出。②

这种"东升西降"的风云际会，使得中国有意愿、有信心、有动力去积极参与全球治理，去推动国际法治的形成与发展，去在国际政治经济等领域主导建构一个妥当的法治新秩序。

三　中国国际法治思想的资源基础

新时代中国的国际法治观念和国际法治理论，是中国思想与观念发展到当代社会的阶段性成果，是国际关系的理论和智慧与中国具体实践相互碰撞所生发的新文化。它们所汲取的资源包含以下四个方面的维度。

（一）近现代中国的历史经验

新时代中国国际法治思想是历史进程中所展现的观念、认知、建议与方案，所以它深深地植根于历史，特别是中国历史的情境之中。中国历史经验是中国国际法治思想的重要财富，既包括近代中

---

① 唐永胜：《国际体系变迁与中国战略选择》，载陈国平、赵远良主编《国际体系变迁与中国战略选择》，中国社会科学出版社，2017，第 72~77 页。

② 十九大报告明确提出，实现伟大梦想，必须建设伟大工程，必须推进伟大事业；实现中华民族伟大复兴，必须合乎时代潮流、顺应人民意愿，勇于改革开放。

国屈辱的历史，也包括当代中国在外交和内政上的探索。① 而其中近代中国的屈辱和奋斗是理解中国外交立场和国际法治观念的源泉。如果没有鸦片战争、《南京条约》、甲午战争、《马关条约》这样的历史经验和教训，中国可能就不会采取坚决反对帝国主义的外交路线和国际法治态度。②

　　因此，理解中国必须从近代中国，也就是 1840 年以来中国在国际关系之中所处的地位、所采取的措施、所获得的反馈入手，这是中国能够形成国际法治观念、国际法治思维、国际法治方案的最有力的解释。③ 而自 1949 年中华人民共和国成立以后，中国政府所采取的"一边倒"外交政策，后来发展成为与美国、苏联都处于较为对立的阶段，再到 20 世纪 70 年代外交采取了开放的姿态，包括进入联合国、与美国和日本正式建立外交关系，最后到邓小平时代的

---

① 中国对国际形势，对国际法的认知、理解、参与是在近代以后中国社会的剧烈运动中、在中国人民反抗封建统治和与外来侵略的激烈斗争中不断成熟、发展、变化、更新的。参见赖骏楠《国际法与晚清中国：文本、事件与政治》，上海人民出版社，2015，第 14 ~ 17 页。

② 郭廷以：《近代中国史纲》，上海人民出版社，2009，第 43 ~ 56 页、第 190 ~ 192 页；陈恭禄：《中国近代史》，中国工人出版社，2012，第 44 ~ 53 页、第 254 ~ 272 页。"甲午战争以后，由于严重的民族危机和民族资本主义的初步发展，使原来以著书立说为主的变法维新思潮，迅速形成具有一定群众性的变法维新政治运动。"见陈旭麓主编《中国近代史》，高等教育出版社，2010，第 219 页。正是因为有一系列的挫折和惨痛经历，实现中华民族伟大复兴才会成为近代以来中华民族念念不忘的最伟大梦想。

③ 曾涛：《近代中国与国际法的遭逢》，《中国政法大学学报》2008 年第 5 期。

　　　　　　　　　　　　　　/当代中国道路与智慧

改革开放，一直发展到 21 世纪初加入世界贸易组织等一系列的外交实践①，都是理解中国如何评价国际法、如何对待国际法的关键因素。半个多世纪以来，中国在外交与国际法律问题上积累的经验教训和思想实践是当代中国国际法治观的重要财富。② 中国的这些历史经验构成了中国政府长期主张、经常提及的国际关系准则和国际法原则的生态环境，与中国国际法治理念的塑造有着非常密切的关系。

（二）中国的传统思想文化

与中国的近现代历史中的现实境遇同时塑造着中国当代国际法治观念、国际法治理论的，还必然包括中国的传统文化和传统智慧。文化构成了整个社会的思维土壤，传统文化就是中国人思考问题挥之不去的背景。先秦时代，中国处在一个多国家较衡的状态。这种状态比起古希腊的斗争并无逊色。因此，在国际关系之中，如何运用规则、如何靠规则发展起自己的国家力量、国家影响，中国先

---

① 何沁主编《中华人民共和国史》，高等教育出版社，2009，第 25～27 页、第 198～203 页、第 248～254 页、第 517～521 页；郑谦、张化：《中华人民共和国史·1966～1976》，人民出版社，2010，第 100～102 页、第 367～373 页、第 377～382 页。

② 21 世纪以来，中国就在外交领域推进多边主义，在联合国、区域和周边层面的外交上深入参与，大力推进、建立互信、发展经济合作，坚持原则的坚定性与策略的灵活性相结合，逐步融入国际体系。参见齐鹏飞《中华人民共和国史》，中国人民大学出版社，2009，第 483～492 页。

贤一直在进行思考，并得出了很多有益的结论。先秦诸子对国家治理、国际事务处理的观点特别具有启示性。①

老子关于"小国寡民"社会场景的畅想，虽然在当代世界看起来已经非常不具有可能性，但是毕竟为中国推进全球治理的路径和方案提供了前车之鉴，而他所提出的"治大国若烹小鲜"的思想，则使我们有机会更加谨慎地思考国家治理和世界治理要采取的措施，要全方位地审视我们所预期采取的手段会不会对各种行为体形成过多的干扰。

孔子所倡导的用道义、礼制和信誉作为基点，去赢得国际关系中的权力、影响，促进国家之间的合作，形成国际和平的思维，对于当代的国际关系仍然是有指引意义的。而儒家所主张的和而不同、义以利先、德不孤必有邻等概念和论断，对于迄今为止中国所倡导的和平共处、求同存异的原则和义利观、发展观、安全管理都有着重要的指导意义。②

《孙子兵法》作为一本名为兵法的书，所强调的重点其实在于军事实力之外的因素，也就是一个国家的政治智慧、外交能力。孙子认为，如果能够在政治和经济的层面解决问题，就不至于发生战

---

① 阎学通：《借鉴先秦思想创新国际关系理论》，《国际政治科学》2009 年第 3 期；阎学通：《中国先秦国家间政治思想选读》，复旦大学出版社，2008。
② 杨伯峻：《论语译注》，中华书局，2015，第 203 页、第 212 页。有关分析，参见王日华《孔子主义国际关系理论与中国外交》，《现代国际关系》2011 年第 5 期；余丽、董文博《孔子国家间道义思想与当代国际关系建构》，《国际关系学院学报》2012 年第 3 期。

争。因此有一些国外的学者看了《孙子兵法》之后由衷地慨叹：如果英国人更早看到了这部书、读懂了这部书，大英帝国就不至于覆灭，甚至第一次世界大战、第二次世界大战都不至于爆发。这种"上兵伐谋、其次伐交"的思维，对于中国处理国际关系，特别是主张和平的国际法律秩序，具有非常重要的指引价值。① 在考虑战争问题的时候，孙子首先进入思维体系的，并不是片面的战争能力，而是在军队、战斗力背后所蕴含的人力资源和物力资源的成本，基于这些因素，孙子主张从经济节制的角度尽量地少用军队，这在一定程度上迎合了老子所说的"兵者不祥之器也"的论断。

与孙子的观点非常相近，当孟子被问及如何打赢战争的时候，他也首先讨论国家施行仁政于人民，使得人民愿意与君主和政府团结在一起进行斗争的思想，这种观念对于今天思考如何处理好内政和外交的关系是非常具有启示意义的。与此同时，孟子也进一步深入阐发了关于仁德、义利之间关系的理念，又特别提出"惟仁者为能以大事小""惟智者为能以小事大"的国际关系观念。②

类似的，《战国策》这样直接涉及国际关系的著作通过很多故

① 李零：《〈孙子〉十三篇综合研究》，中华书局，2009，第22~24页。
② 杨伯峻：《孟子译注》，中华书局，2016，第32页、第46页、第92页。相关分析，参见阎学通《王霸天下思想及启迪》，世界知识出版社，2009；包天民《孟子与世界秩序理论》，《国际政治科学》2010年第3期，第32~50页。

事表达了古代中国的政治谋略家对处理世界事务的思想和观念。①
正如《战国策》中高度重视人才的意义一样，《墨子》的《亲士》
篇一开始就提到了"入国而不存其士，则亡国矣"②。战略人才的重
要意义，于此种著述之中可见一斑。这些著述对我们如何看待外国、
如何形成本国的力量与形象、如何在国际斗争之中立于不败之地，
都提供了非常有益的素材。

而在先秦之后，中国史书中所记载的三国时期的实践，尤其是
在中国古典文学名著《三国演义》中对国家之间分合关系的总结归
纳，也是此后历代中国人看待世界和处理国际关系的理论宝藏。至
于宋代的苏轼、明代的王守仁③，乃至清代晚期的学者对世界事务
的观察、思考和评价④，更构成了我们当前去看清世界、妥当对待
规则，认知自身在国际关系中的位置和作用的智慧源泉。

（三）西方国际关系与国际法的优秀部分

新时代中国的国际法治观念、国际法治理论还离不开西方思想中

---

① 参见阎学通、黄宇兴《〈战国策〉的霸权思想及启示》，《国际政治科学》
2008 年第 4 期，第 79～102 页。

② 谭家健、孙中原：《墨子今注今译》，商务印书馆，2009，第 1 页。

③ 参见何波《论中国古代对"夷狄"的教化观》，《民族教育研究》2000 年第
3 期，第 55～63 页。

④ 参见周宁《天下辨夷狄：晚清中国的西方形象》，《书屋》2004 年第 6 期，
第 12～19 页。

的优秀部分。世界文化除了在有些方面确实体现出了地域性外，在诸多领域展示的是人类共同的智慧。因为人类自诞生之日起就面临着一些共同的问题，例如生命有限、事业无穷，例如资源稀缺、欲望无穷，人和国家都追求自身利益的最大化，由此形成了国家之间的冲突和矛盾，也形成了人与人之间的竞争。基于这样一些共性的环境，人们会有很多共同的思考。所以即使是西方人的思考，在很大程度上也会启迪着一代又一代的中国人去观察世界、思考国际关系的秩序与格局，并且为我们如何认识、如何设计世界的发展提供有益的启示。

从中国建设能力发展的进程看，既不能崇洋媚外，把西方的国际法思想、国际法论断不加批判地予以接受，直接视为我们的观点和思想，甚至奉为评判我们思想与认识的圭臬；同时也不能故步自封，完全抛弃属于人类共同智慧的部分，而试图抛弃前人的探索和思考、他们用汗水和智慧积累下的宝贵财富，从绿地开始、以朴素的头脑思考世界，从零开始拿出我们自己的理论和观念。人类之所以能够取得伟大的进步，之所以能够在相当短的历史时期内不断前进，取得其他物种无法取得的巨大成就，就是因为我们在知识和经验上有传承的能力。所以放弃传承、放弃借鉴，这本身就是不明智的。如果我们聚焦到国际关系和国际法的领域就不难看出，自从古希腊的修昔底德、希罗多德撰写历史①，

---

① Williams, Phil, Donald M. Goldstein and Jay M. Shafritz（eds.）, *Classic Readings of International Relations*, 2nd ed.（Wadsworth, 1999）, pp. 18 - 20, 222 - 230.

一直到 17 世纪格劳秀斯发表《海洋自由论》《论战争与和平法》①，西方世界对国家利益与国际公正的思考都给了我们很大的启发。而 17 世纪以后，欧美各国在国际制度建设方面所取得的经验和教训，就更是我们在理解国际秩序、确立国际规则的发展方向、参与全球治理的规则建设、引领世界格局的法治转型之中非常重要的借鉴。

（四）马克思主义的世界观和方法论

中国是一个由共产党领导的国家，共产主义是中国的意识形态。当然，这种意识形态并不停留于马克思主义的经典作家，中国的思想家和革命者同样还在实践之中不断反思、不断前进、不断发展、不断完善，形成了新时期的马克思主义思想，也就是中国特色社会主义理论。这样的思想和理论，总结着人类智慧对社会发展总体规律的认知和解释，渗透着共产主义 100 多年来探索实践的经验与教训。既包括对世界人民共同利益共同命运的追求，也包括对一个国家自身发展核心利益的高度强调和认真维护。当代中国的马克思主义，不仅有 19 世纪中叶以后马克思、恩格斯等经典作家对世界发展趋势的分析和评价，也包括 20 世纪以来苏联等国家在共产主义建设之中所取得的成就和面临的挑战、教训，更主要的是有中国自身实

---

① 杨泽伟：《国际法史论》，高等教育出版社，2011，第 96～110 页。

　　　　　　　　　　　　　　　/ 当 代 中 国 道 路 与 智 慧

践的基础。

马克思主义在俄罗斯（苏联）进行实践的过程中获得了变革和发展，出现了列宁主义。列宁和斯大林等苏联的领导者把原来马克思经典作家关于社会主义在何种条件下建立、在何种情况下建设发展的学说予以增补和改变，使得社会主义得以在资本主义最薄弱的链条取得胜利，并获得发展。而在中国，马克思主义又再度获得了修正和完善的给予，在不同的阶段形成了具体要求存在差异的中国特色社会主义思想，这种理论是在中国共产党领导中国人民争取民族独立、民族解放、民族发展、民族复兴的伟大征程中逐渐积累和丰富起来的。

无论是马克思和恩格斯的科学社会主义、列宁和斯大林的思想，还是毛泽东、邓小平、江泽民、胡锦涛、习近平的社会主义思想，各个时代的马克思主义理论的一个共同特点就是观念、主张与社会实践紧密相结合，思想、理论与现实境况直接联系在一起。马克思主义者从来不是空谈主义，而是面对问题。回望中国近百年来的发展进程，从武装革命夺取政权到社会建设的除旧布新，从在一穷二白中建立起社会主义到国富民强建设小康社会，从支持亚非拉各国人民的正义斗争到倡导和谐世界、人类命运共同体，与什么样的国家结为朋友，与什么样的国家进行斗争，就一直是中国在思想观念层面必须认真面对而且妥善解决的问题。

新时代中国国际法治思想及实践探析/

当代中国作为一个共产党领导的国家，马克思主义思想和灵魂指导的落脚点在于，我们不是靠革命的方式向世界输出意识形态，而是靠自身的经济发展起到榜样作用，通过在文化经济领域的合作构建人类命运共同体。[①] 这是新时代中国国际法治思想不可忽视的重要指导性理论。

纵贯古今，横连中外，中国当代的国际法治思想就是在丰厚的文化土壤思想园地中成长起来的参天大树；当代中国的国际法治理念、建议、方案，就是在广博的理论滋养和长期的实践探索中逐渐形成的立场与行动体系。

四　中国国际法治思想的形成

中华人民共和国成立以来，中国的国际关系认知、国际法观念乃至外交理念、外交方针，都被深刻地打上了一代又一代领导人学

---

① 十九大报告主张："坚持推动构建人类命运共同体。中国人民的梦想同各国人民的梦想息息相通，实现中国梦离不开和平的国际环境和稳定的国际秩序。必须统筹国内国际两个大局，始终不渝走和平发展道路、奉行互利共赢的开放战略，坚持正确义利观，树立共同、综合、合作、可持续的新安全观，谋求开放创新、包容互惠的发展前景，促进和而不同、兼收并蓄的文明交流，构筑尊崇自然、绿色发展的生态体系，始终做世界和平的建设者、全球发展的贡献者、国际秩序的维护者。"

识与风格的烙印。① 需要说明的是，新时代的中国国际法治观念，在先前积累的中国国际法知识、理解和操作方式的基础上，既有继承、又有发展，还有创新。

（一）新时代中国国际法治思想的立场继承

毛泽东很早就正确地揭示过人的正确思想从来不是天上掉下来的，也不是某些天才自然而然地创造形成的②，而是在人类智慧的继承和发展进程中形成的，是在人类不断的实践探索中形成的。由此可以推论，中国的国际法治思想当然也有着长期的思想承递关系。这种继承关系在前文分析中国国际法治思想的资源基础的时候已经进行了初步的阐发。其中始终坚守的部分就是对国家主权的尊重以及对不干涉内政原则的坚持。这实际上表明了来自对中国传统文化和中国特色社会主义的理论基本方向和核心论点的继承。仅从中华人民共和国成立以后的外交思想观念发展上，就

① 关于历史究竟是由人民群众塑造的，还是由英雄人物塑造的，历史唯物主义理论家进行了长期深刻的分析。比较妥当的认识是，既不能片面夸大英雄人物在引领历史中的重要作用，也不能刻意回避历史人物对于塑造历史和发展历史所起到的首倡和先导意义，正是由于这些历史人物，才能够激发起人民群众的巨大力量。而正是人民群众的巨大力量，才能够使得英雄人物的前瞻性论断和引领性倡议得以实施，铸造出历史进程中一个又一个行动的里程碑。

② 毛泽东：《人的正确思想是从哪里来的？（1963 年 5 月）》，载《毛泽东文集》（第 8 卷），人民出版社，1999。

不难看出，在1949年中华人民共和国刚刚成立的时候，毛泽东就代表中华人民共和国赴苏联进行谈判，并且由周恩来等外交家起草，与苏联签订了友好同盟互助条约。这个条约是中华人民共和国在成立之后形成的一个里程碑式的国际法文件。它在很大程度上意味着列强对中国剥削压迫、凌辱要挟的时代已经成为历史；它采取法律的庄严形式宣告：中国以一个独立自主的面貌重新出现在世界民族之林。

（二）新时代中国国际法治思想的倡议发展

中华人民共和国成立70年来，在国际法基本原则、国际关系基本理念方面的一个重要的发展，就是从最初的"和平共处"发展到了"合作共赢"，发展到了"共商共建"。[①] 形成互利共赢的国际法律格局、推进国际经济新秩序，是在20世纪90年代以后中国就一直在主张的一种秩序建构思维。而到了21世纪，就进一步发展为共商、共建、共赢，这显然是在和平共处的基础上的一大进步，国家之间并不仅仅是处于同一个框架之内，而是为了一个互相促进的目

---

① 十九大报告明确提出："中国将高举和平、发展、合作、共赢的旗帜，恪守维护世界和平、促进共同发展的外交政策宗旨，坚定不移在和平共处五项原则基础上发展同各国的友好合作，推动建设相互尊重、公平正义、合作共赢的新型国际关系。"

/ 当 代 中 国 道 路 与 智 慧

标而努力，形成一个共同发展的群体。

共商、共建、共赢是随着国际社会大趋势的发展，以及中国自身能力的提升，而对国际关系、国际法律格局提出的进一步的要求，是在以往和平共处的思维前提下的进一步拓展，是升级版的和平共处原则。如果说"和平共处"还是一个相对消极的思维模式的话①，那么，互利共赢就变得更为积极，它追求国家之间以彼此协调、同样获益、相互促进、共同发展为目标的合作，更强调国家之间的伙伴关系，而不仅仅是彼此没有深度接触，如原子一般存在于地球之上，这就为彼此协助谋划一个共同的未来奠定了基础。

（三）新时代中国国际法治思想的理念创新

客观实践不断地发展变化，促动着理论和制度相应的沿革和创新。② 中国的国际地位不断上升，国际形势不断地变化，这也就推

---

① "和平共处"这一概念的公认翻译是"Peaceful Coexistence"，但笔者认为，中文的"共处"一词在含义上溢出了"Coexistence"（共存），而是有"Interaction"（互动）的含义。如果这个理解站得住脚的话，那么当初中国提出这一原则的态度就比单纯的"共存"要积极一些。

② 十九大报告积极倡导理论的发展与创新，特别提出："时代是思想之母，实践是理论之源……实践没有止境，理论创新也没有止境。世界每时每刻都在发生变化，中国也每时每刻都在发生变化，我们必须在理论上跟上时代，不断认识规律，不断推进理论创新、实践创新、制度创新、文化创新以及其他各方面创新。"

动着中国国际关系理念、中国国际法治思想的演化和更新。新时代中国国际法治思想的理念创新就是中国根据国际社会、全球治理的新阶段，根据中国与国际格局互动的新状态而向世界阐述的全球治理体系变革的新主张、新理念、新构想、新举措。[1] 其中最为突出的就是中国提出了"人类命运共同体"这样的新概念，并就国际社会发展的方向阐释了自己的理解。[2] 在以往中国政府和领导人也提出过一些关于世界格局的认知，比如中国在冷战时期曾经判断，在短时期之内不可能打起世界大战；在 20 世纪 80 年代的时候，邓小平曾经提出和平与发展是世界的基本主题[3]。到了 21 世纪初，中国领导人提出了建设和谐世界的主张。而到了新一代领导人开始主导中国的外交政策的时候，就提出了要实现"中国梦"的目

---

① 曾令良：《推进国际法理念和原则创新》，载肖永平、黄志雄编《曾令良论国际法》，法律出版社，2017，第 93 页。

② 十九大报告"呼吁各国人民同心协力，构建人类命运共同体，建设持久和平、普遍安全、共同繁荣、开放包容、清洁美丽的世界。要相互尊重、平等协商，坚决摒弃冷战思维和强权政治，走对话而不对抗、结伴而不结盟的国与国交往新路。要坚持以对话解决争端、以协商化解分歧，统筹应对传统和非传统安全威胁，反对一切形式的恐怖主义。要同舟共济，促进贸易和投资自由化便利化，推动经济全球化朝着更加开放、包容、普惠、平衡、共赢的方向发展。要尊重世界文明多样性，以文明交流超越文明隔阂、文明互鉴超越文明冲突、文明共存超越文明优越。要坚持环境友好，合作应对气候变化，保护好人类赖以生存的地球家园"。

③ 邓小平：《和平和发展是当代世界的两大问题》，载《邓小平文选》（第 3卷），人民出版社，1993，第 104～106 页。

标。"中国梦"并不是一枝独秀的梦，而是世界共同繁荣的梦。中国梦的实现有助于世界各国人民得到更加充分的发展，有可能为世界赢得更加美好的未来。这种对人类命运共同体的阐述并不仅仅是口头上的倡导，中国政府更注重在国际法律制度中通过亚投行、"一带一路"倡议①、金砖国家新开发银行、上海合作组织等一系列举措和机制予以推进。这表明中国不仅仅要一个有法律的世界，而且要一个存在好法律的世界；不仅仅要一个法律在运行的世界，而且要求一个法律良好运行的世界。包括人类命运共同体在内的一系列国际关系、国际法治的新主张，以及一整套相应的制度设计，都表明了中国在国际法治领域的创新意识和创新能力。

五　中国国际法治思想的主要维度

从对国际法治的一系列观念和主张来分析和归纳，可以看出，中国的国际法治思想有以下几个方面的特质。

---

① 对这一问题的初步探索，参见何志鹏《国际法治的中国方案——"一带一路"的全球治理视角》，《太平洋学报》2017 年第 5 期。

（一）强调主权独立，反对干涉侵略

主权平等是对一个国家国际法主体、国际关系行为体基本资格的认可，同时也是对不干涉该国内政的许诺。认可每一个国家是具有平等身份的主权者，是西方社会自威斯特伐利亚和会以来形成的国际秩序的基石。国际法是国家之间的规则。超越了国家，国际法就无处存身。尽管在未来的国际社会体系之中，可能通过不断的变革，呈现全球统一的体系，那个时候法和国家可能都消亡了。在我们可见的历史时期之内，这种形态仍然不会出现。不过这种表面上平等的秩序却仅仅是在有限的国家之间存在的，针对基督教文明之外的国家，它们经常采取剥夺压榨的手段和歧视的态度。因此，不仅在西方国家之间经常出现战乱与纷争，在西方国家与东方国家之间更是经常呈现以各种各样的名目出现的征伐，坚船利炮导致丧权辱国的条约，最终形成了不平等的国际法律秩序。① 20 世纪以来，随着国际联盟和联合国这样的全球性国际组织的运行，国家之间显而易见的不平等已经被消除了，然而，基于军事、政治、经济等原因素而造成的实质上的不平等仍然长期而

---

① 周恩来曾经提到，在非洲，我们印象最深刻的是，受所谓"西方文明"压迫和剥削了四五个世纪的非洲人民，比亚洲人民受到的苦难更多更深。参见《周恩来外交文选》，中央文献出版社，1990，第397页。

广泛的存在着。大国为所欲为，小国忍所能忍，在很多时候仍然是当今国际关系的写照。

实现主权平等的方式是多样的，但核心在于确保国家的自主、国家自身的自强。一个国家的独立自主是国际合作的前提和基础。如果没有由于独立自主、自力更生而奠定的发展能力，则根本无法合作，无法形成合作的可能和目标。因而，自强联合是国际经济发展的重要原则。进而，在国际缔约阶段，主权平等主要体现在各种条约关系之中，无论是身份性的条约，还是具体事务性的条约，大国对小国不应当采取欺压的态度。当然，反过来，小国对大国也不能采取欺压的态度。在世界上，有的时候大国会利用自己的强势地位欺压小国；但有的时候小国也会利用自己的弱势地位强迫大国。这正像很多时候街上的小乞丐会抱着军人的大腿无赖地要求军人给钱、在公共汽车上某些老人会利用自己的年龄而强迫年轻人给其让座一样，弱势地位有时候会构成一种道德优势。而在国际关系上，如果这种道德优势被滥用，就会变成胁迫大国的工具。在条约关系中坚持法律地位的真正平等，基于真正的自愿而形成合作和交往才是主权平等的真谛。

而在当前的环境之下，就必须高度重视国家本身存在的重要意义，不能够一厢情愿、充满理想主义情怀的去想象世界法律、全球规范；

不能用某一种单方认知的所谓全球共同价值去要求所有国家必须遵守。在这里需要注重三个重要的思路。(1) 国家的独立和平等是国际社会得以存在和健康发展的前提和基础，也就是说国家必须首先成为一个国家才能够考虑国际关系和国际法治。必须将国家的安全放到最重要的位置①，国家安全了才有国际社会、国际关系、国际法可言。(2) 全球共同的思想观念和利益追求必须在全球共同协商的基础上才能实现，而绝不能是单方宣布强压给其他国家和文化的。(3) 国之家之间彼此尊重、相互不侵犯是国际社会得以健康存在的前提和基础，而试图将这一前提进行改换，无论是出于何种美好的理想，当人类的资源能力和制度建设能力无法达到这一目标的时候，就会给人类带来灾难。即使是良好的初衷，也可能会导致凶残的结果；如果国家之间处于冷战思维、出于文化优越感或者是地缘政治的初衷去采取对其他国家政府颠覆的手段，就更会给国际社会带来严重的、灾难性后果。

中国长期是不平等的国际关系的受害者，所以对这样的不平等充满着刻骨铭心的伤痛感。这就可以理解，为什么中国长期高度赞

---

① 十九大报告明确要求："有效维护国家安全。国家安全是安邦定国的重要基石，维护国家安全是全国各族人民根本利益所在。要完善国家安全战略和国家安全政策，坚决维护国家政治安全，统筹推进各项安全工作。健全国家安全体系，加强国家安全法治保障，提高防范和抵御安全风险能力。严密防范和坚决打击各种渗透颠覆破坏活动、暴力恐怖活动、民族分裂活动、宗教极端活动。加强国家安全教育，增强全党全国人民国家安全意识，推动全社会形成维护国家安全的强大合力。"

成、争取国家的主权和平等①，为什么主张亚非拉美等地的发展中
国家必须独立自主②，为什么更倡导发展中国家自力更生③，并且非

---

① 毛泽东指出，中国政府反对帝国主义对中国在政治经济文化等方面的控制权，希望我们的国家是独立自主的，当然我们也会尊重其他国家的独立自主，而不会去考虑控制其他国家。我们一方面提出愿意同世界各国人民友好合作，另一方面也明确提出，任何外国不得干涉中国内政，我们只能在平等互利、互相尊重主权和领土完整的基础上建立外交关系。参见《毛泽东外交文选》，中央文献出版社、世界知识出版社，1994，第8页、第88页、第91页。

② 毛泽东指出，中国人民早已声明，全世界各国的事务应由各国人民自己来管，亚洲的事务应由亚洲人民自己来管（《毛泽东外交文选》，中央文献出版社、世界知识出版社，1994，第137页）；亚非国家要团结、和平、独立（《毛泽东外交文选》，中央文献出版社、世界知识出版社，1994，第242页）。周恩来也强调，亚洲人民自己的事情应当由亚洲人民自己来处理（《周恩来外交文选》，中央文献出版社，1990，第10页）。1973年2月3日，周恩来重申，第三世界国家要自主地发展民族独立经济。亚非各国人民深深地懂得，独立的取得主要依靠各国人民自己的斗争，独立以后发展民族经济、建设自己的国家，也首先需要依靠各国人民自己的力量，自力更生、奋发图强，这是一条信任人民群众、依靠人民群众、发展民族经济、实现完全独立的道路（《周恩来外交文选》，中央文献出版社，1990，第394页）。

③ 中国领导人多次强调：照搬经验是不能成功的，要独立思考（《毛泽东外交文选》，中央文献出版社、世界知识出版社，1994，第311页）；要有独创精神，学习与创造相结合（《毛泽东外交文选》，中央文献出版社、世界知识出版社，1994，第312页）。1958年，中国领导人主张，要以自力更生为主，以争取外援为辅（《毛泽东外交文选》，中央文献出版社、世界知识出版社，1994，第318页）。不迷信成说，不迷信专家，鼓励探索（《毛泽东外交文选》，中央文献出版社、世界知识出版社，1994，第332～333页）。周恩来曾经说，第三世界国家面临的困难状况，从根本上说是长期的殖民统治和帝国主义侵略留下的恶果，发展中国家除了相互帮助以外，最根本的还是要依靠自己的力量，也就是说以自力更生为主，以外援为辅（《周恩来外交文选》，中央文献出版社，1990，第497～498页）。

常明确地阐释，中国自己不会形成不平等的国际秩序，不会称霸于世界①。中国所设想的国际法律秩序必然建立在国家的生存和人格平等的基本格局之上，这是中国国际法治观的基础和底色。中国基于自己的历史和现实、传统文化与意识形态，提出了不干涉、不侵犯、不称霸的基本思路，成为中国国际法治观念和思想的奠基石，也是中国推进国际法治秩序的底线思维。

（二）尊重人格平等，倡导文化多元

包容互鉴是对国家文化尊严的肯定，并以此形成彼此尊重、平等对话的文化心态。之所以在国际法治的理想中要有包容互鉴，是因为东西方文明各有不同，但不同的文明都有它的光彩之处。应当看到各种各样文明的长处，要充分发挥各种文明的优势，在心理上予以同样的尊重。不能够将某一种文明视为真正的、先进的文明，而将其他的文明视同野蛮。只有多样文化的世界，多姿多彩的世界，百花齐放的世界，才会是一个可持续发展的世界。否则，如果仅仅用同样的思想去看问题，用同样的话语去表达问题，那么世界的未来会是非常值得忧虑的。失去多样文明的世界，会是一个越来越萎

---

① 周恩来提出，如果不坚决贯彻独立自主的立场，就会成为卫星国，仰帝国主义的鼻息，就会成为从属国家，因此在坚持独立自主上不能放松。参见《周恩来外交文选》，中央文献出版社，1990，第405页。

/ 当代中国道路与智慧

缩、越来越失去想象力的世界。国际法律秩序已经有了 400 余年的历史。然而，这种基本秩序却长期仅仅在西方国家之间获得认可，亚洲、非洲、美洲的非西方国家却被视为非文明国家，西方国家不承认它们具有同等的身份，同样也不愿意对这些国家适用同样的国际法。①

在国际关系中真正做到包容互鉴需要很多努力。包容互鉴的实现方法是在心理上形成一种由衷的肯定和尊重。可以理解，相互尊重是一种基于文化多样性的宽容态度，其宗旨在于对文化不宽容、文化霸权主义和大国沙文主义心态的反对。

在中华传统文化的指引下，中国长期强调尊重。② 早在中华人民共和国成立预备的时期，毛泽东同志就提出了这种相互尊重、平等相待的观念。③ 当时的中国经历了 100 多年被压迫、被歧视的半封建

---

① 毛泽东指出，包括欧洲在内的西方帝国主义者自认为文明实际上很野蛮。参见《毛泽东外交文选》，中央文献出版社、世界知识出版社，1994，第 320 页。

② 《周恩来总理在亚非会议全体会议上的补充发言（1955 年 4 月 19 日）》，载宋恩繁、黎家松主编《中华人民共和国外交大事记·第一卷（1949 年 10 月至 1956 年 12 月）》，世界知识出版社，1997，第 344~346 页。

③ 尊重一个国家的主权和独立，在平等的基础上展开交流对话，保证互不侵犯。这种侵犯不仅包括在领土上的侵犯，也包括不侵犯对方的经济利益和文化环境等方面的利益，只有保证了这样一种基本的状态，才能够保证世界的和平，才能够使得世界的交往合作继续下去。所以，主权平等是国家之间能够合作寻求发展的前提和基础，是国际法治的底线思维，也是国际法治得以实现的最基本的要求。

半殖民地时期，中国人民、中国政府、中国领导人深知在人格上被忽视的痛楚，所以积极支持并一再重申孙中山主张的"联合一切平等待我之民族"的思想。① 这种思想在中华人民共和国成立以后，于1953～1954年形成了周恩来总理所总结的和平共处五项原则，这五项原则以"互相尊重主权和领土完整"为起点。② 很多人可能都注意到了"主权和领土完整"这些客体，但是其方式也同样非常重要。方式就是"相互尊重"，其中尊重一词表达了国家之间关系的态度，而良好的态度显然是非常重要的。③ 这是一种在文化心态上平等的态度，一种愿意去平等交流的态

---

① 早在1947年的时候，当时中国共产党的领导人就提出了"同外国订立平等互惠通商友好条约，联合世界上一切平等待我之民族共同奋斗"的主张（《毛泽东外交文选》，中央文献出版社、世界知识出版社，1994，第63页）。这就充分证明，在中国共产党和中国政府的心目之中，平等互惠、共同奋斗，一直就是一个国际关系、国际法律制度的基石性原则。

② 中国的外交政策，以和平共处五项原则为基础，与所有国家建立和平友好的关系（《毛泽东外交文选》，中央文献出版社、世界知识出版社，1994，第246页）；和平共处五项原则为传统友谊提供了新基础和新发展（《毛泽东外交文选》，中央文献出版社、世界知识出版社，1994，第289页）。

③ 1949年10月1日，中国政府所公布的和外国政府建立外交的原则就包括："向各国政府宣布，本政府为代表中华人民共和国全国人民的唯一合法政府，凡愿遵守平等、互利及互相尊重领土主权等项原则的任何外国政府，本政府均愿与之建立外交关系。"（《中华人民共和国中央人民政府公告》，《人民日报》1949年10月2日。）此后，中国最高领导人反复提到：对于其他的国家文明而言，中国不仅要做到不侵略，而且要做到尊重，当作兄弟来看待（《毛泽东外交文选》，中央文献出版社、世界知识出版社，1994，第229页），中国不会翘尾巴，如果翘尾巴，其他国家可以批评，愿意向各个国家来学习（《毛泽东外交文选》，中央文献出版社、世界知识出版社，1994，第234页）。

度，一种进行平等研讨的态度，只有具有了这样的态度，才能够确立好的国际法律规范，才能够形成好的国际法律制度。如果在那个时候，"相互尊重"还仅仅是对"主权"和"领土完整"的一种态度的话，那么，到了1955年的万隆会议中国提出的求同存异的主张，实际上就构成了一种对不同文明和观点从内心的尊重。这种主张获得了诸多国家的认可，并且对提升中国的国际声誉起到了显著的作用。即使在文化大革命时期，极"左"思想曾经短暂地占据过中国外交事务①，但是中国领导人始终要求中国政府和外交人员保持谦虚谨慎②，避免将自己的意见强加于人③。这表达了中国在文化上期待着与其他

---

① 关于中国极"左"思潮干扰外交的情况，参见周恩来总理1971年8月7日的谈话。见《周恩来外交文选》，中央文献出版社，1990，第481~484页；黎家松、廉正保主编《中华人民共和国外交大事记·第三卷（1965年1月至1971年12月）》，世界知识出版社，2002，第420~423页。

② 早在20世纪中叶之后，中国领导人就提出，要谦虚谨慎，不翘尾巴，要学习1万年（《毛泽东外交文选》，中央文献出版社、世界知识出版社，1994，第239页）。毛泽东曾经提到，中国要学习包括波兰在内的各个国家的先进经验（《毛泽东外交文选》，中央文献出版社、世界知识出版社，1994，第313页）。

③ 毋庸讳言，在外交方面，中国曾经有一段时间进入了"左倾"的心理状态，会强迫其他国家接受我们的意识形态和思想观念，但是我们很快就扭转了这种错误的做法。从毛泽东到邓小平，一直到现代的领导人，中国的各个领导集体的核心都始终保持一种谦和、低调、合作的态度，愿意向其他国家学习，愿与其他国家共享中国发展的经验和教训，这就是一种文化多样性文明相互尊重、相互借鉴、共同前进、共同发展的理念。

国家平等相待、平等相处的基本思维。①

中国的国际法治思想深刻地体现出对平等的珍视。从历史经验来看，中国曾经长期遭到不平等的对待。这种不平等不仅体现在自1840年以后被帝国主义所欺凌，而且体现在中华人民共和国成立之后，苏联共产党曾经以"老子党"自居，对中国共产党采取不平等的对待。这种对国家发展方式和国家之间合作战略的设计，给中国领导人和中国人民很大的刺激；中苏两国的论战，以及在相当长时间之内的比较对立的相互关系，就是这种不平等对待的结果；也是中国人民对不平等对待的反抗心态的一种反映。② 因而，在相当长

---

① 毛泽东曾说，数十年后中国工业化之后可能翘尾巴，可能腐化，可能会官僚主义，可能会进入大国主义骄傲自大，这些都是中国必须谨慎避免的问题（《毛泽东外交文选》，中央文献出版社、世界知识出版社，1994，第283页）。他还明确主张与苏联求同存异，在对外宣传方面要谦虚谨慎，保持一种学习的态度（《毛泽东外交文选》，中央文献出版社、世界知识出版社，1994，第257~258页）。类似的，他提出，我们反对大国沙文主义（《毛泽东外交文选》，中央文献出版社、世界知识出版社，1994，第256页）。在国际上反对大国主义，不要翘尾巴，要夹起尾巴做人，要非常谨慎小心，不盛气凌人，要遵守和平共处五项原则，被欺负的滋味儿不好受，因为中国有过被欺负的历史，所以我们不希望再次重复这种历史，我们也不愿意把这种历史复制到其他国家的身上（《毛泽东外交文选》，中央文献出版社、世界知识出版社，1994，第251~256页）。

② 邓小平：《结束过去　开辟未来》，载《邓小平文选》（第3卷），人民出版社，1993，第291~295页。

　　　　　　　　　　　／当代中国道路与智慧

的历史时间之内，中国格外强调国与国之间的平等。①

中国的外交政策之中就已经形成了积极"联合世界上平等待我之国家、民族，共同奋斗"这样的立场，这种思路从孙中山就开始了。② 不过，因为孙中山没有长期、真正领导过中国外交，中国的很多机会在军阀混战的阶段被耽误和搁置。在和平共处五项原则公布之前，毛泽东就系统地阐释了以平等为核心因素的中国外交理念，而且能够形成具体的政策措施。③ 而和平共处五项原则提出以后，中国以平等为底线思维的国际法原则立场就始终得以坚持。④ 所以，追求独立与平等的国

---

① 毛泽东：《论人民民主专政》，载《毛泽东选集》，人民出版社，1991，第1472～1475 页。

② 吴东之主编《中国外交史·中华民国时期（1911～1949）》，河南人民出版社，1990，第 141 页。

③ 毛泽东：《否认一切卖国外交》，载《毛泽东外交文选》，中央文献出版社、世界知识出版社，1994，第 63 页；毛泽东：《中国政府和外国政府建立外交关系的原则》，载《毛泽东外交文选》，中央文献出版社、世界知识出版社，1994，第 116 页；毛泽东：《大国小国应当平等相待》，载《毛泽东外交文选》，中央文献出版社、世界知识出版社，1994，第 334 页。

④ 毛泽东：《和平共处五项原则应该推广到所有国家关系中去》，载《毛泽东外交文选》，中央文献出版社、世界知识出版社，1994，第 163～176 页；毛泽东：《和平共处五项原则是一个长期的方针》，载《毛泽东外交文选》，中央文献出版社、世界知识出版社，1994，第 177～196 页；邓小平：《和平共处原则具有强大生命力》，载《邓小平文选》（第 3 卷），人民出版社，1993，第 96～97 页；邓小平：《以和平共处五项原则为准则建立国际新秩序》，《邓小平文选》（第 3 卷），人民出版社，1993，第 281～283 页；习近平：《弘扬和平共处五项原则　建设合作共赢美好世界》，《人民日报》2014 年 6 月 29 日，第 2 版。

际关系理念在中华人民共和国成立以后一直体现得非常清晰，这种对平等的珍视也就构成了中国所倡导的国际法治秩序的底色。它不仅体现在我们要求其他国家平等待我，而且体现在我们对其他国家平等的要求和对待。中国会对弱小国家采取较为妥当的对待措施，进行经济上的援助，而不要求它们在思想意识观念以及政策上根据我们的要求予以变革，这是中国的援助政策和西方援助政策的一个显著差别。这种思维在国际关系中进一步体现为中国长期反对霸权主义：既反对其他国家的霸权主义行径，也坚决表明自身不会成为霸权国家：在 20 世纪 50~60 年代的时候是这样，在 21 世纪的今天仍然如此。在毛泽东时代，中国就反复强调过不称霸[1]；在邓小平1974 年到联合国参加特别大会提出中国主张的时候，也再次表明了不称霸的观念[2]；这一点从毛泽东与外宾的谈话到邓小平在联合国大会的发言中都有明确的立场[3]。

　　而在改革开放之后，中国共产党的多次全国代表大会的报告中，都

---

[1] 《毛泽东外交文选》，中央文献出版社、世界知识出版社，1994，第 228 页、第 231~232 页、第 256 页。

[2] 邓小平：《在联合国大会第六届特别会议上的发言》，载《邓小平文集·1949~1974 年》（下卷），人民出版社，2014，第 345~355 页。关于背景及影响，参见当代中国研究所编《中华人民共和国史稿·第三卷（1966~1976）》，人民出版社、当代中国出版社，2012，第 204~205 页。

[3] 廉正保主编《中华人民共和国外交大事记·第四卷（1972 年 1 月至 1978 年12 月）》，世界知识出版社，2003，第 369~380 页。

　　　　　　　　　　　　　　/ 当 代 中 国 道 路 与 智 慧

明确地将相互尊重作为国际关系的基调主张。十四大报告之中提到"国与国之间理应相互尊重",十五大报告进一步重申"国与国之间应当相互尊重";十六大报告主张在国际关系上,国家之间应当在政治上相互尊重;十七大报告做了和十六大报告同样的陈述,在对外关系方面指出,在政治上要相互尊重。而习近平在十九大报告中将相互尊重提到了新型国际关系的特征或表现的层次①,这应当被理解为一种观察视角和对待方式的提升;或者说,在相互尊重这个问题上有了更高的认知和定位。

(三)引领公正实效,反对清谈空想

公正有效是对国际法权利义务配置均衡性的要求,同时,也涉及使国际法更为有效地被国家尊重认可和实施的含义。公正有效的国际法治秩序是持久和平的良好保证。公正有效的核心在于利益不进行单方的传导,而是向参加各方方平等的配置。根据在法律制度和体系之中所确立的权利义务责任安排,贯彻权利与义务相对等、收益与贡献相挂钩、责任与行为相适应的基本体制。在相当长的历

---

① 十九大报告重申:"中国坚定奉行独立自主的和平外交政策,尊重各国人民自主选择发展道路的权利,维护国际公平正义,反对把自己的意志强加于人,反对干涉别国内政,反对以强凌弱。中国决不会以牺牲别国利益为代价来发展自己,也决不放弃自己的正当权益,任何人不要幻想让中国吞下损害自身利益的苦果。中国奉行防御性的国防政策。中国发展不对任何国家构成威胁。中国无论发展到什么程度,永远不称霸,永远不搞扩张。"

史时期内，当国际法处于帝国体系或者殖民体系的状态之下时①，国际秩序中的利益总是由边陲国家向核心国家输送，而核心国家则仅仅向边陲国家提供价值观②。简言之，即殖民大国（帝国）通过愚民的方式要求弱小国家提供利益，促进自身发展和富庶。这些弱小国家尽管在短期可能没有明确地认识被侮辱和被损害这一状况，但是经过一段时间它们一定会觉醒。这种觉醒后新的思想观念最终会促进国际社会的不平衡、不安定，也会使相关的规则无法有效地运行。

故而，与国际法规则不够公正这一现实相联结的，就是国际法的规范也很难有效实施。这主要是基于两个原因。第一，就是大国总有一种例外主义的心态，它们认为国际法规则主要是为小国订立的，主要是为小国之间发生了纠纷而确立的一套争端解决程序，而大国却不需要受这些规则所约束，不被这些法律体制所左右，因而它们就不会去遵守相应的规则，并且经常将违背规则的行为说成是对规则的更新和发展。第二，相关的规则公正性不足，也使得一些小国怠于履行义务，不愿意去按照规则行事。也就是说，在规则的进程和内容存在着不公正的时候，相关规则的效力就受到了不良影

---

① Klabbers, Jan, *International Law*, 2nd ed. (Cambridge University Press, 2017), pp. 8 – 10.

② 〔美〕伊曼纽尔·沃勒斯坦：《现代世界体系》（第一卷），郭方、夏继果、顾宁译，社会科学文献出版社，2013，第 421 ~ 430 页。

/ 当 代 中 国 道 路 与 智 慧

响。公正和有效总能够联系起来，是国际法的运行得以真正落实的关键。

公平正义是对国际秩序理念的追求，不仅仅要形成表面上的平等，更要在结果上体现出国际秩序架构的公正，要让每一个国家都感受到国际法律机制的平等适用，对维护国际和平和安全有更明确的期待。要使得公正有效的国际法治秩序得以实现，需要各个国家都形成广泛、长远的利益观念。当代社会的国际关系并不是简单的付出和索取的关系，而是一种多层次合作、复合相互依赖的关系。此时，公正意味着合理确立权利与义务的界限。

中国长期是不公平、不正义的国际法律秩序的受害者，所以中国长期努力试图结束国际社会中不公正、不合理的方面，主张建立公正合理的国际政治经济新秩序，这一点在中国历代领导人的谈话、中国政府在联合国等国际组织中的立场以及和政府的工作报告中都有体现。而在很多国际事务的具体操作中，中国也用实际行动推动的公平正义。① 中国所主张的国际法律体制更希望能够超越语言的层面，而进入实际行动的层面，在中国的文化传统之中，有着"行胜于言"的思想，所以中国在对国际关系、国际制度进行评价的时候，也格外注重这些制度主张和组织架构能不能够真正地转换成国

---

① 韩念龙主编《当代中国外交》，中国社会科学出版社，1987，第 322 ~ 326 页。

家的行为指南、国家权利义务与行为方式有效配置方案。习近平在很多国际事务的讲话中都提到了避免清谈而加紧合作、努力实际采取行动的观点，这种观点不仅是中国传统文化的现代体现，从管理学上讲，也是要求提升执行力的一种表现。要求国际法律体制能够付诸实施、有效地转化为国际秩序的现实中国文化是传统与现代的完美结合，既有中国文化的特征，又对于国际事务的发展具有极为重要的指引意义。

由于国际社会的无政府体系，国际法处于一种没有中央权力的分散状态，故而很多国际法律规则的实施能力比较差，很多国际法律机制仅仅限于虚设，而不能够真正要求国家去做什么。在很多时候，国际法所确立的权利义务和责任都取决于国家自身的意愿，在国家没有这方面的意愿的时候就不能够强制性地要求国家采取某些行为，国际制度目标就不能够落实、不能转化成国家的有效预期，这对于国际关系的平稳发展显然是不利的。因而，在 21 世纪要想构建起更令人信任和可预期的国际制度体系，就必须着眼于其可实施的特征。所以中国所倡导的"坐而论道不如起而行之"的观点，实际上是切中国际法之时弊，推动国际法治真正实现的重要领域和关键环节。

（四）推进互利合作，寻求共建共赢

互利共赢是在前面国际法所构建的国际关系秩序的前提下，国

家之间充分合作，实现对所有的国际关系参与者都有利益，并且是所有的国际关系参与者都能从中获取发展机遇的要求。合作共赢是一个以合作的方式达到共赢目标的构想。互利共赢的理念创见在于超越传统的零和博弈思维，甚至负和博弈的国际关系思想；超越传统现实主义将国家间的关系仅仅理解成为权力而斗争的关系，超越霸权衰落理论所认为的国家，特别是顶级大国经常会挑战既有的大国并取而代之，甚至在取而代之的过程中需要进行一场战争的思路，也就是在国际关系理论领域经常提到的"修昔底德陷阱"。

在相当多的国际关系理论家看来，当一个国家获得经济政治方面的提升的时候，在其他国家就一定会导致利益下降。国家之间是一种为权力而进行竞争甚至斗争的关系，在这种情况下，国家之间势必会形成零和博弈或负和博弈。而中国主张的思想核心是正和博弈，即国家找到彼此的共同利益基点、利益目标，通过彼此充分有效合作的方式，达成共同利益的提升。国际社会确立起一种合作共赢的理想，有助于国家之间重新界定彼此的利益关系，通过守望相助建构起命运的共同体。这种合作共赢观点对于国际关系理论而言是一个发展和创新。合作共赢就意味着，国家之间认定，彼此耐心沟通、充分协商所形成的合作关系、合作机制，有利于双方的发展，特别是最终能够惠及民众，使得人们能够在国际合作与发展之中受益，提升生活水平，追求到自己所需要的幸福。

中国的国际法治观念特别强调互利合作。① 所谓互利合作其实包含两个方面的内容。第一个方面是所有的合作必须以利我为基础。也就是说即使是我们的援助，也一定是于我有利的，不可能采取那些对我有害而对他人有利的合作方式。第二个方面的含义就是这种合作必须对对方也有利，这是对方能够参与合作，并且保持合作态势的一个重要前提。如果一项合作仅仅是我们得到好处，而对方只承受损失，那么这种合作在时间上不会长久，而且在后果上也会产生消极的影响。殖民时代的国际关系，宗主国和殖民地之间的合作经常在当代受到反对，就是因为这种合作并不是互利的，而是单向有利于某些国家的，使得财富单向地向某些国家输出。在毛泽东时期，中国就已经特别明确地提出合作必须是有利于双方的，否则这种合作不可能长久。21 世纪，习近平提到的"共商、共建、共赢"的理念，就是互利合作的新版本。② 而我们所采取的"一带一路"

---

① 十九大报告阐明："中国积极发展全球伙伴关系，扩大同各国的利益交汇点，推进大国协调和合作，构建总体稳定、均衡发展的大国关系框架，按照亲诚惠容理念和与邻为善、以邻为伴周边外交方针深化同周边国家关系，秉持正确义利观和真实亲诚理念加强同发展中国家团结合作。加强同各国政党和政治组织的交流合作，推进人大、政协、军队、地方、人民团体等的对外交往。"

② 十九大报告提出："中国秉持共商共建共享的全球治理观，倡导国际关系民主化，坚持国家不分大小、强弱、贫富一律平等，支持联合国发挥积极作用，支持扩大发展中国家在国际事务中的代表性和发言权。中国将继续发挥负责任大国作用，积极参与全球治理体系改革和建设，不断贡献中国智慧和力量。"

倡议也是这种国际关系理念的体现。① 由此，我们所设计的国际制度、国际组织架构都必须能够实现民主协商、互利共赢等积极的目标。

使合作共赢的理想变成现实，绝不是想想、说说就能做到的。要真正达至互利共赢的目标，保证相关措施的实施真正考虑到对各方有利②；就要促进国际事务确立的民主性，也就是使得各利益相关方都有充分的机会参与相关事务的讨论，通过公众的参与使得最终的法律制度安排更符合各方的利益要求；意味着使得国际事务的各个参与者通过充分的民主，发出自己的声音、表达自己的观点、提供自己的方案，在相互沟通、彼此协调的基础上，形成各方都能够接受的国际合作发展制度体系。作为一个目标性的指标因素，互利共赢还意味

---

① 十九大报告扼要地表述了中国坚持对外开放的基本国策，坚持打开国门搞建设的举措，具体包括："积极促进'一带一路'国际合作，努力实现政策沟通、设施联通、贸易畅通、资金融通、民心相通，打造国际合作新平台，增添共同发展新动力。加大对发展中国家特别是最不发达国家援助力度，促进缩小南北发展差距。中国支持多边贸易体制，促进自由贸易区建设，推动建设开放型世界经济。"

② 中国领导人提出，亚非国家在各自发展独立的民族经济的过程中，应该互通有无、互补短长、互相援助，一切援助都是相互支持的，都应当完全符合平等互利和互不干涉的原则，决不允许利用援助进行控制、掠夺、干涉甚至颠覆。1964 年 1 月 15 日，中国政府提出了对外经济技术援助的八项原则。参见《周恩来外交文选》，中央文献出版社，1990，第 388 ~ 389 页；黎家松主编《中华人民共和国外交大事记·第二卷（1957 年 1 月至 1964 年 12 月）》，世界知识出版社，2001，第 433 ~ 434 页。

着国家之间要进行周期性的检验和分析，也就是在相关的制度实施一段时间之后，国家之间要通过国际会议、国际组织或者其他适当的形式进行检查，探讨相关的制度是否达到了原来设定的目的，在哪些方面应当予以改进，应当进行什么样的改进。

将以上四个方面的因素串联在一起，可以这样理解：主权平等是国际社会的基本格局、基本底色，包容互鉴则是国家之间相处和合作的基本心态，而公正有效则是国际法律规范和运行的品质要求，互利共赢是国际法律制度所追求的国际秩序的最终目标。党的十九大报告提出，要推动建设相互尊重、公平正义、合作共赢的新型国际关系，这些方面的要素都具有浓重的中国文化特色，同时也都代表着中国外交理念的继承发展和创新。

六　中国国际法治思想的实践探索："一带一路"倡议

从 2013 年中国国家领导人习近平提出"丝绸之路经济带"和"21 世纪海上丝绸之路"的构想[①]以来，中国的区域经济合作已经在

---

① 习近平：《共同建设"丝绸之路经济带"》《共同建设二十一世纪"海上丝绸之路"》，载《习近平谈治国理政》（第一卷），外文出版社，2014，第 287 ~ 291 页、第 292 ~ 295 页。

新的构架理念之下发展了 4 年多的时间。在过去的 4 年多时间里，"一带一路"的构想不仅由政府相关部门予以规划和实施①，而且被广大学术研究者所关注和判断②，更是获得了很多国外政府的支持、世界公众的认可和接受③。在 2017 年 10 月召开的中国共产党第十九届全国代表大会上，"一带一路"更是作为国家对外开放的重点而被数度提及。④ 随着实践的不断推进，人们对"一带一路"的认知也在不断地深化。从最初的经济贸易到现在的全方位对外交流与发展，由此，对于中国而言，在"一带一路"领域，就要形成一个立体深入全面的观念，特别是要注重国际法能力的建设和国际法人才

---

① 2015 年 3 月 28 日，国家发展改革委、外交部、商务部联合发布《推动共建丝绸之路经济带和 21 世纪海上丝绸之路的愿景与行动》；2017 年 6 月，国家发展和改革委员会、国家海洋局联合发布《"一带一路"建设海上合作设想》。

② 数年之间，国内公开出版以"一带一路"为主题的著作、报告数百种，在学术期刊上发表以"一带一路"为主题的论文 15000 余篇，至于涉及"一带一路"的著述更是难以胜数，由此可见这一倡议在学术界的热度。相关研究参见王义桅《"一带一路"：机遇与挑战》，人民出版社，2015；卢锋、李昕、李双双、姜志霄、张杰平、杨业伟《为什么是中国？——"一带一路"的经济逻辑》，《国际经济评论》2015 年第 3 期。

③ 习近平：《携手推进"一带一路"建设》，载《习近平谈治国理政》（第二卷），外文出版社，2017，第 509~510 页。

④ 习近平：《决胜全面建成小康社会　夺取新时代中国特色社会主义伟大胜利——在中国共产党第十九次全国代表大会上的报告》《中国共产党第十九次全国代表大会关于十八届中央委员会报告的决议》，载《中国共产党第十九次全国代表大会文献汇编》，人民出版社，2017，第 6 页、第 48 页、第 63 页。

的培养，否则"一带一路"将无法形成一个长期有效、深入的战略规划体系。"一带一路"的规划和实践有着多位的向度，它可以被看成中国国际法治理念在区域经济贸易合作领域的体现，可以被解读为一种经济繁荣之路、文明传播之路、友谊拓展之路、社会发展之路。而从国际法的角度看，"一带一路"可以被视为国际社会法治化的探索之路。

（一）充分保证参与各方的独立自主

"一带一路"具有主权平等的内涵。中国所提出的"一带一路"倡议，其国际法层次的基调和基石是对国家主权的充分认可和对国家内政的充分尊重。这是中国所提出、倡导、引领的国际合作方案与西方很多经济合作机制的一个显著差异。西方的典型经济合作机制，无论是作为经济援助体制的马歇尔计划，还是区域合作机制如欧洲经济共同体（后来发展为欧洲联盟）、北美自由贸易区体系，都在很大程度上触动了国家主权。

应当说，在合作的过程中、在平等协商的基础上，自我限制某些主权，国家之间彼此让渡一些主权权能，不仅是常见的情况，而且是合作的题中应有之义。但是，发达国家与发展中国家之间的合作经常出现一种严重不对称的局面：一些发达国家提出，援助必须以一个国家的政治体制改革或者司法人权等其他方面的变革为条件，只有在这些方面获得了令对方满意的改变，才可能进行经济的合作和发展；如果没有这些方面的改变，相关的制度就不会得到进一步的落实。这种做法，表面上似乎是为了国家和人民利益的努力，其实并没有真正深入地考虑国家发展的真正要求和人民的文化习俗。因而，这样的制度就在很大程度上对受援国造成了心理压力，导致它们不愿积极合作。

同时值得关注的还包括另外一种情况，那就是如果经济合作一旦形成一个组织机构，就有一种扩张的倾向。也就是说，这个组织机构会自我赋权，在功能上不断地扩展，在人员上不断地膨胀，在运行的过程中不断强化自身的正当性和权威性。这样一来，相关的机构和安排就对作为成员的国家的主权构成了它们所不希望的约束、限制与影响，对这些国家处置自身事务形成了扰动。这种影响和扰动，很可能招致国家对上述安排和机构的质疑甚至反对。

英国在加入欧洲共同体之前，就曾经反复考量过加入这一体制的利弊，而且在 20 世纪 70 年代就曾针对欧洲共同体提出是否进一步参与的全民公决。到了 21 世纪初，则进一步对是否继续处于欧洲联盟之中进行了全民公投，而此次公投的结果就是决定退出欧盟。类似的，在欧盟发展的繁盛时期，欧盟各国试图制定出一份宪法条约①，

---

① 张健、王朝晖、刘明礼：《法国荷兰否决〈欧盟宪法条约〉的背景及影响》，《国际资料信息》2005 年第 6 期；郭玉军、乔雄兵：《〈欧盟宪法条约〉与当代国际法的演进》，《哈尔滨工业大学学报》（社会科学版）2007 年第 5 期。

但是在发展的进程中，荷兰与法国的一些民众则认为这样的规划走得太快了，可能会给各国的发展带来负面影响。所以他们利用政府所推进的全民公决方式否决了这一宪法条约。这在一定程度上体现出了民众对过快发展的国际机制的高度警惕态度。美国所主导的"跨太平洋伙伴关系协定"（TPP）是一个非常具有代表性的案例。在其他国家启动这一体制之时，美国最初并未参与。而在该体制的设计进程中，美国认为，在国际经济规则的主动权上应当积极进取，国际经济规则的设计与规划必须有它有效参与、充分主导，并且特别反复提出，不能由像中国这样的国家来主导国际规则的设计。所以美国在 TPP 文本的规划与谈判过程中起到了非常重要的作用。但是在这一内容繁杂、体制精密的法律规范体系制定出来之后，特朗普政府却认为这些规则影响了美国自身的利益，宣布退出。① 这种立场固然与美国的去全球化心态、特朗普的个人性格有关，但是疑虑国际经济合作体制会影响国家的主动与自由，却是一个无须争议、不可回避的现实。故而，中国主张的国际经济合作体制并不追求大体系、严规治，而是在试错中

---

① 对这一问题的研讨，参见姜凌、支宏娟《新一轮逆全球化浪潮下的南北经济一体化关系走向——基于美国退出 TPP 和重谈 NAFTA 的分析》，《四川大学学报》（哲学社会科学版）2017 年第 5 期；贺平《TPP 向何处去：美国对亚太区域经济一体化的政策嬗变》，《教学与研究》2017 年第 6 期。

逐渐确立。这就具有了很强的自省性和反思性，避免和预防了这一安排对国家主权的负面影响。

中国是一个主权长期被侵扰、内政经常被干涉的国家，所以在尊重主权和不干涉内政方面，有着尤为深刻的体会、尤为深重的关切。所以，也就会更加防范有关国家干预他国主权的行为，自身更是不会去侵扰他国的主权，影响他国的独立。① 我们总是担心中国的行为会侵扰其他国家的内部事务，这就是为什么中国在包括"一带一路"在内的国际事务的构想之中也一直尊重各国的独立身份，推动他国的主权，不会动辄干涉他国内政。

"一带一路"倡议在具体工作层面最大的特点就是没有进行宏大完整而雄心勃勃的整体设计。它更多的是利用原有的规范构架，更多的是在外交的大布局下进行一些具体的设计和融入，例如在两国元首会见发布联合声明的时候，加入"一带一路"相关的内容，在双边谈判或多边会议的体系中渗透进"一带一路"的要求，乃至在联合国安理会的相关决议中对"一带一路"的重要性予以表述，

---

① 在中华人民共和国成立准备阶段，毛泽东就提出了一项最重要的要求：不允许任何外国及联合国干涉中国内政，这是对中国自身的独立自主的认定，也是中国在处理对外关系的一个基本准则，我们不允许其他国家干涉我们的内政，我们也不会去干预其他国家的内政，一个国家境内的事务要由这个国家的人民和政府自己去解决。《毛泽东外交文选》，中央文献出版社、世界知识出版社，1994，第78页。

但是，没有形成任何一个"一带一路"的单独文件，更没有形成相关的组织和工作程序，这就使得外国的独立性和国际制度的整体构架没有被"一带一路"的规划和设计所冲击，其他国家会在循序渐进的外交工作中自然而然、润物细无声地接受"一带一路"的相关安排。这样一来，它就没有任何可能对其他国家的主权构成影响，不会对其他国家的内政予以干涉，而是一个非常温和的、渐进的体系。

从中国近年在国际经济合作领域所采取的措施以及国际法律合作的角度看，中国政府和相关企业在努力塑造一个公正、透明、法治的营商环境，也就是说使得经济合作在良好的法治轨道上运行，避免商业贿赂、贪污等腐败行为，这样的追求有利于国际经济秩序更为公正地发展，也有利于相关的经济合作安排得以有效地实施，特别是最终汇集各地的民众，使得人民的生活水平提高、就业上升，社会安定。

（二）努力促进合作机制的文化多元

在"一带一路"倡议中所体现的包容互鉴，就是在经济合作的进程中不把自己所认为好的经济发展方式和市场调控模式看成大家的必须接受的，并且强加于人；而是在双边、多边协商的基础上互相交流、互相沟通、互相借鉴、互相学习，形成共同认可的经济发

/当代中国道路与智慧

展观念、目标和进程，也就是说避免一厢情愿地把自己所认为是好的实践和观念强压给他国，也不是一意孤行地把自己认为不好的一定要求他国改变。

在人类文明的发展史上，即使是经济合作与发展，也曾经有过很长的文明不包容、文化不宽容的阶段，一些国家充满了文化沙文主义的傲慢，将其他国家视为不文明的国家，甚至对这些非西方国家采取蔑视的态度，认为这些国家根本不应平等地适用国际法，这种身份和表面上的不平等，对于安稳平静的国际秩序是非常不利的。而且，在很大程度上也引致了很多国家被边缘化、被歧视。这些国家表示不满，并且把这种态度转化为实践，轻则导致国家之间的文明冲突，难以沟通、难以形成统一协调的全球性规则，这种状况必然使得全球治理举步维艰，常常难于防范全球共同风险、抵御全球性的灾难；重则招致全球恐怖主义，酿成全球性的灾难。

在文明之间的关系上，中华文明长期主张和而不同，也就是在认识到彼此差异的前提下，仍然相互认可、相互尊重，而非相互轻蔑、相互拒斥，更不宜相互侮辱、相互谩骂，只有彼此认同、相互尊重，才有可能展开一个基本平衡的国际秩序，才有可能使得国际社会有意愿同舟共济、共同努力、共同前进。

与此同时，如果观察中国国内所采取的一系列相关的措施，就不难发现，中国是通过行业、地区的制度设计①促进单边自由化的进程，由此吸引国外的资金技术和市场向中国靠拢（参见表1）。其中特别值得关注的是 2013 年 9 月 18 日，国务院印发《中国（上海）自由贸易试验区总体方案》，该总体方案着眼于营造相应的监管和税收制度环境，扎实做好组织实施环节。2014 年 6 月 28 日，国务院批准了《中国（上海）自由贸易试验区进一步扩大开放的措施》，在扩大开放服务业方面，突出航运贸易等主导产业；在扩大开放制造业和采矿业方面，突出了研发；在扩大开放建筑业方面，强调了基础设施建设。2017 年 3 月 15 日国务院印发了《中国（陕西）自由贸易试验区总体方案》《中国（四川）自由贸易试验区总体方案》《中国（重庆）自由贸易试验区总体方案》《中国（湖北）自由贸易试验区总体方案》《中国（浙江）自由贸易试验区总体方案》《中国（河南）自由贸易试验区总体方案》《中国（辽宁）自由贸易试验区总体方案》等一

---

① 从中国国内现有的"一带一路"启动地区而言，相关文件重点圈定了 18 个省份，包括西北 6 省份（新疆、陕西、甘肃、宁夏、青海、内蒙古），东北 3 省份（黑龙江、吉林、辽宁），西南 3 省份（广西、云南、西藏），沿海 5 省份（上海、福建、广东、浙江、海南），内陆地区则特别提及重庆。文件提到了一些内陆地区的节点城市和沿海城市，比如四川、湖北、湖南、江西、安徽、河南诸省的省会城市，大部分集中在长江经济带。而且围绕这些节点城市，文件还表示以建设各城市群的方式推动区域互动合作和产业集聚发展。作为经济大省的山东虽然没有被提及，但在沿海港口城市大串联中，青岛和烟台均在列。

/当代中国道路与智慧

系列方案；2017 年 3 月 30 日，发布了《全面深化中国（上海）自由贸易试验区改革开放方案》。在国家层面的规划与方案之下，

表 1　推进"一带一路"的法律规范示例

类型	法律文件	发布时间
行业规划	铁路"十三五"发展规划（国家发展改革委、交通运输部、国家铁路局、中国铁路总公司）	2017 年 11 月 20 日
	"一带一路"体育旅游发展行动方案（2017～2020年）（国家体育总局、国家旅游局）	2017 年 6 月 29 日
	"一带一路"建设海上合作设想（国家发展和改革委员会、国家海洋局）	2017 年 6 月 20 日
	中长期油气管网规划（国家发展改革委、国家能源局）	2017 年 5 月 19 日
	中国社会组织推动"一带一路"民心相通行动计划（2017～2020）（中国民间组织国际交流促进会、中国国际交流协会等 90 多家国内社会组织）	2017 年 5 月 14 日
	推进"一带一路"建设科技创新合作专项规划	2016 年 9 月 8 日
	推进共建"一带一路"教育行动（教育部）	2016 年 7 月 13 日
	国家质量监督检验检疫总局"一带一路"计量合作愿景与行动（质检总局）	2016 年 6 月 21 日
	关于推进"一带一路"卫生交流合作三年实施方案（2015～2017）（国家卫生计生委）	2015 年 10 月 15 日
	共同推动认证认可服务"一带一路"建设的愿景与行动（国家认证认可监督管理局）	2015 年 6 月 9 日
	全国海洋经济发展"十三五"规划（国家发展改革委、国家海洋局）	2017 年 5 月 4 日

类型	法律文件	发布时间
地方规范	中国(天津)自由贸易试验区管理办法	2015年4月8日
	河南省人民政府关于印发郑州—卢森堡"空中丝绸之路"建设专项规划(2017~2025年)的通知	2017年9月18日
	河南省人民政府办公厅关于印发推进郑州—卢森堡"空中丝绸之路"建设工作方案的通知	2017年9月12日
	河南省发展和改革委员会关于印发扩大对外开放积极利用外资有关政策措施的通知	2017年5月16日
	河南省人民政府关于印发郑州—卢森堡"空中丝绸之路"建设专项规划(2017~2025年)的通知	2017年9月18日
	浙江省发展改革委关于印发《宁波"一带一路"建设综合试验区总体方案》的通知	2017年9月20日
	浙江省人民政府关于扩大对外开放积极利用外资的实施意见	2017年6月4日
	江西省人民政府关于进一步扩大开放打造招商引资新优势的实施意见	2017年5月22日
	四川省人民政府印发关于扩大开放促进投资若干政策措施意见的通知	2017年6月4日
	北京市"一带一路"国家人才培养基地项目管理办法(试行)	2017年6月20日
	湖北省人民政府关于扩大对外开放积极利用外资的实施意见	2017年3月18日
	辽宁省人民政府关于进一步扩大对外开放积极利用外资的实施意见	2017年5月18日
	江苏省人民政府关于扩大对外开放积极利用外资若干政策的意见	2017年4月7日
	河北省人民政府关于落实国务院扩大对外开放积极利用外资若干措施的意见	2017年6月22日

类型	法律文件	发布时间
地方规范	深圳市人民政府关于印发进一步扩大利用外资规模提升利用外资质量若干措施的通知	2017 年 4 月 10 日
	厦门市人民政府关于印发贯彻落实国务院扩大开放积极利用外资若干措施工作方案的通知	2017 年 4 月 20 日
	新疆维吾尔自治区人民政府关于贯彻落实国务院扩大对外开放积极利用外资若干措施的实施方案	2017 年 7 月 4 日
	新疆维吾尔自治区关于印发《贯彻落实习近平总书记重要讲话精神加快推进丝绸之路经济带核心区建设的意见》的通知	2017 年 10 月 13 日
	安徽省人民政府关于进一步做好招商引资工作的意见	2017 年 5 月 8 日
	山东省人民政府关于新时期积极利用外资若干措施的通知	2017 年 7 月 16 日
	山西省人民政府关于贯彻落实国务院扩大对外开放积极利用外资若干措施的实施意见	2017 年 7 月 7 日
	福建省人民政府关于印发贯彻落实国务院扩大对外开放积极利用外资若干措施实施方案的通知	2017 年 3 月 7 日
	中国（福建）自由贸易试验区境外投资开办企业备案管理暂行办法	2015 年 4 月 22 日
	中国（福建）自由贸易试验区境外投资项目备案管理办法	2015 年 4 月 15 日
	海关总署关于支持和促进中国（福建）自由贸易试验区建设发展的若干措施	2015 年 5 月 5 日
	工商总局关于支持中国（福建）自由贸易试验区建设的若干意见	2015 年 4 月 30 日
	国家旅游局关于支持中国（福建）自由贸易试验区旅游业开放意见的函	2015 年 3 月 19 日

类型	法律文件	发布时间
地方规范	上海市人民政府关于进一步扩大开放加快构建开放型经济新体制的若干意见	2017 年 4 月 26 日
	对境外投资项目的初审转报及备案(上海市发改委)	2015 年 2 月 26 日
	中国(上海)自由贸易试验区境外投资开办企业备案管理办法	2013 年 9 月 30 日
	中国(上海)自由贸易试验区总体方案	2013 年 9 月 18 日
	国家工商行政管理总局关于支持中国(上海)自由贸易试验区建设的若干意见	2013 年 9 月 26 日
双边文件	第九次中英经济财金对话政策成果	2017 年 12 月 16 日
	澜沧江—湄公河合作第三次外长会联合新闻公报	2017 年 12 月 15 日
	中华人民共和国和马尔代夫共和国联合新闻公报	2017 年 12 月 8 日
	落实"一带一路"同"发展之路"对接(中蒙两国外长发表联合新闻稿)	2017 年 12 月 4 日
	上海合作组织成员国政府首脑(总理)理事会第十六次会议联合公报	2017 年 12 月 1 日
	中国—中东欧国家合作布达佩斯纲要①	2017 年 11 月 27 日
	中华人民共和国和巴拿马共和国联合声明	2017 年 11 月 17 日
	中华人民共和国政府和菲律宾共和国政府联合声明	2017 年 11 月 16 日
	《区域全面经济伙伴关系协定》(RCEP)谈判领导人联合声明	2015 年 11 月 22 日
	中老联合声明	2017 年 11 月 14 日
	中越联合声明	2017 年 11 月 13 日
	中俄总理第二十二次定期会晤联合公报	2017 年 11 月 1 日
	中华人民共和国和塔吉克斯坦共和国关于建立全面战略伙伴关系的联合声明	2017 年 8 月 31 日
	中华人民共和国和俄罗斯联邦关于进一步深化全面战略协作伙伴关系的联合声明	2017 年 7 月 4 日

类型	法律文件	发布时间
双边文件	上海合作组织成员国元首理事会会议新闻公报	2017 年 6 月 9 日
	上海合作组织成员国元首阿斯塔纳宣言	2017 年 6 月 9 日
	中华人民共和国国家发展和改革委员会与阿拉伯联合酋长国经济部关于加强产能与投资合作的框架协议	2017 年 5 月 2 日
	上海合作组织成员国元首乌法宣言	2015 年 7 月 10 日
	中国 – 东盟卫生合作与发展南宁宣言	2016 年 10 月 28 日
	中华人民共和国和阿塞拜疆共和国关于进一步发展和深化友好合作关系的联合声明	2015 年 12 月 11 日
	第十七次中国 – 东盟领导人会议主席声明	2014 年 12 月 1 日
	中华人民共和国和卡塔尔国关于建立战略伙伴关系的联合声明	2014 年 11 月 3 日
	中华人民共和国和亚美尼亚共和国关于进一步发展和深化友好合作关系的联合声明	2015 年 3 月 25 日
	中华人民共和国与阿富汗伊斯兰共和国关于深化战略合作伙伴关系的联合声明	2014 年 10 月 28 日
	中华人民共和国和柬埔寨王国联合声明	2016 年 10 月 14 日
	中华人民共和国和塔吉克斯坦共和国关于进一步发展和深化战略伙伴关系的联合宣言	2014 年 9 月 13 日
	中华人民共和国与俄罗斯联邦关于丝绸之路经济带建设和欧亚经济联盟建设对接合作的联合声明	2015 年 5 月 8 日
	中华人民共和国和哈萨克斯坦共和国关于全面战略伙伴关系新阶段的联合宣言	2015 年 8 月 31 日
	中华人民共和国和捷克共和国关于建立战略伙伴关系的联合声明	2016 年 3 月 29 日
	中华人民共和国和尼泊尔联合声明	2016 年 3 月 23 日
	澜沧江 – 湄公河国家产能合作联合声明	2016 年 3 月 23 日
	中华人民共和国和伊朗伊斯兰共和国关于建立全面战略伙伴关系的联合声明	2016 年 1 月 23 日

类型	法律文件	发布时间
双边文件	中华人民共和国和阿拉伯埃及共和国关于加强两国全面战略伙伴关系的五年实施纲要	2016 年 1 月 21 日
	中华人民共和国和沙特阿拉伯王国关于建立全面战略伙伴关系的联合声明	2016 年 1 月 19 日
	中华人民共和国和伊拉克共和国关于建立战略伙伴关系的联合声明	2015 年 12 月 22 日
	中华人民共和国政府和吉尔吉斯共和国政府联合公报	2016 年 11 月 2 日
	中华人民共和国政府和哈萨克斯坦共和国政府联合公报	2015 年 12 月 14 日
	中华人民共和国和约旦哈希姆王国关于建立战略伙伴关系的联合声明	2015 年 9 月 9 日
	中华人民共和国和马来西亚联合声明	2015 年 11 月 23 日
	中华人民共和国和乌兹别克斯坦共和国联合声明	2016 年 6 月 22 日
	中华人民共和国和俄罗斯联邦联合声明	2016 年 6 月 25 日
	第 19 次中国 – 东盟领导人会议暨中国 – 东盟建立对话关系 25 周年纪念峰会联合声明	2016 年 9 月 7 日
	中国 – 东盟产能合作联合声明②	2016 年 9 月 7 日
	中华人民共和国和白俄罗斯共和国关于建立相互信任、合作共赢的全面战略伙伴关系的联合声明	2016 年 9 月 29 日
	中华人民共和国和老挝人民民主共和国联合公报③	2016 年 9 月 9 日
	中老联合声明	2016 年 5 月 4 日
	中华人民共和国和阿富汗伊斯兰共和国联合声明	2016 年 5 月 18 日
	中华人民共和国和塞尔维亚共和国关于建立全面战略伙伴关系的联合声明	2016 年 6 月 18 日
	中华人民共和国和波兰共和国关于建立全面战略伙伴关系的联合声明	2016 年 6 月 20 日

类型	法律文件	发布时间
双边文件	中华人民共和国和蒙古国关于深化发展全面战略伙伴关系的联合声明	2015 年 11 月 11 日
	关于东北亚和平与合作的联合宣言	2015 年 11 月 1 日
	中华人民共和国和斯里兰卡民主社会主义共和国联合声明	2016 年 4 月 9 日
	中华人民共和国国家发展和改革委员会与联合国欧洲经济委员会的谅解备忘录	2017 年 5 月 14 日
	中华人民共和国和哈萨克斯坦共和国联合声明	2017 年 6 月 8 日
	中华人民共和国和柬埔寨王国联合新闻公报	2017 年 5 月 17 日
	中华人民共和国和阿根廷共和国联合声明	2017 年 5 月 17 日
	"一带一路"国际合作高峰论坛圆桌峰会联合公报	2017 年 5 月 15 日
	中华人民共和国和智利共和国联合声明	2017 年 5 月 13 日
	推进"一带一路"贸易畅通合作倡议	2017 年 5 月 14 日
	中越联合公报	2017 年 5 月 15 日
	中华人民共和国和乌兹别克斯坦共和国关于进一步深化全面战略伙伴关系的联合声明	2017 年 5 月 12 日
	中华人民共和国和匈牙利关于建立全面战略伙伴关系的联合声明	2017 年 5 月 13 日
	中华人民共和国和芬兰共和国关于建立和推进面向未来的新型合作伙伴关系的联合声明	2017 年 4 月 5 日
	第二届中国 – 中东欧国家卫生部长论坛苏州联合公报	2016 年 6 月 20 日
	第五届中国 – 东盟质检部长会议（SPS 合作）联合声明	2016 年 9 月 10 日
	"一带一路"检验检疫高层研讨会声明	2015 年 5 月 28 日
	共建中国—中南半岛经济走廊倡议书	2016 年 5 月 26 日
	二十国集团领导人杭州峰会公报	2016 年 9 月 5 日

类型	法律文件	发布时间
双边文件	中华人民共和国政府和新西兰政府关于加强"一带一路"倡议合作的安排备忘录	2017 年 3 月 27 日
	中华人民共和国和以色列国关于建立创新全面伙伴关系的联合声明	2017 年 3 月 21 日
	中哈总理第二次定期会晤联合公报	2014 年 12 月 14 日
	中华人民共和国、俄罗斯联邦、蒙古国发展三方合作中期路线图	2015 年 7 月 10 日
	澜沧江—湄公河合作首次领导人会议三亚宣言	2016 年 3 月 23 日
	落实中国 – 东盟面向和平与繁荣的战略伙伴关系联合宣言的行动计划（2016～2020）	2016 年 3 月 3 日
	中华人民共和国和俄罗斯联邦关于深化全面战略协作伙伴关系、倡导合作共赢的联合声明	2015 年 5 月 9 日
	巴黎协定	2015 年 12 月 12 日

注：①中国—中东欧国家合作历经了一系列的进程，从 2012 年华沙会晤、2013 年布加勒斯特会晤、2014 年贝尔格莱德会晤、2015 年苏州会晤、2016 年里加会晤到 2017 年布达佩斯会晤，并形成了《中国—中东欧国家合作中期规划》这一基本文件。②这是一份几乎直接关系"一带一路"目标的文件，其中载明双方在基础设施发展和工业化加速等方面具有需求，双方可通过产能合作加强经贸关系，提振双方业界的信心和积极性，认识到双方在实现经济社会可持续发展方面面临的挑战，利用互补性比较优势和交流合作的潜力，完善和提升各自工业产能，推动双方比优势行业与领域开展的合作，以达到各自优先发展目标、提升发展水平，实现能力建设，促动持续发展。但在合作的方式上，特别强调"以商业原则为主导，重视企业在合作中的主导作用，以市场为导向，按商业原则和国际惯例以及所在地法律法规开展合作"。③国家元首或者政府首脑在进行访问的时候，对双边关系进行研讨所达成的结果，有些是对现状的评价，有些是对未来发展进行的展望。

资料来源："中国一带一路"官网（http：//www.yidaiyilu.gov.cn/zchj.htm，2017 年 12 月 16 日访问）。

有很多区域自定的方案①，为促进对外开放准备了相关的制度设施。

这种不是采取侵犯性的主动对其他国家自由化程度的要求，这种自我限制、自我要求的自由化方式，对于其他国家而言，没有文化和制度上的压力，更不会构成胁迫，所以它充分地体现了包容互鉴的中国文化观念和中国国际法治精神。

（三）渐进塑造公平妥善的交易机制

就一个国际经贸合作的法律框架而言，公正有效实际上包含两个方面的意义：一个方面是公正，而另一个方面就是有效。而无论是公正还是有效，其实都是对传统国际法机制和框架的一种反思。也就是说，传统的国际法在很大程度上面临着不够公正和不够有效

① 为了推进"一带一路"建设，中国的单边区域发展方案多种多样。包括一省之内的区域发展规划，例如福建省发改委、福建省外办、福建省商务厅的《福建省 21 世纪海上丝绸之路核心区建设方案》；广东省海洋与渔业厅、广东省发展和改革委员会联合印发的《广东省海洋经济发展"十三五"规划》提出，积极推进与"一带一路"沿线国家和地区的海洋产业合作，建成 10 个"一带一路"海洋经济特色合作园区与示范基地，推进"一带一路"海洋合作主力省建设。还有地区自行建设的方案，例如《西安市"一带一路"建设 2016 年行动计划》；地方的经济贸易核心政策，例如《广东省进一步扩大对外开放积极利用外资若干政策措施》（2017 年 12 月 1 日）；地方直接相关的措施，例如新疆维吾尔自治区人民政府 2017 年 7 月 17 日发布的《关于印发丝路之路经济带核心区交通枢纽中心建设规划（2016～2030 年）的通知》；以及地方的相关政策支持，包括《北京市外国留学生"一带一路"奖学金项目管理办法（试行）》（2016 年 11 月 18 日）。

的缺陷。所谓的不够公正，就是有一些法律规则片面地有利于某些国家，而不利于另外的国家。这一点尤其在经济合作经济发展的方面是这样。① 当然，在领土武力使用和空间使用等问题上，也存在以大欺小、以强凌弱的状况。在经济发展方面的不公正，往往意味着对经济利益的盘剥。另外一个最为常见的现象，就是类似加权表决、一票否决这样的某些大国片面决定国际事务整体构架的状况，在这个方面，尤其令人关注的是以往 WTO 争端政策确立中的一些做法。② 其中"绿屋会议"是最为常见的。具体表现为一些国家在较为保密的状态下设计相关规范的基本结构和主要内容，仅仅在接近成功时才向相关的各成员国公布。在这个时候相关成员国提出自身的建议，特别是不同建议的机会已经很小、时间已经很短，这样的不适当的立法模式，就很难造成公正的结果。"一带一路"的主要合作方式是中国企业在外投资。在传统西方主导的国际法律体制之内，为了使本国的贸易投资商在国外获得充分的认可和保护，有些国家甚至不惜开动战争，逼迫对方签署丧权辱国的条约，而即使在此后，也有很多国家会先行商定一系列的法律规范，要求相关投资者的东

---

① Ravenhill, John, *Global Political Economy*, 3rd ed. (Oxford University Press, 2011), pp. 383 – 394.

② Çali, Başak, *International Law for International Relations* (Oxford University Press, 2010), pp. 331 – 350.

道国改变一些本国的法律规则。中国则采取了不先行设定规范框架，而是按照原有的规则和制度予以继续实施，并在实施的过程中视实际需要而进行磋商，进而解决实际发生的困难、障碍和问题的方法。这种方法显然比事先确立规则、给对方国家造成压力，要求它提供我们所满意和认可的法律环境的方式要柔和得多，也更容易为东道国所认可和接受。

因而，为了改变国际法未能被充分重视、未能被有效遵守、未能配备良好的实施机制的状况，中国政府在推进包括"一带一路"这样的国际经济法律秩序的时候，就必须一方面注重所有国家的权利得到有效的尊重和保护，使它们的预期得到真正的落实；进而再分析如何使得这些机制得以有效的运行。从历史发展的经验看，要想使一个制度真正有效地实施，最好不做十分确定的、宏观整体的设计，而是进行相对有弹性的、局部的试验。通过在一个方面、一个领域、一个阶段进行实验，获取经验，增加整体前进的数据基础和进路选择。换言之，在小步前进的基础上，积小进为大进、集小胜为大胜。通过此种地域、领域或者时间阶段的试点逐渐推进，并且在推进的过程中不断反思，在反思的基础上进行修正，在修正的基础上进行改变。这就是中国试图推进的"一带一路"倡议之中所蕴含的中国智慧和中国方案。

也就是说，中国从制度和条件上提供经济贸易自由化的公共产品。通过此种公共产品的提供，促动国际经济交往和各国经济增长，促进共同的繁荣和发展。包括亚洲基础设施投资银行和金砖国家新开发银行的相关规则，都没有对其他国家的欺压和胁迫。这样一来，就在没有给国外造成任何损失的状况下形成了更好的国际经济格局，也就是经济学中所谓的帕累托改进。

（四）积极营造开放共享的交往环境

"一带一路"倡议所追求的社会秩序图景，可以从国内经济发展和国际贸易投资合作两个方面来进行认识。从中国自身的经济社会发展要求讲，是要解决"人民日益增长的美好生活需要和不平衡不充分的发展之间的矛盾"，从大国走向强国，实现中华民族的伟大复兴；从世界的角度讲，是要超越冷战思维，寻找世界破解困局的可能。在经济的领域，通过寻求合作共赢，通过共商共建实现发展，由此形成有机、稳定可靠的人类命运共同体。合作的目标是使每一个参与合作者，都在利益上有所进益、有所提升。这一点对于当今的国际经济发展无疑是非常重要的。不可否认，现在仍有一些国家怀着新殖民主义的思想，试图使得发展中国家仍然成为原料提供地和市场所在国，由这些发达国家赚取最大的利润，而使得那些发展中国家仅仅付出劳动力和高昂的商品价格，而不分享生产过程中的利润。这其实仍然是马克思早在100多年前就已经揭示的对剩余价值的剥夺。在这种剩余价值链条上对发展中国家的待遇显然是不合理的。中国所倡导的"一带一路"提议，就是要改革这样的状况，要形成一个互利共赢的发展格局。面对形形色色的新殖民主义思想观念和制度措施，中国的这种做法显然会更受到广大发展中国家的欢迎和支持。

中国所设计的"一带一路"、亚投行等机制都是在现有的经济与政治环境下，追求共赢的道路。上述构想都包含着各国充分合作的理念，中国并不反对其他国家分享中国的发展，而是欢迎大家搭乘中国发展的快车和便车，这是一种以前的国际关系理念中很少提出的新型国际关系思想。与此同时，"一带一路"倡议这种小步调、分块式探索的国际合作机制，最有利于合作是共赢。也就是说，它不追求大而全的整体规范和运行构架，而是，试图在试点合作的基础上逐渐总结经验，扩展合作的方式和渠道领域，最终达到有利于参与各方发展的目的，这样的方式就会避免人类过于相信自身理性所可能造成的误导和误区。

七　结论

21世纪初，世界走向了一个新时代。这是一个世界呼唤中国，中国也进行了充分的准备的时代；这是一个中国期待在国际关系和世界事务中有所作为，而且世界格局也恰好具有适格条件的时代。

在这样一个伟大的时代里，中国要想在全球治理领域积极作为，就必须妥善利用国际组织机制的各种因素，进一步建立和发展以规则为基础、以规则为主要框架结构、以规则为运作方式的国际关系样态，而这种样态的最佳表现形式就是国际法治。

国际法治是法治这个社会秩序构建原则的国际化，同时也意味着国际事务的法治化。国际法治是处理国际事务低成本、高效率、小阻力、接受范围广的方式。中国意图在国际关系中取得较好的局面，就必须按照法治的思维、法治的理念去推进合作，积极地迎接挑战。①"一带一路"承载着新型国际关系的诸多属性与特征，既有着深刻的历史基础与中国特色，又有着明确的问题导向和针对性，并对未来发展的方向提出了建设的目标。中国当前在经济社会等方面得到了很大的发展，但仍然存在诸多的问题，特别是在经济合作领域，还有很多的风险，因而非常有必要认真考虑自身所具有的力量和弱点，寻求合适而妥当的发展道路。"一带一路"的目标要真正地得以实现，就必须走法治之路。而中国当前在"一带一路"的法治方向和步调上基本是正确的，特别是国际法治的总体原则方面具有很强

① 十九大报告中有一段简洁而振奋人心的论断："我们生活的世界充满希望，也充满挑战。我们不能因现实复杂而放弃梦想，不能因理想遥远而放弃追求。没有哪个国家能够独自应对人类面临的各种挑战，也没有哪个国家能够退回到自我封闭的孤岛。"

烈的中国历史与文化特征，也符合发展中国家的需求。但是，这并不说明当前的行为就已经完美无缺，还要不断地进行反思和拓展。在前进的过程中不断地修正具体的措施和步调，对合作与发展中呈现出来的问题及时予以解决；并积累和总结经验，以确保方向校准，真正达到有效的目标。形成符合社会发展方向的法律规则，并维护那些良好规则的权威，使之促进各国利益的有效实现，以奋勇直前的精神无畏奋斗、更新观念、创新理论，形成有利于追求和建设人类美好未来的法治环境、法治工程、法治秩序。

从民族思维模式角度解析中西方法律文化的差异

李拥军*

摘　要：民族思维模式是一个民族在漫长的物质实践和精神实践过程中积淀下来的历史成果，它会对一个民族法律文化的形成产生重大影响。孕育于不同文明中的不同的民族思维模式促成了中西方法律文化的巨大差异。笔者正是从因果式和阴阳式的思维模式的不同特点入手，解析了"发达的法与混沌的礼""法律信仰主义与法律工具主义""法学和律学"等中西方法律文化方面的差异，进而引发了关于移植西方法律文化、实现我国法制现代化的一点思考。

关键词：阴阳；因果；思维模式；法律文化

一　中西方民族思维模式形成的历史性考察

（一）"华夏文明"孕育出的民族思维模式

黄河流域是"华夏文明"的摇篮。一方面，它平原广阔、地势

---

* 李拥军，吉林大学法学院教授，主要研究方向为法理学和法律文化学。

平坦、土地肥沃、水源充足，为处于蒙昧时代的中国先民发展农业提供了优越的自然条件。因此，与生活在地中海区域的古希腊、古罗马人不同，古代中国人不必去海上冒险，只要通晓寒暑之变，从事农耕就能获得稳定收入。另一方面，桀骜不驯的黄河频繁爆发洪涝灾害，又给擅长农耕的古中国人造成了巨大威胁。因此，兴修水利是确保民族生存的头等大事，而这项工作绝不是少数人所能完成的，它需要大量的人力和高度的社会组织结构。在这种抵御自然灾害的斗争中，各个民族、部落逐步走向了联合，某些杰出人物因而确立了权威。正是这种特殊的地理环境，催发了中国阶级国家的早产，即古代中国在商品经济欠发达、生产力水平相对低下、阶级分化尚不明朗的条件下就提前进入了阶级社会。正是在这个意义上马克思称它为"早熟的儿童"①。

在这一进程中，由于产品交换和社会分工不普及，土地没有充分私有，所以原始氏族内部的血缘关系也就不能被彻底破坏，而必然表现为一种自然宗法关系在阶级社会中积淀下来。这表明即使国家出现了，人与自然、人与社会的原始关系并没有被彻底斩断，人

---

① 马克思在社会形态问题上曾这样论述过："有粗野的儿童和早熟的儿童，古代民族中有许多是属于这一类的。希腊人是正常的儿童。"参见《马克思恩格斯选集》（第2卷），人民出版社，1995，第29页。笔者正是从这个意义上使用这一概念的。

始终作为家族和血缘关系网络中的一个环节而存在，而家庭或家族仍然作为自然中的一个细胞而衍生。国家是一个放大的家庭，家庭是一个缩小的国家。君主既是国家的主宰，又是"大家"的家长；家庭中的父亲是君主的臣子，同时也是小家的"国王"。在这种社会结构里，中国人的主要兴趣不可能是像古希腊人那样要跳出社会去探索自然，而是要处理好人化的社会中的国事与家事。因此，中国人没有必要到社会之外去崇拜超自然的神力，他们所要崇拜的则是社会之内的实实在在的人。这个人就是创建部落、拯救国家的权威人物——祖宗。即"尊祖以敬宗、敬宗以收族"。基于此，在中国人的精神世界里宗教始终没有占据主要位置，取而代之的是伦理。

在这以伦理维系的农业社会里，华夏民族逐步发育了一种阴阳互补式的思维模式。在上古时代，中国古人对世界的认识是从一种模糊的、直观的、朴素的阴阳观念出发的。《易经》就可以证明这一点。《易经》可以说是我国最早的哲学武库，所以《四库全书总目纲要》中说："易道广大、无所不包……皆可引以为说。"而它的核心就是阴阳，因此在《易传·系辞上》中就有所谓"一阴一阳谓之道也"的说法。这表明中国古人认识世界的基石正是这二元制的阴阳。① 从阴阳

---

① 笔者认为，任何民族认识世界的基本范畴都应是二元结构的，只不过两元素在思维空间里排列顺序有别而已。一元结构无法表征事物之间的联系，多元结构实际是二元结构的派生。

出发，中国人思维模式可以用阴阳图表示。①

从阴阳图中可以观察出以下特征。第一，整体结构封闭，呈静态稳定状。两元素左右上下和谐对称，错落有致。第二，两元素分裂不明显，界限模糊，可谓两极世界中此中有彼、彼中有此。第三，两元素互相依存，彼此共生，功能互补。

阴阳

对该种思维模式的生成，农业文明和伦理文化起了至关重要的作用。② 华夏民族以这种思维模式去认识和思考世界必然会孕育出与之相应的民族心理和民族精神，后者对中国传统法律文化产生了深远的影响。

（二）发育于"地中海文明"的思维模式

在西方，源于"地中海文明"的古希腊文化是西方社会演进的基础。在希腊的版图上，海岸线蜿蜒曲折，岛屿星罗棋布，而内陆平原狭小，丘陵众多，不利农耕。因此，古希腊人不像古代中国人那样擅长农耕，而是擅长航海。他们要依托大海谋生存、求发展。

---

① 参见陈炎《多维视野中的儒家文化》，中国人民大学出版社，1997，第89页。
② 笔者认为，农业文明造就了封闭性的思维，伦理文化促成了两元素的不明显分裂。

而大海汹涌澎湃，极具危险性。在与大海的抗争中锤炼出他们富于冒险和探索的精神，海上贸易的发达使古希腊社会"不象东方氏族公社那样是一个放大了的家庭，而是打破了血缘氏族关系的商业社会。商业经济文明运动，使人与人之间，人与社会、城邦之间，更多地表现为理性化的契约关系"①。与早熟的中国古代社会不同，古希腊是在生产力水平较高、生产关系较完备、商品经济较发达的情况下进入阶级社会的，因而私有制的利刃比较彻底地斩断了人与自然、人与社会的原始纽带（血缘关系），这就使古希腊人不可能在与自然和社会的联系中寻求精神上的解脱，而不得不创造一个神秘的精神实体来作为连接人与社会的中介环节。于是，"人格神"——上帝出现了。② 因此，在西方人的精神世界里宗教始终占有重要位置。在这样的社会结构里发育了其特有的民族思维模式③，如因果图所示④。

　　这种思维模式具有如下特征：第一，结构开放，两元素具有流动性；第二，两元素彼此外在，相互独立，"因"不依赖"果"而

① 公丕祥主编《法律文化的冲突与融合——中国近现代法制与西方法律文化的关联考察》，中国广播电视出版社，1993，第36页。

② 参见高旭东、吴忠民等《孔子精神与基督精神——中西文化纵横谈》，河北人民出版社，1989，第86页。

③ 古代希腊人的探险就是从现实中的"果"出发探求自然中的"因"，实际上，上帝的产生是古代西方人对"因"探求的结果。而宗教式的思维恰恰又是因果式的思维，因为上帝是万物的本体，而包括人在内一切万物则是它的派生。

④ 参见陈炎《多维视野中的儒家文化》，中国人民大学出版社，1997，第89页。

／当代中国道路与智慧

存在，"果"也不依赖"因"而存在；第三，"因"可推"果"，"果"可究"因"，因而它们的关系具有历时单向性。①

因果

因果式的思维模式孕育出西方社会发达的科学、民主和法治，这三者的融合造就了西方社会特有的法律文化。

二 对中西方法律文化差异的解析

一个民族的思维模式和心理结构，是一个民族在漫长的物质实践和精神实践过程中积淀下来的历史成果，具有隐性的特征。反过来，它们又不断影响甚至决定这个民族的物质实践和精神实践，因而它们必然会对一定社会物质生活条件下形成的法律状态——法律文化产生重大影响。正是在这个意义上黑格尔说："民族的宗教、民族的政治制度、民族的伦理、民族的法制、民族的风俗以及民族的科学、艺术和技能都是民族精神的标记。"② 综上所述，正是中西方民族在特

① 笔者认为，因果的相互推导并不是在同一时刻完成的。即此时"因"可推"果"，彼时"果"可究"因"。因此这里使用了"历时单向性"的概念，目的是与阴阳结构的"共时双向性"相区别。
② 〔德〕黑格尔：《历史哲学》，生活·读书·新知三联书店，1956，第104页。

定的历史条件下形成的迥异的思维模式和心理结构以及民族精神导致了两者在法律文化上产生巨大差异的历史必然性。

（一）发达的法与混沌的礼

如上所述，西方人的思维模式中因果两元素相互独立、彼此外在。人的精神世界是由感性和理性两方面构成的。如果将因果式的思维中的两元素视为感性和理性的话，不难看出在西方人的精神世界里感性冲动和理性深沉分裂得非常彻底。早在古希腊时期，西方人所崇拜的众神中就有感性之神——酒神和理性之神——日神的对立。酒神狄俄尼索斯粗野狂放、无节制，日神阿波罗端庄宁静、富于理性。[①] 后来的基督教实现了多神崇拜到一神崇拜的转变，但精神中日神和酒神的分立并未消失。耶稣，一方面作为救苦救难的上帝的使者，本身就是理性的化身，但另一方面，从《圣经》的描述可以看出，他具有性情狂热、激进、偏执，爱走极端的性格特点。[②] 可见，西方人所崇拜的先知也是感性与理性彻底分裂和对立的精神实体。西方人精神世界的这种特点也

---

① 参见陈炎《多维视野中的儒家文化》，中国人民大学出版社，1997，第108～109 页。
② 参见高旭东、吴忠民等《孔子精神与基督精神——中西文化纵横谈》，河北人民出版社，1989，第 14 页。

决定了西方社会结构必然表现出感性方面和理性方面的彻底对立，即个性张扬的民族性格与严格法律的对立。

正如前所述，商品经济的发达，发育了古代西方人人格的独立和自由，同自然的抗争又锤炼了其品质，进而他们形成了富于冒险、喜欢刺激、个性张扬的性格。从古希腊的海上探险到麦哲伦的环球旅行再到美国的阿波罗登月、从古罗马的角斗到中世纪的决斗再到现代西班牙的斗牛无不渗透着西方人感性的冲动。正是这种个性张扬的性格促成了他们比东方人更知道珍爱自己的权利和自由，因而权利本位的思想最早起源于西方。早在公元前 3 世纪，古希腊思想家伊壁鸠鲁就提出了社会契约学说，认为人生而有约定之权。之后斯多葛学派的代表人物芝诺最早提出了历史上的自然法思想，强调人有自然权利。

纵观西方历史，我们不难看出，它的政治思想史就是权利本位不断丰富的历史，它的社会发展历程就是人们不断争取自身权利的过程。但事物总是具有两面性的，个性张扬确实能给人类带来自由和民主，但它往往又具有极强的破坏性。即使是权利和民主，如不按规则运行也会给社会带来灾难。从法国大革命时期雅各宾派的"红色恐怖"和美国历史上南方白人对黑人的民众私刑中就可见一斑①，因而对他们进行理性约束就显得非常必要。从这个意义上

---

① 关于美国的民众私刑，可参见林达《我有一个梦想：近距离看美国之三》，生活·读书·新知三联书店，1999，第 392～404 页。

讲，法律是作为约束感性冲动的理性形式而出现的。

纵观古今，西方社会法律传统悠久而成熟。早在雅典城邦时代就开始了以法治国的先河，公元前 621 年的德拉古立法、公元前 590 年开始的棱伦立法、公元前 509～508 年的克里斯提尼立法和公元前 462 年的阿非埃尔特立法、伯里克利"宪法"等无不是早期法治主义的真实写照。继承古希腊文明本体的古罗马社会创造出的辉煌的罗马法"是纯粹私有制占统治的社会的生活条件和冲突的十分经典的法律表现，以至于一切后来的法律都不能对它做任何实质性修改"[①]。

现代西方社会的法律更具有了至高无上的权威，法治观念深入人心。上至政治矛盾，下至民间纠纷无不通过法律手段来加以解决。程序被奉为法律的灵魂，为保证程序正义甚至可以牺牲个别实质正义。"个性自由的西方社会之所以没有陷入人欲横流的境地，就是因为有了健全的法律制度而构成了其'民族社会结构'中的相反一极。"[②] 而且法治主义孕育下的融于民情之中的法学家精神也在潜移默化间规束着民主和权利，正如法国著名思想家托克维尔所说："对法律做过特别研究的人，从工作中养成了按部就班习惯，喜欢讲究规范，对观念之间的有规律联系有一种本能的爱好。这一切自

---

① 《马克思恩格斯全集》（第 21 卷），人民出版社，1965，第 454 页。
② 陈炎：《多维视野中的儒家文化》，中国人民大学出版社，1997，第 135 页。

然使他们特别反对革命精神和民主的轻率激情。"① 他曾这样借美国的民情评述西方的法学家精神："当美国人民任其激情发作陶醉于理想而忘形时，会感到法学家对他们施有一种无形的约束。使他们冷静安定下来……法学家……用他们对规范的爱好去对抗民主对制度的轻视，用他们处事沉着的习惯去对抗民主的急躁。"② 纵观西方近现代史，以人性为指导的法学家（大法官）以裁判的形式捍卫少数人的权利、否定民主的癫狂、维护既定的秩序的情形亦不鲜见。

综上所述，中国人的思维是阴阳式的，两元素界限模糊，彼此共生、互不独立、功能互补。如果将这两元素也视为感性和理性，不难看出，在中国人的精神世界里感性和理性分裂得不够彻底。感性中有理性，理性中有感性，感性没有过分的冲动，理性也没有过分的深沉。因此中国古代的主流文化就是"入世"与"出世"、"建构"与"解构"、儒家与道家互补的中庸文化。基于此因，一方面中国人不可能具有西方人那样的张扬的个性，而是形成了在孔夫子教导下的不偏不倚、冷静稳当、循规蹈矩、中和之治的民族性格；另一方面中国社会里也不可能大量出现西方社会那样的权利与义务严格分离的法，而是形成

---

① 〔法〕托克维尔：《论美国的民主》（上卷），董果良译，商务印书馆，1988，第303页。
② 〔法〕托克维尔：《论美国的民主》（上卷），董果良译，商务印书馆，1988，第309页。

权利（感性）和义务（理性）混沌一体、情感（感性）与规则（理性）合一的具有浓厚伦理色彩的"礼"。① 而严格的法因为不符合中国人的性格只能处于相对次要的地位而作为"礼"的补充手段，即所谓"礼制为体、法制为用""出礼入刑、礼刑结合""明德弼教""先教后诛"。这种礼治文化延续几千年，一直是中国法律文化的主体，进入现代社会，随着中华法系的消亡，"礼"的躯体已不复存在，但其精髓并未消亡，以至于现在的中国人还常常为情和法间的选择而大伤脑筋。中国人把社会发展寄托于规则，但在自然、不自然中往往喜欢破坏规则。有法不依的深层文化根源就在这里。

（二）法律信仰主义和法律工具主义

如前所述，宗教始终统治着西方人的精神世界，从因果的思维模式中也能解释其原因。从有果必有因的思维线索向上推，西方人必须为自己的现实世界找出一个最初的创造者，这个创造者可以是"数"，也可以是"概念"，还可以是"太一"，更可以是"上帝"。正是遵循了此路线，西方人才最早地提出了自然法的思想。古罗马

---

① 权利以其特有的激励机制有助于实现人的自由，义务以其特有的约束机制有助于实现社会的秩序。权利反映人的感性自由，义务体现社会的理性约束。笔者正是在这个意义上使用感性和理性的概念。权利和义务的分离是成熟的法的标志，原始社会的道德和阶级社会的法的区别就在这里。权利义务混沌一体的礼，它的发达也是中国早熟社会的一个明证。

著名的法律家西塞罗对自然法曾这样解释道："法是上帝贯彻始终的意志，上帝的理性依靠强制或者依靠约束支配一切事物。为此，上帝把刚才赞美过的那个法赋予人类。"①由此可见，西方人对法的信仰已经具有宗教崇拜的色彩。

一提起宗教，我们通常是把它作为法治的大敌来认识的。因为近代法治主义的胜利是伴随着民主、自由、科学，反对中世纪神权而取得的。如果经过细致的考察，你就会发现问题并不是这么简单。其实，宗教神学并不排斥法律。《圣经》中耶稣曾说过："莫想我来要废掉律法和先知；我来不是要废掉，乃是要成全。我实在告诉你们，就是到天地都废去了，律法一点一画也不能废去，都要成全。"② 事实上，即使是中世纪的欧洲宗教法也是统治者实施统治的重要形式。正是在这个意义上法国著名法学家马里旦曾精辟地指出："真正的自然法观念是希腊和基督教思想的一种遗产。"③ 宗教对法律的肯定强化了人们对法律的信仰，因此，法治主义几千年来在西方社会经久不衰，其精神之源就是人们对法律的宗教徒般的信仰和崇拜。苏格拉底何以慷慨赴死？对法律的信仰使然。元老院众元老不惜刺死

---

① 〔古罗马〕西塞罗：《法律篇》，载《西方法律思想史资料选编》，北京大学出版社，1983，第76页。
② 《马太福音》第5章，第17~18节。转引自高旭东、吴忠民等《孔子精神与基督精神——中西文化纵横谈》，河北人民出版社，1989，第5页。
③ 〔法〕马里旦：《人和国家》，霍宗彦译，商务印书馆，1964，第79页。

他们的英雄——凯撒（凯撒想当终身执政官，破坏了古罗马的民主与法治），何以使然？仍然是对法律的信仰。

由此看来，正是宗教帮助了法律，使它内化成人们心中的一种信仰，进而使法律一直成为调整西方世俗社会的最权威力量，甚至国王也不能逃脱它的约束。于是西方社会就有了这样的法律格言："国王在臣民之上，但在上帝和法律之下"①，"若不是法律许可，国王一无所能"②。于是就有了诸如磨坊主告败皇帝、柯克法官责批国王等一幕幕生动的法律故事。③ 正是基于这种信仰法律才成为约束权力、保护权利的重要力量，因为在历史的发展中人们形成了这样的共识：只有国王按法律行事才是符合正义的，不遵守法律就是践踏了正义，故而也就失去了人民拥戴的基础。查理一世、路易十六正是在这个意义上被人民推上断头台的。

让我们观察一下阴阳式的思维模式，我们可能看出阴阳图上下排列、和谐有序、结构封闭稳定。这些特点正反映了中国人重秩序、重稳定，讲究中庸的性格。真可谓"乾知大始，坤作成物；乾以易

---

① 〔爱尔兰〕转引自 J. M. 凯利《西方法律思想简史》，王笑红译，法律出版社，2002，第 223 页。
② 转引自张中秋《中西方法律文化比较研究》，南京大学出版社，1999，第302 页。
③ 这两个故事可分别参见王建芹《强化监督，制约权力——中国反腐败的理性思考》，中国方正出版社，1997，第 180～182 页；贺卫方《司法的理念与制度》，中国政法大学出版社，1998，第 247～249 页。

/ 当代中国道路与智慧

知，坤以简能"（《易·系辞上传》）。"'天在上油然作云，沛然下雨'是主动的施与者；而地在下静静地接受'雨露滋润'，是被动的接受者。天地和合，就出现了雨露滋润禾苗壮的生机。同理，男在上主动施予，'云雨一番'；女在下静静接受，男女和合，就会生养人的生命。君在上主动施予，'皇恩浩荡'；臣民在下被动接受，'沐浴皇恩'，君臣和合，就会多生产，多打粮食，社会有机体才会正常运转。"① 又可谓"父慈、子孝、兄良、弟悌、夫义、妇听、长惠、幼顺……"（《礼记·礼运》），每个人都有自己的职责和位序、不能随意僭越、擅离职守。

在这样的社会里秩序是人追求的首要价值，而秩序的核心又是王权。因此，为维护秩序和王权，防止人们离经叛道，犯上作乱，刑法因特有的强制机制就必然成为控制社会的重要工具。故而中国传统法律文化也必然会表现出泛刑法主义的特点，"以刑为主，刑民不分、诸法合体"的法律结构就是具体体现。"翻开中国古代的法典，从有史以来直到清末所有的成文法几乎全部都是刑法。若以现代法学观点分类，在中国几千年之久的数百种成文法典中，纯粹与刑法无关的民法、经济法法典简直没有一部。"② 加

---

① 高旭东、吴忠民等：《孔子精神与基督精神——中西文化纵横谈》，河北人民出版社，1989，第31页。

② 林剑鸣：《法与中国社会》，吉林人民出版社，1988，第206页。

之没有宗教式的内在升华，法律始终没有内化成人们心中的信仰，而一直是维护王权与秩序的工具。既然是一种工具，它必然只能对臣民有效，对君王无效。统治者一旦认为法律有助于维护自己的统治便高举法制，而一旦认为法律有碍自己意志的实现便会毫无顾忌地破坏法律。

时至今日，中国的法制仍有很强的工具主义色彩，不屑说极"左"时代法律的"刀把子""印把子"的称谓，就时下所宣扬的"为市场经济保驾护航""是社会长治久安的保障"等说法来说，也是深受这一影响。每年我们都能出台十几部甚至几十部法律，而实际上这些法律对普通百姓的约束要远比对政府的约束大得多。如果法律不能约束政府，法治是无论如何也实现不了的。中国人传统中的"惧法""厌法"的心理加之日趋严重的司法腐败促成了当代中国新一轮的法律信仰危机。这是很值得我们深思的。因为我们必须知道"法治的精神意蕴在于信仰，一种宗教徒般虔诚而真挚的信仰"[1]。

（三）法学与律学

西方法学研究的兴盛，很大程度上要归功于西方人因果式的思

---

① 姚建宗：《信仰：法治和精神的意蕴》，《吉林大学社会科学学报》1997 年第 2 期。

维模式。这种思考世界的方式激发了他们探索自然的兴趣，锻炼了他们的思辨能力，极大地推动了形而上学和逻辑学的发展。近代自然科学就是在这个基础上产生并发展起来的。同理，法学的产生和发展也离不开这种思维。正如前面所述，从有果必有因的进路进行形而上学的思考，西方人当然会创造出自然法的理论；那么利用因果式思维对法律进行逻辑学式的分析和论证也自然会创造出分析实证主义法学。它们始终是西方法学中最重要的两个学派。

又如前所述西方人始终能把法律当成一种信仰，因此法学家对法律的研究很大程度上不是从功利主义角度出发的，既然他们能把法律看作上帝的理性，那么他们就会很自然地认为对法律的注释或研究是在向神尽义务，在法学研究上每取得一个成果便是与上帝的距离又缩短了一步。这种超越性的动机促使法学家进行着忘我的工作，而逻辑性的方法则保证了这一体系更加系统和严密。如果法律能内化成一种信仰，那么不但法学家会认为自己的工作是无上光荣的事，即使是统治者和普通民众也会给法学研究赋予至高无上的社会地位。在罗马帝国时期，帝国境内到处都有法律学校，法学教育受到了皇帝的重视和支持，法学家在当时社会中是最为高尚的人。①因果式的思维是开放性的思维，具有很强的批判性和反思性。因此，

---

① 参见张中秋《中西方法律文化比较研究》，南京大学出版社，1999，第259页。

西方法学史中学派众多，名家辈出，著述丰富，所以，即使称古代西方法学为高度系统化、抽象化的社会科学也并不过分。

与西方人不同，中国人的思维更多地带有模糊、混沌、笼统、感性的成分。这种思维模式与创立一门具有严密体系的科学所必需的工具——逻辑思辨相去甚远。虽然早在春秋战国时期我国就出现了逻辑思辨性质的"名学"，但这只是昙花一现，未能影响中国人的思维方式，因而占主流的传统中国士人在观察和研究问题时，不重视对客观现象的分析、区分、解释、推理和对对象性质及其过程的精确描述，而是通过经验证明、直觉体验、简单类比罗列，超越逻辑演进过程，直接把握某种结果或真理。因此，尽管我国古代学者对某些法律研究得很早，但严格的法学理论并没有产生在中国。因为离开了逻辑和思辨就不能把握明确的概念，从而也就不能建立起严密的理论体系。[①]

功利主义的指导思想也阻碍了法学的发展，既然法律只是一个器物，那么完善其治术之功也就足矣，为何非要探究其精神和理念呢？保守、封闭性的思维注定了中国古代学者不可能像西方学者那样对以往法学成果进行批判性的反思或进行科学式的突破性的研究，因此，他们的所谓研究只不过是对现有的国家制度法的学习、注解、

---

① 参见张中秋《中西方法律文化比较研究》，南京大学出版社，1999，第247~248页。

校核、汇编、考证而已。从这个意义上说，中国古代对法律研究的学问不能称为严格意义上社会科学，即不能称为法学，而只能称为律学，也就是说它只是一种运用法律的技艺而已。再有，中国古代知识分子的人生价值是"学而优则仕"，对律学的研究只是做官的阶梯而不是敬神的义务，所以中国古代一直没有出现西方社会中把法学研究作为终身职业的法学家。法律在中国古代一直以政治工具的面目出现，因而它始终没有像西方法那样具有相对的独立性。虽然历代名家对法也有所阐述，但那只不过是他政治思想的副产品而已。这也是造成中国古代法学落后的一个重要原因。

三 对法律文化差异解析后的一点思考

通过以上分析和比较，我们可以看出中西方法律文化之间存在巨大差异。笔者认为，这种差异实际上是一种先进与落后、现代与保守之间的差异。必须承认，现代意义上的法天然地产生于西方，西方法律文化所孕育出的法治主义精神和品格是现代法的精髓。首先，我们必须敢于正视这个现实，因为只有敢于正视自己的不足和别人的优势，我们才能有奋进的动力和超越的可能。

其次，历史唯物主义法学观告诉我们，法的关系根源于物质生活关系，"无论是政治的立法或市民的立法，都是记载经济关系的要求而已"①。虽然笔者从思维模式的角度入手分析了中西方法律文化的差异，但这不过是一种新的视角和维度而已。因为，归根结底，思维模式的形成也是由一定的物质生活条件决定的。所以说，物质生活条件的差异是决定中西方法律文化差异的根本因素。换言之，这种差异实际上是自然经济及建立在它之上的专制政治和商品经济及建立在它之上的民主政治的差异。因此，在实现我国法制现代化的进程中，虽然移植西方法律文化必不可少，但最为关键的应该是大力发展我们的市场经济，不断推进我们的民主政治。因为市场经济和民主政治才是法治的土壤。

最后，任何民族的文化都不是十全十美的，可谓中国有中国的问题，西方有西方的难处。别的不说，法官、律师、警察、诉讼充斥的所谓的法治社会毕竟不是人类的理想社会。因而我们的学习西方不可能也不应该是全盘西化。事实上，中国传统法律文化也有许多人类的积极优秀成果，即使是西方法律文化在其发展进程中也不同程度地吸收了东方传统文化的积极成分（比如西方的公务员制度就吸收和借鉴了我国古代科举制度的积极因素）。在这点上我们应该发扬传统思维中的阴阳互补的优点，本土资源与外来文化的有机结合才是我们的出路。

---

① 《马克思恩格斯全集》（第4卷），人民出版社，1958，第121~122页。

/当代中国道路与智慧

中国当代社会审美化进程与审美文化反思

梁玉水[*]

按照现在较为通行的中国近现代以来历史的划分方式，从鸦片战争到 1919 年五四运动这段时间为近代，从 1919 年五四运动到 1949 年中华人民共和国成立这段时间为现代，1949 年中华人民共和国成立之后为当代。而当代中国的社会历史发展又至少可以标志性地划分为以缔造新邦纪的新中国、以改革开放纪的新时期、以千禧年纪的新世纪、以追求中华民族伟大复兴的"中国梦"纪的新常态新时代这样几个特征时段，其间包蕴着波澜壮阔的国际国内发展风云，书写着中国人民从"站起来"到"富起来"再到"强起来"的史诗般的伟大的民族复兴篇章。

在"中国当代思想与道路"这一题域中来谈中国社会审美化进程与审美文化特征与问题，其实主要是对"作为当代的当代"的当前之审美文化热点、特点进行历史性、批判性的分析与反思。"当前"乃是"当代"的最近最新的历史、社会、思想、文化等方面的结晶和形态呈现。对当前中国社会文化尤其是审美文化的认识离不开中国 170

---

* 梁玉水，吉林大学文学院副教授，主要研究方向为美学原理、审美文化。

年来的近现代历史，只有在这一总体历史进程中，在中西文化会冲、文明互鉴中，我们才能够真正地理解中国当代思想与道路，深刻地把握中国道路、制度、理论、文化的嬗变、选择与中国经验，进而结合我国当前经济、社会、历史、思想、文化、交往的新实际、新特点、新问题，对中国以及人类未来做出富有唯物精神、历史意识、辩证内涵、世界价值、中国智慧的新时代思考，也才能够真正对当前中国社会生活中作为存在事件和流行文化的审美文化观念及其价值取向做出历史唯物主义的反思与判断，为构建新时代中国特色社会主义精神文明与社会审美文化去伪存真，辨方向、定方位。

一 美与审美：社会文明的参数，
人的精神的"类能力"

"美普遍地存在于人类文化之中，宇宙、人生、社会、自然、艺术，无不有美"[①]，美学作为学问和学科便是哲学家、思想家对人类审美活动和审美现象的思想理解和理论把握。美与美感的产生就其本质来说是一个人类学事件，美与美感的丰富、发展与演变，更是具有人类学本体论意义。正是在人类实践的过程中，在人类历史

---

① 张法：《美学导论》，中国人民大学出版社，2015，第1页。

　　　　　　　　　　　　　　　／当 代 中 国 道 路 与 智 慧

变迁和文明发展与交往中，审美文化不断地获得建构、更新、重塑、再造，呈现历史性、阶级或阶层性、民族性、地域性、肯定性、否定性、社群化、主流化、性别化、时尚化、亚文化等众多性质、形态与特征。

就人类的历史发展和美、美感意识、审美文化、美学研究形态进展而言，大致可由人类文明进程而分为五个阶段。① 第一阶段是从 200 万年前人类产生，特别是 4 万年前仪式和艺术出现到埃及文明和苏美尔文明出现的原始时代。这是一个仪式出现的时代，仪式及相应的装饰性体现在各种各样的劳动工具、生活用具、狩猎武器、装饰艺器、身体饰品以及建筑样式、诗乐舞艺中。装饰性的需要表明人类产生了美和美感。正如席勒所言，"是什么现象宣告野蛮人进入人性的呢？ 无论我们对历史探究到多么遥远，在摆脱了动物状态奴役生活的一切民族中，这种现象是一样的：对外观的喜爱，对装饰和游戏的爱好"②。第二阶段是从埃及文明和苏美尔文明开始的六大早期文明③时期，这六大文明在文化上的同质性是都以神庙作为

---

① 参考张法《美学导论》，中国人民大学出版社，2015，第 4~5 页。
② 〔德〕席勒：《席勒美学文集》，张玉能译，人民出版社，2011，第 286 页。
③ 即古埃及文明，两河文明，古印度河文明，中国夏商周文明，美洲奥尔梅克文明（包括后来的古玛雅文明、印加文明、阿兹特克文明），非洲约鲁巴文明、贝宁文明。参考〔加拿大〕崔格尔《理解早期文明：比较研究》，徐坚译，北京大学出版社，2014。

文化的核心，可称为神庙时期，神庙中的神具有人体的形象。"美"字在各个文化中出现。这一时期人类的美和美感观念主要集中在国家型的宗教艺术上。

第三个阶段是经公元前1600年～公元前900年的轴心民族酝酿时期①而在公元前800年～公元前200年开始的轴心时代②到17世纪现代性开始的时期。这一时期轴心文化圈几乎同时基于"反思"意识而产生了哲学突破，人类开始用理论形式讲述美和美感。其中西方文化以柏拉图追求美的本质为标志，开始建立一种西方型美学理论形式和话语方式，而中国文化和印度文化则形成了一种不同于西方型美学的美学类型。

第四个阶段是从17世纪现代文化在西方产生并全球扩张，到20世纪下半期的现代时期。此间，德国学者鲍姆嘉通认为人的主体结构和心理活动分为知、情、意三个方面，"与知（理智）相对应的是逻辑学（包括科学和哲学），与意（意志）相对应的是道德哲学（包括伦理学和宗教学），与情（情感）相对应的作为感性认识之完善的是aesthetica（美感），与之相对应的是自由艺术"③。1750年鲍

---

① 参考〔英〕凯伦·阿姆斯特朗《轴心时代——塑造人类精神与世界观的大转折时代》，孙艳燕、白彦冰译，海南出版社，2010。
② 参考〔德〕卡尔·雅思贝斯《历史的起源及目标》，魏楚雄、俞新天译，华夏出版社，1989。
③ 张法：《美学导论》，中国人民大学出版社，2015，第10页。

/当代中国道路与智慧

姆嘉通正式用"Aesthetica"来称呼他研究人的感性认识的一部专著,"美学"由此诞生,他也因此被誉为"美学之父"。aesthetica,古希腊文意为"感性学",后来途经日本转译为汉语"美学"。总体来说,这一时期,美学在西方的学术体系和学科体系中正式命名,并随着西方文化的扩张而主导性地播布世界,引起了非西方文化圈"西方式现代美学"的建立及原有美学形态的调适。

而第五个阶段则是从 20 世纪后期到现在,民族解放运动、国际格局动荡调整、科学技术革命性进步推动着世界多极化、经济全球化、社会信息化、文化多样化时代的到来,这一阶段的美学出现了对西方型美学的反思和否定倾向,走向了民族美学、本土美学自觉自省、重塑重建时期,新世界图景的出现,文明理念、思想形态的革新也催生着诸如生态型美学、生活型美学、身体美学、环境美学等新美学形态的兴起。

总体观之,人类审美活动及审美文化以人类实践为基础,在一横一纵的时间性推进和空间性分布中,在多元文明起源、多元文化互动互通中错综交替、盘桓演进,不断生成和发展,并作为历史阶段特征和时代精神表征构成了人类社会文明进步的参数和精神文化的指标。

而在更为哲学的意义上,也可以说,审美是人的类存在、类活动的本质性特征,是人之为人的类本质规定,是"人的精神的类能力"①，且是最能体现人的本己性、本真性、本质性的"尺度"和"关系"的"人的精神的类能力"。马克思在《1844年经济学哲学手稿》中曾言："动物的生产是片面的，而人的生产是全面的；动物只是在直接的肉体需要的支配下生产，而人甚至不受肉体需要的影响也进行生产，并且只有不受这种需要的影响才进行真正的生产；动物只生产自身，而人再生产整个自然界；动物的产品直接属于它的肉体，而人则自由地面对自己的产品。动物只是按照它所属的那个种的尺度和需要来构造，而人却懂得按照任何一个种的尺度来进行生产，并且懂得处处都把固有的尺度运用于对象；因此，人也按照美的规律来构造。"② 正是在马克思所言的"按照美的规律来构造"世界、改造世界的过程中，"人才真正地证明自己是类存在物"，这种"生产"也才是"人的能动的类生活"，而通过这样的一种"生产"，"自然界才表现为他的作品和他的现实"。此时，劳动的对象"才是人的类生活的对象化：人不仅像在意识中那样在精神上使自己二重化，而且能动地、现实地使自己二重化，从而在他所创造的世界中直观自身。"③ 在这种直观中获得的愉悦和满意，便是按照美的规律构造世界所得到的精神的实现和审美的满足。

---

① 《马克思恩格斯文集》（第1卷），人民出版社，2009，第163页。
② 《马克思恩格斯文集》（第1卷），人民出版社，2009，第162~163页。
③ 《马克思恩格斯文集》（第1卷），人民出版社，2009，第163页。

　　　　　　　　　　　/ 当代中国道路与智慧

这样的类活动特征构成了人的"生命活动的性质"："一个种的整体特性、种的类特性就在于生命活动的性质，而自由的有意识的活动恰恰就是人的类特性。""有意识的生命活动把人同动物的生命活动直接区别开来。正是由于这一点，人才是类存在物……仅仅由于这一点，他的活动才是自由的活动"。① 审美与自由之间基于人的实践活动的自由与自觉、合规律性与合目的性相统一的类特性而形成的内在性关联缔结为二者之间的本体性关系，并作为人类自由、解放、文明、进步的标志、象征、维度，与"求真"和"向善"共同构筑着人类文明的最高价值系统，对人类的生命、生产、生活做出范导与引领。一定程度上可以说，一个国家、一个民族、一个社会的审美文化水平和性质体现着这个国家、这个民族、这个社会的文明进步程度、思想文化境界和精神生活风貌。

二 当代中国社会的现代化进程与 "审美化"语境

富强、民主、文明、和谐、美丽的社会主义现代化国家是近现代以来中华民族勠力同心、持之以恒的奋斗目标。中华人民共和国

---

① 《马克思恩格斯文集》（第 1 卷），人民出版社，2009，第 162 页。

成立初期，以苏联模式为样板、与传统社会主义观念相适应的高度集中的计划经济体制，在生产力落后、经济基础薄弱的条件下，对集中有限的物力、财力恢复发展国民经济，实现工业化起步，开展大规模有计划的经济建设起到过积极作用。然而，由于不符合经济运行规律，这种体制逐渐暴露出与经济社会发展不相适应的弊端。十一届三中全会以来，中国共产党不断冲破传统社会主义观念和固有利益格局的束缚，坚持和发展中国特色社会主义，不断推进和深化经济体制改革，实现了从计划经济到有计划的商品经济，再到社会主义市场经济的历史性转变，取得了社会主义基本制度与市场经济结合的重大成果。社会主义市场经济体制的建立和完善极大地解放和发展了社会生产力，推动了我国经济的迅速发展，使综合国力和人民生活水平得到显著提高。[1]

生产力是最具有革命性的因素，经济现代化是社会主义现代化的先决性条件，"贫穷不是社会主义"。解放思想、改革开放，利用一切条件、资源、要素发展生产力，实现经济引领、协同发展，是新时期以来中国现代化进程中的基本思路。通过改革开放、新的改革开放、全面深化改革不断扩大开放，我们在政治、经济、文化、社会、法治、外交等各个领域进行体制性改革、机制性探索，开辟

---

[1] 参考于建《中国社会主义经济体制改革的回顾与思考》，载《第十五届国史学术年会论文集》，2016 年 9 月。

/当代中国道路与智慧

出了中国特色社会主义道路，形成了中国特色社会主义理论体系，取得中国特色社会主义建设的伟大成绩和巨大进步。"中国特色社会主义道路……之所以能够引领中国发展进步，关键在于我们既坚持了科学社会主义的基本原则，又根据我国实际和时代特征赋予其鲜明的中国特色。"① 中国社会的现代化道路和现代化进程，极大地解放、释放了生产力，开放、开阔了思想文化视野，在"中国特色""全球史观""人类命运共同体"等理念指导下的全球经济社会文化交往中，越来越推动中国社会从匮乏时代进入富足小康时代，中国当代社会也越来越进入一个"审美化"的现实情境中，由此，必然地在思想文化层面带出了关于审美文化的思考。

如前所述，审美文化是时代、社会、民族、国家精神生活和文化状况的重要表征。人类以降，作为人类学事件，美逐渐浸润、渗透在人类生产、生活的方方面面，以"感性"之身光华灿烂地构筑并表现着人类的物质文明和精神文化，反映着人类审美理想、价值、趣味之变化移迁。

总体来看，对审美文化的理解有广义和狭义之分，广义来说，可以指"古今中外以文学艺术为核心的一切具有审美特性与价值的

---

① 胡锦涛：《高举中国特色社会主义伟大旗帜　为夺取全面建设小康社会新胜利而奋斗——在中国共产党第十七次全国代表大会上的报告》，2007 年 10 月 15 日。

文化产品或形态"，既可以仅理解为精神产品，也可以包含从物质到制度再到精神的全盘包容的大文化，只要它具备"感性意象性""无功利性或超功利性""心灵自由性""精神愉悦性"等审美特性，都可以归属为"审美文化"。① 狭义来说，则专指当代文化，或者当代的大众文化。这种富有"现代""当代"精神内涵的审美文化是由法兰克福学派首先提出，指称当代西方资本主义社会在现代化进程中所出现的具有"同一性""同质性"特征的文化类型，这一提法对当代西方发达资本主义社会的技术性、商业性文化操控导致的文化异化进行了深刻的批判，指明了其文化"审美化"背后的"反审美化"实质。阿多诺、本雅明、鲍德里亚、费瑟斯通、韦尔施等人都曾在这种意义上谈当代文化问题，当代中国一些学者正是在这种批判性、反思性意义上把当代文化概括为审美文化。

进而言之，审美文化有两种性质和评价形态，"一种是从席勒美学观念衍生出来的肯定性评价，即认为审美文化是人性整合的完美文化形态"，一种是"批判性评价，认为审美文化是文化工业通过审美乌托邦的幻象操控个人精神的反人性形态"。②

作为"从中国近年来的文化现象中激发出来的文化和学术思考

---

① 朱立元：《"审美文化"概念小议》，《浙江学刊》1997 年第 5 期。
② 高小康：《当代审美文化的消费本质与时代特征》，《学术研究》2006 年第 3 期。

问题，'审美文化'的核心就是当代审美文化。而这个当代问题产生的语境则是社会生活经验的变化"①。中国当代社会生活经验的变化，主要是指20世纪90年代以来消费社会来临，以及由此导致的中国社会"日常生活审美化"②进程。正如德国学者沃尔夫冈·韦尔施描述的："当前我们正经历着一场美学的勃兴。它从个人风格、都市规划和经济一直延伸到理论。现实中，越来越多的要素正在披上美学的外衣，现实作为一个整体，也愈益被我们视为一种美学的建构。"③ 这种审美化的背后，是现代经济中的市场规律作用、资本因素驱动、广告传媒推助、情感欲望释放以及由此带来的生产型社会向消费型社会的社会形态转变和文明形态转变。由于这种形态转变，世界越来越成为一个富有"装饰、生动、经验"的喧嚣的"超级的审美世界"④。"审美化意味着用审美因素来装扮现实，用审美

---

① 高小康：《当代审美文化的消费本质与时代特征》，《学术研究》2006年第3期。

② 英国学者迈克·费瑟斯通（M. Featherstong）最早提出，指的是审美活动超出所谓纯艺术、文学的范围，渗入大众的日常生活中的一种文化现象。他于1988年4月在新奥尔良"大众文化协会大会"上做了题为"日常生活审美化"（*The Aestheticization of Everyday Life*）的演讲，认为日常生活审美化正在消弭艺术和生活之间的距离，在把"生活转换成艺术"的同时也把"艺术转换成生活"。

③ 〔德〕韦尔施：《重构美学》，陆扬、张岩冰译，上海译文出版社，2006，第3~4页。

④ 〔德〕韦尔施：《重构美学》，陆扬、张岩冰译，上海译文出版社，2006，第4页。

眼光来给现实裹上一层糖衣。这显而易见是接受了一个古老的和基本的需要，这就是相应我们的形式感觉和形式情愫，对一个更美好现实的需要"，以至于"那个古老的梦想，那个通过引入美学来改善生活和现实的梦想，似乎又让人记上心头"①，生活中到处是"审美的策略""审美的氛围"。然而，在这种"表面的审美化"中，"一统天下的是最肤浅的审美价值：不计目的的快感、娱乐和享受"。韦尔施由此感慨："经验和娱乐近年成了文化的指南""这一生气勃勃的潮流，在今天远远超越了日常个别事物的审美掩盖，超越了事物的时尚化和满载着经验的生活环境。它与日俱增地支配着我们的文化总体形式"。② 而审美因素对现实的润饰和包装，也使得现代人越来越成为"美学人"（homo aestheticus）——"他十分敏感，喜好享乐，受过良好教育，最重要的，是有着精细入微的鉴别力。他知道趣味问题是没有可争辩的。如此，在包围着我们的动荡混乱中间，就提供了一种新的安全感。他抛弃了寻根问底的幻想，潇潇洒洒站在一边，享受着生活的一切机遇。"③

---

① 〔德〕韦尔施：《重构美学》，陆扬、张岩冰译，上海译文出版社，2006，第5页。

② 〔德〕韦尔施：《重构美学》，陆扬、张岩冰译，上海译文出版社，2006，第6页。

③ 〔德〕韦尔施：《重构美学》，陆扬、张岩冰译，上海译文出版社，2006，第10页。

环顾我们所生活的世界，就会发现，这种审美化的版图与边界借助资本力量、市场策略、传媒手段，不断扩张，并成为一种"审美化力量"，外溢并充斥到政治、经济、时尚、服装、环境、美容、美妆、美发、整形、艺术、策展、婚恋、爱情、博物馆、影院、咖啡馆、工业生产、文化创意、城市、乡村、阶层、性别，以及自由、解放、超越、愉悦、精神、关怀、存在、终极、价值等方方面面，给我们塑造了种种乌托邦假想和幻象。我们看似走进了一个"审美化"的"美丽新世界"，而与这个看似审美化的外在世界相对的我们的真实生存、精神处境、心灵状况却不容乐观，当代社会审美文化并没有像席勒想象的那样使人变得更自由、更完美，却如同阿多诺所批判的那样，人越来越变成了盲目的、被动的审美文化产品的消费者。

这些文化现象是当前中国社会复杂的历史、现实基础上生成的与传统审美文化观念截然有别的新形态，是当代中国社会发展现实的价值呈现和文化表征。在更为根本的意义上，正如当代英国马克思主义文化理论家雷蒙·威廉斯的文化唯物主义（cultural materialism）思想观点所称，文化是一种生活方式的总和，文化不仅仅是高高在上的启蒙理念，而是物质、知识与精神所构成的整个社会生活方式和生活过程，"经济结构及其相应的各种社会关系，是交织文化的主导线索，惟其如此，文化才得到理解"①。理解当前中国经济、政治、社会发展转型期的种种审美文化现象对于我们不断地批判、超越、更新、发展、重建新的文化具有重要意义。

三 "物托邦"与唯"物"主义批判：
消费主义审美文化面相之一

思想解放、改革开放、市场经济、商品贸易、资本驱动、科技进步、媒介推助、欲望释放不断地造就出一个"物"的崛起的中国，逐渐使中国走出生产型、匮乏型社会，走向消费型、富裕型社会，在20世纪90年代之后尤其是进入21世纪以来，中国当代社会消费文化盛行。"消费文化的实质就是在人类生存的基本物质需要之外不断地增加符号的、表象的、幻象的产品，从而推动着文化活动从生存、繁衍和安全向交往、体验和幻想扩张"②，它是消费被塑造为价值的社会意识形态的文化呈现。中国当代社会受消费文化影响进入了一个精致又粗鄙、高级又低级、文明又野蛮的文化时期，包括道

---

① *Culture and Society：Coleridge to Orwell*（By Raymond Williams）. 转引自陆扬、王曦、竺莉莉《文化马克思主义——英法美马克思主义美学研究》，上海交通大学出版社，2016，第17页。

② 高小康：《当代审美文化的消费本质与时代特征》，《学术研究》2006年第3期。

德、信仰、审美价值观在内的时代精神状况备受考验，受这种文化影响，唯"物"主义、唯"新"主义、唯"美"主义、唯"乐"主义现象流行，并成为消费主义审美文化的四个乌托邦面相。这些现象和问题，需要我们以历史唯物主义眼光审视，看到它们在社会发展和文化发展中的历史性和阶段性，也需要我们以辩证唯物主义方法去思考，辨明其合理性与局限性。

生产型社会、匮乏时代的"为物所困""为物所累""为物所役"与消费性社会、富裕时代的"为物所困""为物所累""为物所役"是截然不同的。如果说前者是无可选择、没有选择的困顿与存在之重，那么后者则是无法选择、如何选择的焦虑与存在之轻，以及被物包围、人被物化的现代性处境。正如鲍德里亚所言："今天，在我们的周围，存在着一种由不断增长的物、服务和物质财富所构成的惊人的消费和丰盛现象。它构成了人类自然环境中的一种根本变化。恰当地说，富裕的人们不再像过去那样受到人的包围，而是受到物的包围……我们生活在物的时代"，并且，"我们根据它们的节奏和不断替代的现实而生活着，在以往所有的文明中，能够在一代一代人之后存下来的是物，是经久不衰的工具或建筑物，而今天，看到物的产生、完善和消亡的却是我们自己"。①

---

① 〔法〕鲍德里亚：《消费社会》，刘成富、全志钢译，南京大学出版社，2014，第1~2页。

人类关于美好社会、理想社会的想象——如理想国、乌托邦、桃花岛、太阳城、空想社会主义、科学社会主义——中除了最完美的制度安排等特征之外，最重要的就是"物"的丰饶，人们生活富足安定，按需分配，物质自由。对于从新中国物质匮乏时代走过来的中国人而言，计划经济时代的配给制匮乏记忆是刻骨铭心的。这种计划经济时代的体制性束缚窒息了社会生产力的发展，走向了社会主义解放生产力、发展生产力的制度优势的反面。十一届三中全会以来，通过思想解放、制度创新、改革开放，中国特色社会主义市场经济体制不断建设和完善，从根本上释放了社会主义经济活力，实现了从生产型社会向消费性社会的转型，从粗放型发展模式到集约型发展模式，从以经济建设为中心向科学发展、可持续发展、协同发展的创新转变，不断推动着中国社会主义现代化进程。

带着对贫困、匮乏、禁锢的"受动性"记忆，改革开放之后的中国，迎来了感性爆发、欲望勃兴、激情释放的"能动性"想象和"主体性"追求。而资本逐利的渴望、消费主义意识形态的怂恿蛊惑、各种广告传媒的推波助澜，也逐渐形成并强化了我们的恋物倾向，物化了时代的价值观，使得我们对物的依赖、崇拜、迷恋带有瘾性、癖性症候。

在《1857~1858年经济学手稿》中马克思曾以人的发展状况、主体形态为特征，将人类社会历史发展划分为三大阶段，即自然发生的人对人的依赖关系阶段、以物的依赖性为基础的人的独立性阶段，以及建立在个人全面发展和他们共同的社会生产能力成为他们的社会财富这一基础上的自由个性成为可能的自由和全面发展阶段①，其中第二阶段为第三个阶段创造条件。马克思对资本主义社会中人与物的关系做了历史的、辩证的描述和揭示，正是通过并借助商品经济、市场经济的作用，形成了人与他人、与世界普遍的社会物质交换、多方面的需求和能力体系以及全面的可能性关系，从而丰富了人的自由全面发展的客观物质基础体系，培养了独立、全面、自由的主体性之可能性。但是在这个过程中，这种以人对物的依赖性为基础形成的独立性又容易异化为人对物的依附性和人的物化以至于异化，导致走向自由、独立、全面发展的反面，从而引起现代社会中人的主体性迷失。

在"物托邦"的想象和迷恋中，我们既要看到人类历史发展、社会文明进步中的历史唯物主义意义上的唯"物"主义合理性，看到"物"的需要的人类学基础性和必要性。同时，也要看到，消费主义意识形态影响下片面发展"物"质文明，忽视精神文明、心灵文化建设，甚至消费、消解精神文明，导致了世俗主义、物质主义、虚无主义的不良倾向。不断生产的结构性的"物"与不断增长的体系性的"'物'的需要"，在对物的消费的同时也造成了物的惊人浪

---

① 《马克思恩格斯文集》（第 8 卷），人民出版社，2009，第 159~163 页。

费，在对物的依赖过程中也疏离了人的信赖。社会文化、伦理道德、人际关系的涣散、荒芜、萧条、破败，造成了诸如幽闭、抑郁、焦虑、冷漠等症候性时代人格。如果不能够真正地树立起对"物"的正确态度，那么，"物的崇拜""物托邦信仰"受消费主义意识形态催化，使我们在从匮乏的"绝对贫困"走出之后，必将陷入不知餍足、永远"相对贫困"的万劫不复之中。

四 "新托邦"与唯"新"主义批判：消费主义审美文化面相之二

"新"在中国古代文化中具有重要的思想价值和实践意义，从三千年前《诗经》中"周虽旧邦，其命维新"到《周易》中"刚健笃实，辉光日新""革，去故也，鼎，取新也"，以及"穷则变，变则通，通则久"，再到《礼记·大学》所载商汤盘铭所刻"苟日新，日日新，又日新"，处处可见"新"的"辉光"和精神蕴含，中国文化精神薪火永驻、长存不息的核心之道就是于"其命维新"。新，就是变，就是易，生生之谓易，新就是生，就是通，故能久，能不息。

中国的现代化进程，就是我们不断求新求变，以期中华民族之伟大复兴的历史进程。鸦片战争以后的洋务运动、维新变法、辛亥革命、新文化运动、五四运动，北伐、抗日战争、解放战争、中华人民共和国成立以及改革开放、新时期、新世纪、新时代中国现代化建设，无不含有"破旧立新""革故鼎新""推陈出新""创造创新"的"新"之追求与智慧，如新中国、新时期、新世纪、新常态、新时代，新即新新之道，就是扬弃。在这个意义上来说，"新"构成了我们关于世界的发展理解、价值判断、未来想象，我们相信与时俱进、日新月异之"新"必将带来新气象、新生活、新世界。然而，"维新"与"唯新"毕竟不同，"维新"二字自"周虽旧邦，其命维新"之说后被视为"变革"的代名词，近代以来很多事件都以此二字命名，如明治维新、维新变法等。而"唯新"就字面含义而言，则指的是片面追求"新"，达至"主义"之境地，将"新"的哲学内涵、历史精神和辩证方法肤浅化为消费主义意识形态下的"新"追求——新的就是好的，新的就是应当的。事实上，我们今天就处于消费主义意识形态不断推动之下具有唯"新"主义色彩的"维新运动"之中。

物的"崛起"与新的"更迭"都是市场经济、资本社会、消费主义意识形态共谋的结果。对这种"新"的更迭及伴随的"新托邦"进行唯"新"主义批判，就是要警惕盲目追逐的"新"将我们带入一个割断历史、失去传统、没有乡愁的异托邦。新，既是空间性的，也是时间性的。在现代性语境中，作为空间性的新，是世界被新材料、新产品、新景观、新理念所延展，是被重塑了的空间；作为时间性的新，是来不及陈旧就非正常死亡的物的更迭，是来不及念旧、恋旧就被迫喜新的加速了的时间，是更迅速的流逝、动荡。我们被置入了一个新却又陌生的世界之中，手足无措，匆忙面对。未来充满激情，回忆让我们温暖，"新"世界没有了旧时光，也就没有了乡愁①，没有了可称为精神家园的故土根底。

　　这种"新"的更迭作为一个典型的现代性事件带给现代人的复杂性悲剧体验在马克思、恩格斯的《共产党宣言》中早有叙述："生产的不断变革，一切社会状况不停的动荡，永远的不安定和变动，这就是资产阶级时代不同于过去一切时代的地方。一切固定的僵化的关系以及与之相适应的素被尊崇的观念和见解都被消除了，一切新形成的关系等不到固定下来就陈旧了。一切等级的和固定的东西都烟消云散了，一切神圣的东西都被亵渎了。"从工业化、生产型时代到信息化、消费型社会，其状尤甚。美国学者马歇尔·伯曼更是借用"一切坚固的东西都烟消云散了"来描述现代性体验。现

----

① 王杰先生提出"乡愁乌托邦"概念，表达了中国社会"被迫"进入现代化进程中中国人的"感觉结构"——"乡愁"是情感乌托邦的中国形式，并以"余韵"概念来概括和描述现代化过程中乡愁这种中国化的情感乌托邦表达机制。他认为"在这个科学技术已经十分发达的时代，在这个奢侈和时尚主导着人们情感、媒体和娱乐工业塑造着人们的生活方式和'感觉结构'的时代"，"乡愁"和"余韵"应该获得新的理论思考。参见王杰《乡愁乌托邦：乌托邦的中国形式及其审美表达》，《探索与争鸣》2016年第11期。

代社会给我们制造了关于"新""时髦""前卫""奢侈""未来"等的概念性幻象消费，并通过感官科技、欲望操控引导时尚①、培养趣味，不断地转化我们，最终完成了从我需要（need）到我想要（want）、从"吸引力"到"新引力"的消费转型。新就这样借助资本驱动、广告营销、技术控制等种种手段不断入侵、殖民我们的生活。作家们哀愁地说，"密集的生活挤压了我们的梦想，求新的狗把我们追得疲于奔逃"②。

在哲学的意义上理解，"新"道出了辩证法批判性、革命性的本质精神，或者说，"新"本身有着辩证的本性。对"唯'新'主义"的批判就是要在当代中国消费文化语境中真正历史地、辩证地思考我们该如何面对客体之物、主体之欲望的"新"的更迭，如何做到"旧邦新命"，处理好传统之"旧"与现代之"新"的关系，实现创造性转化、创新性发展；如何培养健全的审美理想与价值趣味，在"新"的追逐与"旧"的驻足，"新"的喧哗与"旧"的安宁中做正心诚意、安身立命的精神构筑。

---

① 时尚就是物、美、新、乐四个乌托邦面相合糅的创造物，其标志是"新"托邦信仰，其旗帜是价值趣味、审美品味，其理念是消费主义、享乐主义，其结果是人的物化、符号化及物迷恋、新追逐，而其实质是资本逻辑。

② 迟子建：《是谁扼杀了哀愁》，载《迟子建散文》，浙江文艺出版社，2009，第 121～123 页。

五 "美托邦"与唯"美"主义批判：
消费主义审美文化面相之三

随着经济社会发展的转型，当代中国社会文化生活中也同时在发生着一场世俗化的"唯美主义"运动（aesthetic movement），这一唯美主义运动与西方 19 世纪 30 年代以来主张"为艺术而艺术"的唯美主义思潮（aestheticsm）不同，它溢出了文学艺术领域，而走进了日常生活空间。实际说来，这场世俗化的唯美主义运动是"审美资本主义"运动的结果，资本驱动、形式价值、创意经济、消费文化、技术支撑、传媒推动等是这场唯美主义运动的成因性特征，在这些因素的作用下，一个景观式的审美化现实呈现在我们面前，到处是美的"泛滥"，现实的"美托邦"色彩愈显浓重。

作为美学语汇，"美托邦"（beautopia）是一个新概念。该词汉语形态最早是"美国梦""美国化""美国影响力"或者"作为美好之地的美国"的同等语义，即"ameritopia"。美国学者、保守派思想家马克·列文（Mark R. Levin）于 2012 年出版的著作 *Ameritopia：The Unmaking of America*（译为《美托邦：美国的毁灭》）便以此命名。而另一位美国学者吉纳维芙·阿布拉瓦内尔在《被美国化的英国：娱乐帝国时代现代主义的兴起》① 一书中专用"美托邦：关于英国未来的跨大西洋小说"一节谈论"美托邦"小说，出版商更是以"美托邦如何对英伦文化精英产生深刻的心理影响?"作图书推介词。阿布拉瓦内尔揭示了20世纪上半叶英国人直面美国文化——从爵士乐到福特汽车再到好莱坞电影——入侵而生发的焦虑和担忧，揭示了它对大不列颠自身的文化构成的极其严重的威胁，并将新兴的美利坚娱乐帝国定义为一种新型的帝国主义。作为 beautopia 的"美托邦"的"美"是关于 beauty 而不是关于 america 的。

"美托邦"与"审美乌托邦"（aesthetic utopia）相关而又不同。以"美托邦"来对当代中国社会审美化趋向及其进程、世俗化唯美主义取向及其运动做指称，而不是以"审美乌托邦"来命名，意在突出消费型社会中生产过程的审美化原则之介入使产品呈现自觉的形式价值诉求，以及这种产品琳琅满目的堆积和布置所呈现的景观现实。"审美乌托邦"所强调的是"在资本主义社会异化日益严重的背景下，一些对现存资本主义社会不满的哲学家在社会政治领域尝试了多种改造世界的方法失望而归的情况下，企图用审美和艺术的方法来拯救这个异化的世界，使异化世界中已经丧失了自由和谐本性的人们在艺术、审美的感召下，重新获得感性与理性的统一，

---

① 〔美〕吉纳维芙·阿布拉瓦内尔：《被美国化的英国：娱乐帝国时代现代主义的兴起》，蓝胤淇译，商务印书馆，2015。

恢复人性的和谐","人们常常把抱有这种观点的人称为审美乌托邦主义者,把他们的美学思想称为审美乌托邦"①。霍克海默、阿多诺、本雅明、马尔库塞、弗洛姆、哈贝马斯等法兰克福学派的思想家继承了前人关于审美乌托邦的成果,又进行了创新与开拓,使得审美乌托邦思想得到了前所未有的发展。"在审美乌托邦看来,一切存在都应该符合其本真的完美。而现实社会里,由于人欲的贪婪、社会的物化等种种原因,本该如此的社会被异化了,本该和谐的世界充满了矛盾,本该散发出感性光芒的天空被工具理性的阴霾所遮蔽。为了恢复这一切原有的和谐与完美,审美乌托邦希望通过唤醒已被遗忘了的完整人性和自然本能,进而使由残缺的'单向度的人'恢复为健全完整的人,最终使这个'单向度的社会'恢复为和谐的'完整世界'。"②

美应该是人的自由、人性解放、健全人格的表征。审美乌托邦主义者希望通过艺术和美来更新感性,改变人,进而改变世界。而当代消费主义审美文化却在消费美的过程中,在"美的滥用"中,消解了这种审美的真正力量,并使美浅表化,并堕落为"好看"

---

① 邹强:《乌托邦与审美乌托邦》,《山西师大学报》(社会科学版) 2005 年第 2 期。

② 邹强:《乌托邦与审美乌托邦》,《山西师大学报》(社会科学版) 2005 年第 2 期。

"漂亮"，更有甚者，聒噪看脸时代、颜值正义等肤浅价值观、伦理观。如同席勒在《审美教育书简》中所曾指出的，这种"审美文化是以牺牲性格的力量为代价而换来的，这种性格的力量正是人身上一切伟大和卓越的最有效的原动力，它的缺乏，不是任何别的东西，哪怕是同样伟大的优点能够补偿的"。① 这种文化使人虚弱，这种教养使人怯懦。"是什么现象宣告野蛮人进入人性的呢？无论我们对历史探究到多么遥远，在摆脱了动物状态奴役生活的一切民族中，这种现象是一样的：对外观的喜爱，对装饰和游戏的爱好"②，200 多年后的今天，席勒的话或可如此转述：是什么现象宣告人性进入野蛮呢？"那就是对外观的喜爱，对装饰和游戏的爱好"，这就是当代审美化语境中美的野蛮生长和形式的粗暴占领。"美托邦"也就成了非美的、反美的美的异托邦。

"美托邦"概念的提出对于区别"审美乌托邦"，描述当代"审美化"过程及消费社会景观现实是有意义的，需要我们在哲学、人类学、社会学、经济学等领域做更深入的交叉学科理解。唯"美"主义批判既要正视人们对美的正常的、本然的需求与渴望，也要对消费文化意识形态和审美资本主义保持理解和警惕，对消费美导致的美的狂欢、滥用、狭隘、浅表、堕落等取向进行

① 〔德〕席勒：《席勒美学文集》，张玉能译，人民出版社，2011，第 245 页。
② 〔德〕席勒：《席勒美学文集》，张玉能译，人民出版社，2011，第 286 页。

反思，对消解美的感性学内涵及其批判维度、理想向度的倾向进行反省。

六　"乐托邦"与唯"乐"主义批判：
消费主义审美文化面相之四

对当代中国社会审美文化稍有关注，就会发现我们处在一个"娱乐化生存时代"，这个时代的娱乐化达到了"泛娱乐化""过度娱乐化"程度，并且低俗化、低幼化、庸俗化、媚俗化、"去思想化""去价值化""去历史化"等倾向普遍且严重，引起了学术界、思想界、文化界的广泛关注，国家新闻出版广电总局甚至频频下发"限娱令"。

每个时代都会有娱乐，有娱乐创造，但是今天的娱乐是生产性的、商品性的、"主义性"的。更可叹者，娱乐突出了娱①，浅薄了乐，使得"乐"与"笑"互为表征，"走脸不走心"，捧哏、段子、逗乐、戏仿、杂耍成为娱乐手段。影视、出版、广播、网络各类媒

---

① 何谓娱？娱，形声。从女，从吴，吴亦声。古汉语中"吴"意为"大言"，大声说话、喧哗。"女"和"吴"联合起来表示"女优""女伶""说唱杂耍艺人"。引申义：嬉笑、欢乐。结合古代社会女性地位考虑，"娱"中除说唱杂耍逗乐之外，亦有取悦、迎合之义。

体铺天盖地、不断地生产着这样的娱乐文化产品，我们仿佛被快乐包围，然而，这样的娱乐所带来的快乐让我们的心灵茫然而焦渴、空荡而贫乏，这样的快乐犹如肥皂泡沫般幻影。因此，娱乐化在今天是一种疾病，"快乐"充满着反讽意味，娱乐趋向于"愚乐"，滑向于感官"欲乐"。"低俗不是通俗，欲望不代表希望，单纯感官娱乐不等于精神快乐。"①

在充斥着"娱乐主义""快乐正义"的今天，我们也缺乏了关于存在之领会的悲剧意识和敬畏精神，著名作家迟子建在其散文《是谁扼杀了哀愁》中"哀愁地"说道："在这样的时代，我们似乎已经不会哀愁了。现代人一提'哀愁'二字，多带有鄙夷之色。好像物质文明高度发达了，哀愁就得像旧时代的长工一样，卷起铺盖走人。于是，我们看到的是张扬各种世俗欲望的生活图景，人们好像是卸下了禁锢自己千百年的镣铐，忘我地跳着、叫着，有如踏上了人性自由的乐土，显得是那么亢奋。"② 英国伯明翰文化学派霍加特更早时就对美国式大众娱乐文化对日常生活的入侵表示了沉重的忧虑："'过得快乐'看起来是如此重要，以至于其他一切都像是不重要的。因此，'过得快乐'也在

---

① 《习近平：在文艺工作座谈会上的讲话》，新华网，http://www.xinhuanet.com/politics/2015－10/14/c_ 1116825558. htm，2014 年 10 月 15 日。
② 迟子建：《是谁扼杀了哀愁》，载《迟子建散文》，浙江文艺出版社，2009，第 121~123 页。

很大程度上成为一种常态。现代大众娱乐最大的争议不在于它贬低了品味——贬低可以是鲜活的，积极的——而是过于刺激了品味，使其最终变得单调乏味，直至消磨殆尽。"①

"乐托邦"的乐何以构成托邦？相对于西方文化中的"乌托邦"，在中国更早的文化中，我们用"乐土"二字以形容人人快乐的理想地。《诗经》② 中就记载有"乐土""乐国""乐郊"，喻指安乐的地方、理想的家园。而先秦时期思想家提出"乐也，人情之所必不免也，故人不能无乐"，关于"乐"的理解越来越理论化、系统化。现代奥地利心理学家、精神分析学派创始人弗洛伊德则通过现代精神分析和心理分析，指出"在人心中存在着一种趋向于实现唯乐原则的强烈倾向"③，提出了本能理论和唯乐原则（pleasure principle）的假设，从人性的角度对人趋乐、逐乐、唯乐的原则和冲动做出了科学揭示。作为人之存在的动力心理学原则，作为具有生物性基础的本然性、本能性的力，快乐原则、唯乐原则使人类致力于追求快乐、幸福的理想世

---

① Hoggart, Richard, *The Use of Literacy*（London：Penguin Books，1992），pp. 196，197.
② 《诗经·魏风·硕鼠》："硕鼠硕鼠，无食我黍。三岁贯女，莫我肯顾。逝将去女，适彼乐土。乐土乐土，爰得我所！硕鼠硕鼠，无食我麦。三岁贯女，莫我肯德。逝将去女，适彼乐国。乐国乐国，爰得我直！硕鼠硕鼠，无食我苗。三岁贯女，莫我肯劳。逝将去女，适彼乐郊。乐郊乐郊，谁之永号？"
③ 西格蒙德·弗洛伊德：《弗洛伊德后期著作选·超越唯乐原则》，林尘译，上海译文出版社，2005，第6页。

/当代中国道路与智慧

界。在唯乐原则、乐土向往的意义上，人类有着"快乐正义"的"乐托邦"冲动，有着"乐托邦"理想，并寻求着、创造着"乐托邦"。

自夏商始，到周朝初期周公"制礼作乐"，中国古代礼乐形成了独特的文化体系，孔子和孟子等人承前启后，创建了以"礼""乐""仁""义"为核心的儒学文化系统，它构成了中国古代文明的重要组成部分，中华民族的这种"礼乐文化"，奠定了中国"礼乐之邦"的思想基础。《乐记》① 云："生民之道，乐为大焉"。考察世界上各个文明，会发现每个文明中都有着悠久且绵延至今的"乐"文化，这种"乐"文化在很多文化中与喜剧精神、喜剧文化相联系，与笑、戏谑、诙谐、反讽等效果相呼应。如古希腊文化中的柏拉图在谈理想国中理想公民的培养时（姑且不评论柏拉图的悲剧与喜剧观），就警惕文化艺术逢迎"人性中低劣的部分"②，认为悲剧通过"哀述"来激起"哀怜癖"，而喜剧则投合人类"本性中的诙谐的欲念"，使人"无意中染上小丑的习气"③，在人的心理、性格上破坏了"正义"。柏拉图的理想与孔子"乐而不淫，哀而不伤"（《论

---

① 关于《乐记》中"乐"音义之辨问题，可参考王齐洲《〈乐记〉之"乐"音义辨》，《光明日报》2015年7月27日，第16版。
② 〔古希腊〕柏拉图：《柏拉图文艺对话集》，朱光潜译，人民文学出版社，1983，第84页。
③ 〔古希腊〕柏拉图：《柏拉图文艺对话集》，朱光潜译，人民文学出版社，1983，第86页。

语·八佾》）的理念何其相似。

与其他文明相比，"乐"在中国文化的建构中并不主要是与喜剧精神联系，而是具有更为基础性、根本性意义，从《论语》《荀子·乐论》到《礼记·乐记》，"乐"早已从"人情之所必不免也"的乐（le）感意识上升到了"乐合同，礼别异""天下之大齐也，中和之纪也"的乐（yue）感文化，"诗"兴、"礼"立、"乐"成，"乐"与"礼"一起构筑了中国儒家文化的礼乐精神、礼乐政治、礼乐理想，乐从形而下的乐（le）上升到了形而上的乐（yue），也就具有了哲学的意义和本体的意味，且乐（le）与乐（yue）在中国古代又是相辅相成、互为沟通，所谓"乐者，乐也"，"乐者，所以道乐也"。一定程度上，我们可以说，在中国传统文化中本然地就有着一个基于"乐土""乐（le）托邦"的"乐（yue）托邦"①文化理想或传统，"大乐与天地同和"（《礼记·乐记·乐化》），乐的精神也就是和的精神。

作为并构成当代中国消费主义审美文化乌托邦一个面相的，在

---

① "乐托邦"，可视"乐"的汉语发音而作"乐（le）托邦"和"乐（yue）托邦"解。当然，乐（le）与乐（yue）相通，不论《荀子·乐论》还是《礼记·乐记》，都言"夫乐者，乐也，人情之所必不免也，故人不能无乐。"《乐记》更是通过"乐本""乐论""乐礼""乐施""乐言""乐象""乐情""乐化"诸说确立了乐的形上根据。乐既是人之情必不免者，人之性所求所好者，也是人之生的美好境界。一定意义上可以说，中国古代制礼作乐，为我们树立了礼乐治邦的 topia 理想，一个乐（yue）托邦。

　　　　　　　　　　　　/当代中国道路与智慧

今日乃是"娱乐帝国""乐（le）托邦"。"乐（le）托邦"幻境与唯乐主义思想、享乐主义意识的发生，一方面受西方文化尤其是美国大众文化影响，而21世纪以来日、韩、欧洲娱乐文化又进一步推波助澜；另一方面，改革开放、思想解放运动以来，思想禁锢的解除、感性欲望的释放、商品文化及市场经济的冲击、信仰的缺失，以及现代哲学、生活观念影响带来的生活方式的变革，现实生存的压力等，都使得活在当下、及时行乐、尽情享乐精神蔓延。而当代娱乐传媒营销、文化资本驱动、消费意识形态和娱乐意识形态运作、大众趣味迎合等，都助长着这个娱乐狂欢、娱乐至死的时代。

在《娱乐至死》①里，尼尔·波兹曼指出，一切公众话语日渐以娱乐的方式出现，并成为一种文化精神。我们的政治、宗教、新闻、体育、教育和商业都心甘情愿地成为娱乐的附庸，毫无怨言，甚至无声无息，其结果是我们成了一个娱乐至死的物种。乔治·奥威尔在《一九八四》中预言人们将遭受外来压迫的奴役，失去自由，我们的文化成为受制文化；赫胥黎则在《美丽新世界》中表达了另外一种忧虑，人们会渐渐爱上压迫，崇拜那些使他们丧失思考能力的工业技术；而尼尔·波兹曼的《娱乐至死》和《童年的消逝》想告诉我们的是，可能成为现实的不是奥威尔的语言，而是赫胥黎的

① 参考〔美〕尼尔·波兹曼《娱乐至死》，章艳译，中信出版股份有限公司，2014。

语言，毁掉我们的，不是我们所憎恨的东西，而恰恰是我们所热爱的东西。人们由于享乐而失去了自由。乐，有享乐、娱乐、礼乐不同层级、不同维度的内涵，如何"超越唯乐原则"，批判性重建享乐意识、娱乐文化、礼乐精神，是我们今天要深思的。

结语　感性治理与新时代社会审美文化的批判性重建

对于当前中国社会中存在的审美文化特征及众多文化乱象，我们必须在全球化视野中，在中国现代性发展的总体进程中，在历史的基础上做出历史的理解、做出历史的判断，在人的基础上做出文化的理解、做出文化的判断。历史是人的历史，社会是人的社会，人是一切社会关系的总和。社会历史的发展与个体的人的生存和发展遵循了同样的心理学规律。随着中国现代性进程的加速推进，文艺、文化的重要性程度日益突出。

亨廷顿在《文明的冲突与世界秩序的重建》中"预言"，按照他的观点，在现代化的早期，"西方化和现代化密切相联，非西方社会吸收了西方文化相当多的因素，并在走向现代化中取得了缓慢的进展。然而，当现代化进度加快时，西方化的比率下降了，本土文化获得了复兴。于是进一步的现代化改变了西方社会和非西方社会之间的文化均势，加强了对本土文化的信奉。"① 全球共相现代性向殊相现代性、民族现代性转型，现代性与地区、民族、国家、文化、信仰等深度融合而具有了地区现代性、民族现代性特征，也就必然会出现从"现代性"到"中华性"的新知识型的探寻②。西方现代性向中国现代性（更多意义上是作为东方概念、地理空间、发展模式的现代性），进而向中华现代性（更突出地强调民族、突出文化的在地化的现代性）演进。③

党的十八大以来，对"文化自信"的强调以及对"文化治理"的要求被提到了更加战略性的层面，这是中国特色社会主义现代化建设发展的阶段性特征和历史性要求。2014 年 10 月 15 日，习近平总书记在北京主持召开了文艺工作座谈会，并发表了讲话，谈到的五个问题中的第一个问题便是"实现中华民族伟大复兴需要中华文化繁荣兴盛"，指出"没有先进文化的积极引领，没有人民精神世界的极大丰富，没有民族精神力量的不断增强，一个国家、一个民族不可能屹立于世界民族之林。"2015 年 10 月 3 日，为深入贯彻党的十八大和十八届三中、四中全会精神，认真落实习近平总书记在文艺工作座谈会上的重要讲话精神，繁荣发展社会主义文艺，中共中

---

① 〔美〕亨廷顿：《文明的冲突与世界秩序的重建》，周琪等译，新华出版社，1999，第 67 页。
② 参考张法、王一川、张颐武《从现代性到中华性》，《文艺争鸣》1994 年第 2 期。
③ 梁玉水：《中国现代性进程中的政治美学》，《文艺争鸣》2017 年第 4 期。

央发布了具有指导性意义的《中共中央关于繁荣发展社会主义文艺的意见》。2016 年 11 月 30 日，习近平总书记在中国文联十大、中国作协九大开幕式上发表了讲话，再次强调"实现中华民族伟大复兴，需要物质文明极大发展，也需要精神文明极大发展"，强调"要大力弘扬以爱国主义为核心的民族精神和以改革创新为核心的时代精神，大力弘扬中华优秀传统文化，大力发展社会主义先进文化，不断增强全党全国各族人民的精神力量"。2017 年 10 月 18 日，习近平总书记代表第十八届中央委员会向党的十九大做报告，提出"文化是一个国家、一个民族的灵魂""发展中国特色社会主义文化，就是以马克思主义为指导，坚守中华文化立场，立足当代中国现实，结合当今时代条件，发展面向现代化、面向世界、面向未来的，民族的科学的大众的社会主义文化，推动社会主义精神文明和物质文明协调发展。要坚持为人民服务、为社会主义服务，坚持百花齐放、百家争鸣，坚持创造性转化、创新性发展，不断铸就中华文化新辉煌。"对当代社会文化建设和发展的高度重视于斯可见。

我国当前社会的主要矛盾已经转化为人民日益增长的美好生活需要和不平衡不充分的发展之间的矛盾。其中，文化尤其是与人民精神和日常生活相关相伴的社会审美文化发展不平衡、不充分以及不丰富、不健全的情况尤为突出。审美文化是时代的感性学，是人民的感性学。我们到了一个需要文化的时代，我们比历史上任何时期都更加需要文化，到了更需要文化的时代，这不仅仅因为这个时代中文化的匮乏。问题在于在这样的一个时代，我们需要什么的审美文化，该怎样建设我们的审美文化，以更好地推动人的全面发展、社会的全面进步。其间有诸多理论与实践问题需要深入思考和研究。然而，有一点也许是可以达成共识的，那就是我们要坚持历史的、人民的、艺术的、美学的标准，为这个时代的审美文化注入理性内涵和价值理想，注入悲剧精神和深沉力量，勇于文化自省，摆脱文化焦虑、担负文化使命、寻找文化身份、提高文化自信，不断激活文化传统、汲取文化资源、进行文化创造，整顿文化乱象，加强文化治理，重建文化精神，实现文化的文明和进步。

后真相时代与数字政府治理的祛魅

于君博*

摘　要： 推行数字政府治理是过去 10 年间各国政府应对互联网社会变革的基本策略共识。尽管刚刚发生的"后真相时代"政治危机已经用事实反映出既有数字政府治理策略的缺陷，但对其进行的严肃反思仍寥寥无几。本文借助对数字政府治理运动核心文献的梳理，提炼出其中"技术－组织－权威"的基本策略逻辑，澄清了基于该策略逻辑而构建的数字政府治理必要性表述所引发的恐慌与歧义。面对后真相时代里传统型利益冲突协调机制的失效，以及政治精英与公众间正义观念的尖锐对立，数字政府治理究竟能否提供公众需要并信赖的信息、能否摆脱科层制组织文化的束缚、能否建立起人格化的"关联型"权威，将成为决策者应用这一策略来应对危机过程中必须持续反思的问题。

关键词： 后真相；数字政府治理；利益冲突协调机制

*　于君博，吉林大学行政学院教授、电子政务系主任，主要研究方向为地方政府治理、公共政策分析与评价。

"在社会科学领域，一个时代的政治危机常常与学术危机彼此交织，两方面的严肃工作互相渗透。"① 2016 年，英国脱欧和特朗普当选美国总统共同揭开了西方"后真相时代"政治危机的序幕。由此，一场全球范围内的学术反思也在社会科学研究者间展开。其中既有偏重经验层面的政治危机成因解释，如全球化加剧贫富悬殊，知识经济的"幂律"固化赢家通吃的不平等格局，社交媒体的"回音室效应"（Echo Chamber Effect）推动舆论极化，"循证决策"（Evidence Based Decision-making）的专家治国模式制造公众与政府间隔膜等；也有偏重规范层面的价值批判，如对新自由主义蔓延的担忧，对民族主义和民粹主义抬头的警惕，对精英政治合法性的质疑，以及对民主制度前景的重构等。

在这场反思中，现代政府所采用的治理手段，不论是实践工具还是价值理念，几乎无一例外地招致批评，甚至连一些前后相继、互为修正的措施也不能幸免。比如，在公共领域坚持循证决策被认为是奉行科学至上和精英主义，但更加开放和直接的决策模式又被诟病为对民粹主义和极端思想的放纵；在公共事业的运行中倡导市场化、公司伙伴关系和绩效管理被认为是偏离了政府应有的公平正义价值取向，可是基于公民身份、以平等为取向的福利制度又被批

---

① 〔美〕赖特·米尔斯：《社会学的想象力》，陈强、张永强译，上海三联书店，2005。

评为是孕育种族歧视和社会原子化的温床……

从上述危机的反思与批判中全身而退的是依旧方兴未艾的数字政府治理运动。以电子政府和电子政务建设为主要内容的数字政府治理运动，在过去 10 年间替代"新公共管理运动"成为全球政府治理改革的"新宠"：不论是发达国家、新兴国家还是发展中国家的政府，都无一例外地把打造、提升数字政府治理能力当作改善政府绩效、提升社会对政府信任的"万灵药"①。

但令人惊奇的是，这剂"万灵药"的"药材"，像强调对政府绩效的量化与公开、主张利用大数据思维进行循证决策、倡导基于互联网的数据开放和公众参与等，恰恰是危机反思与批判的焦点。更加吊诡的是，这剂"万灵药"宣称包治传统政府治理无法有效应对互联网社会变革之症。然而开药方的"医生"——英美两国政府及其政治精英，恰恰是在互联网民意的争夺中失利，从而引发了这场全球政治危机。数字政府治理能深涉其中却又置身事外的魅力何在？祛魅之后，又该如何看待数字政府治理运动过去 10 年间的得失？最后，联系数字政府治理运动得失与此次政治危机的成因，其

---

① OECD/ITU, *M-government*：*Mobile Technologies for Responsive Governments and Connected Societies* (Paris：OECD Publishing /International Telecommunication Union, 2011)；UN, *United Nations E-government Survey 2016*：*E-government in Support of Sustainable Development* (New York：United Nations, 2016).

经验和教训对于正在经历"互联网＋政务服务"变革的中国政府治理具有怎样的启示？本文试图沿着"技术"—"组织"—"权威"三个维度进行理论分析与现实诠释，进而提出对上述问题的初步分析和解答。

一　数字政府治理之"魅"

2006 年，由伦敦政治经济学院 Patrick Dunleavy 教授领衔的研究团队在全球公共管理研究顶尖学术刊物《公共行政理论与实践》上刊发了《新公共管理已死——数字时代的政府治理万岁》① 一文（以下简称《万岁》）。尽管作者在命名论文时略有哗众取宠之嫌，文章的影响力倒是没有辜负作者的苦心——根据谷歌学术截至 2017 年 5 月的统计，《万岁》一文累计被引 1531 次，位列当年所有公共管理研究论文之首。可以说，作者不仅仅基于跨越欧洲和北美的大型案例比较研究，赋予了数字政府治理"万岁"般的魅力，更使得发现这种"魅力"成为过去 10 年间具有里程碑意义的研究成果。而由于同《万岁》一起位列影响力排行榜前十位的论文中，还有多达

---

① Dunleavy, Patrick, Helen Margetts, Simon Bastow, Jane Tinkler, "New Public Management Is Dead—Long Live Digital-Era Governance," *Journal of Public Administration Research and Theory*, 2006, 16（3）.

4 篇是以数字治理和电子政府为研究对象的，所以，推动数字政府治理俨然是过去一个时代里公共管理最核心的议题。我们不妨以《万岁》一文为例，剖析一下"数字政府治理"的魅力之源。

首先，在综述过去 20 年间实务界与学术界对新公共管理运动的批评后，《万岁》概括指出：新公共管理在治理改革中的核心思想是推动分权（Disaggregation）、绩效激励（Incentivization）和通过私有化引入竞争并改善效率（Competition）①。这套"组合拳"最大的弊病在于，政府提供公共物品的机构设置与政策设计日趋复杂化，越来越超出公众的理解能力。结果，公众依靠自身的集体行动来解决社会问题、提供公共物品的能力不断弱化；而没有了社会的呼应，政府提供公共物品的效果和效率也陷于停滞甚至衰退②。相形之下，作者认为，在《万岁》一文发表时渐渐兴起的数字政府治理③则体现出新的改革思维：反碎片化的集权（Reintegration）、直面需求而非效率的整体视角（Needs-Based Holism）、全数字化的政策流程

---

① Dunleavy, Patrick, Helen Margetts, Simon Bastow, Jane Tinkler, "New Public Management Is Dead—Long Live Digital-Era Governance," *Journal of Public Administration Research and Theory*, 2006, 16（3）.

② Dunleavy, Patrick, Helen Margetts, Simon Bastow, Jane Tinkler, "New Public Management Is Dead—Long Live Digital-Era Governance," *Journal of Public Administration Research and Theory*, 2006, 16（3）.

③ 作者在文中的表述是"数字时代的治理"，即"Digital-Era Governance"，它所指应等同于本文所用的"数字政府治理"。

（Digitization Processes）。顾名思义，由此驱动的数字政府治理将基于信息系统的支持，解决政府和政策的碎片化问题，精准、灵活地回应公众需求来提供公共物品，显著降低政府－社会间信息流动的成本、促进信息公开。至此，《万岁》顺理成章地提出两个重要结论来倡导由新公共管理向数字政府治理的转向①。

（1）如果政治精英继续沉迷于新公共管理思维，因滞后于整个社会的学习曲线而错失向数字政府治理转型的时机，那么政府部门将变成社会经济发展中的滞后环节，在庞大的社会信息网络中日渐边缘化，由此深陷资源匮乏而无法治理。

（2）只有依靠数字政府治理思维，数字时代的政府机器才能让内部变革跟上公民社会自组织能力不断提升的步伐。公共管理者所能做的，就是接纳这一思维，让变革与追赶的过程更加顺利。

作为点睛之笔，《万岁》一文的作者在两个简短结论中突出了数字政府治理集"技术""组织"和"权威"于一身的复合特征——作为"技术"，数字政府治理能实现对线下传统政府的升级；作为"组织"，数字政府治理可以撬动政府向内的力量整合以及向外的资源获取；作为"权威"，数字政府治理使政府继续在信息网络

---

① Dunleavy, Patrick, Helen Margetts, Simon Bastow, Jane Tinkler, "New Public Management Is Dead—Long Live Digital-Era Governance," *Journal of Public Administration Research and Theory*, 2006, 16（3）.

中成为关键节点，以此维持政府对企业和社会组织的影响力。这种复合特征的界定方式，直击决策者对政府治理模式变迁中一些基本要素的关切——必须找到特定技术来维系组织内部的集体行动，唯此政府相对于其他组织（市场和社会）的权威才能得到巩固。更加巧妙的是，作者以一种递进语气的措辞警告决策者，忽视数字政府治理的复合特征，将造成政府"学习曲线"的滞后、内部变革的滞后和最终的边缘化。这成功利用了全球决策者潜在的心里恐惧——因为面对变迁，决策者最恐惧的莫过于组织管理技术代沟的出现：这不仅使政府向内的动员能力落后于其他组织，继而在围绕"权威"的竞争中处于下风；而且，即便政府希望通过共享权威来缓解它和市场、社会间的竞争，技术代沟的存在也会让信息的沟通和信任的建立困难重重，大大压缩政治回旋的空间。众所周知，没有比恐惧在促成人们搁置异议、采取行动时更有效的工具了①。

所以，同类似主题的研究不同，《万岁》并不拘泥于"善治"的框架——不再单纯从"效率""效能""透明""问责""回应性""整体性"等耳熟能详的维度论证数字政府治理的优越性，并据此推论数字政府治理可以提升公众对政府的信任和信心②。它另辟蹊

---

① 〔法〕古斯塔夫·勒庞：《乌合之众》，戴光年译，新世界出版社，2010。

② Tolbert, Caroline J., Karen Mossberger, "The Effects of E-Government on Trust and Confidence in Government," *Public Administration Review*, 2006, 66（3）.

径地赋予数字政府治理一种无可替代的地位，警示那些试图拖延、抗拒这一模式的政府，必将面临技术脱节、组织孤立和权威崩溃。相比于在"善治"框架下锦上添花般的增量收益，这种"技术－组织－权威"路径下力挽狂澜式的存量贡献，似乎更能让决策者感受到数字政府治理难以抗拒的魅力。

二　后真相时代的真相

10 年之后，《万岁》一语成谶——英国脱欧和特朗普当选美国总统，让两国政府在公众中显得前所未有的孤立，也暴露出其政治精英们的权威已是摇摇欲坠。面对突如其来的政治失控，恐惧而羞愤的精英指责那些加入对立阵营的公众"对从政者是否在讲真话毫不介意"，把政府和政治拖进了"后真相时代"的泥潭[①]。本文无意赘述已有文献关于公众为何会支持"谎言"的分析，但必须指出，这些分析共同的逻辑起点在于构建利益冲突来解释部分公众对事实——如本土居民和外来移民、草根和精英、乡村和城市、高收入群体和低收入群体、传统产业和互联网产业、本土化和全球化间的

---

① Furedi，Frank，"A Revolt against Deference，" http：//www. spiked-online. com/ spiked-review/article/a-revolt-against-deference/19611#. Wf-ysIZx3-Y，2017 － 3 － 31.

利益冲突等带有选择性的接纳①。与此不同，本文试图提出两种新的分析路径。目的不仅仅限于更好地解释"后真相时代"的成因，更希望可以借此引发有关对数字政府治理的深刻反思。

第一条路径，注重引入对利益冲突解决机制的分析，而不是单纯分析利益冲突本身。尽管"治理"的需求和起点通常在于因利益冲突而引发的"失序"，但它的微观基础和核心内涵则在于提供一种激励相容的机制来重新协调利益，缓解冲突并促成合作②。利益冲突是人类群居并构成社会的必然产物，任何时代和社会都无法幸免，然而政治危机却只发生于特定的时期。所以，一个社会的政治危机的源头不可能仅仅是利益冲突，而应是利益冲突同它的解决机制（治理）这一对复合结构之间的错配。要求解"后真相时代"开启的"真相"，我们需要超越利益冲突，重新审视此前时代中治理模式的利益冲突协调机制。

长期以来，人类社会的利益冲突主要源于基本生活物资和服务

---

① 王礼鑫、莫勇波：《基于知识视角的政策制定基本问题探析》，《中国行政管理》2017 年第 6 期。

② 菲利普·施密特：《"治理"的概念：定义、诠释与使用》，赫宁译，《复旦公共行政评论》2016 年第 1 期；于君博：《治理的微观基础——一个基于"合作"的概念框架》，《复旦公共行政评论》2015 年第 2 期；张康之：《合作治理是社会治理变革的归宿》，《社会科学研究》2012 年第 3 期；李文钊：《理解治理多样性：一种国家治理的新科学》，《北京行政学院学报》2016 年第 6 期。

稀缺所导致的零和博弈。传统国家和政府为这种零和博弈提供的协调机制，更多地依赖对利益和程序中立的保障来获得权威以及公众的遵从。但自启蒙运动和工业革命以来，科技的昌明进步以前所未有的速度和幅度化解了人类基本物资和服务的匮乏。随之而来的，是基于相关领域的科学知识而形成的专业性晋升为现代国家利益冲突协调机制中的新要素。而且，伴随着"科学至上主义"在现代化和全球化的进程中不断弥散，"专业性"越来越成为占据主导地位的利益冲突协调机制。各国政治精英都倾向于借助技术精英的"专家意见"和"科学结论"来统一公众因利益冲突而分化的意见。

后真相时代开启了上述"专家治国"型利益冲突协调机制的危机时刻——正如英国保守党党魁迈克尔·戈乌（Michael Gove）在分析英国脱欧的原因时所说："我想人民已经受够了那些专家了!"① 在摩登时代被专业化分工和科层理性所"异化"的公众，激情与异见更容易被科学和专家的权威所驯服。再加上政治精英对传统主流媒体的控制，即便有不满于"科学和理性"的利益冲突协调机制的群体，他们也很难在公众面前发声，无力同专家和精英进行争辩。但是，互联网时代的来临，特别是社交媒体的盛行，不仅能便捷地为公众提供用以挑战专家科学判断的"反例"——基于搜索引擎进

① Morris, Harvey, "Dangerously Blinded by Science," http：//www. chinadaily. com. cn/kindle/2017 – 09/17/content_ 32114144. htm，2017 – 9 – 17.

行带有选择性的证据收集，还能通过所谓的"回音室效应"（Echo Chamber Effect）有效屏蔽专家和政治精英借助"官媒"（传统主流媒体加上官方社交媒体）进行的反击。在这种情况下，如果继续依赖"专家治国"型利益冲突协调机制，必然陷入同英国"脱欧"相类似的权威及话语困境①。

第二条路径，注重分析利益集团间在价值层面的观念差异，从而解释利益格局的形成和利益冲突的出现。诚如韦伯所说，"直接支配人类行为的是物质上与精神上的利益，而不是理念。但是，由'理念'所创造出来的'世界图像'常如铁道上的转辙器，决定了轨道的方向。"② 由于冲突的行为是即时的、可见的，所以左右它的通常是人们短期的、局部的利益；如果人们更善于用长期的和整体的视角来界定自身利益，那么短期、局部的零和博弈就可能被转化为正和博弈，冲突就更容易化解。为此，越来越多的社会科学研究注意到了价值观对人们界定利益方式的影响，形成了基于观念变迁来解释利益格局及冲突演变的理论共识。

政府治理尽管可以在"增量"改革中借助科学和专家的权威来

---

① Furedi, Frank, "A Revolt against Deference," http://www.spiked-online.com/spiked-review/article/a-revolt-against-deference/19611#. Wf-ysIZx3-Y，2017 - 3 - 31.

② 〔德〕韦伯：《中国的宗教、宗教与世界》，康乐、简惠美译，广西师范大学出版社，2004。

　　　　　　　/ 当 代 中 国 道 路 与 智 慧

赢得公众的支持与遵从，但在涉及社会政策的"存量"改革中，道德与价值判断的影响不断增大，科学与理性的角色变得模糊不清。比如，罗尔斯的"正义是社会体制的第一美德，正如真理是思想体系的第一美德一样"① 的表述，常常被用来强调正义观念的重要性。但很少有人追问，一个追求正义的社会体制究竟能否同一个追求真理的思想体系相容？在 2008 年的金融危机之前，西方社会的发展轨迹似乎表明，对"正义"与"真理"能否相融的关心简直是杞人忧天。因为"历史的终结"已经证明，基于主流经济学的"真理"而建立起来的自由市场经济，同一个持有自由主义正义原则的社会体制不仅可以相容，而且可以完美相容，再无改进的可能。然而，从"占领华尔街"运动的兴起，到反移民、反全球化情绪的抬头，直至后真相时代政治危机的发生，自由主义的公正原则在短短 8 年间就从凝聚社会的观念共识，变成了精英与公众对峙的焦点②。时过境迁，谁还敢说专家宣扬真理能为民粹伸张的正义所容？

必须指出，互联网和社交媒体所营造出的"回音室效应"在前

---

① Rawls，John，*A Theory of Justice*（The Belknap Press of Harvard University Press，1971）.

② Walt，Stephen M.，"The Collapse of the Liberal World Order，" Foreign Policy，http：//foreignpolicy. com/2016/06/26/the-collapse-of-the-liberal-world-order-european-union-brexit-donald-trump/，2016 - 6 - 26；何怀宏：《正义：历史的与现实的》，北京出版社，2017。

述正义观念的快速分化中也扮演了重要角色。在精英掌控教育和传媒体系的格局下，一种竞争性的公正观念通常是难以获得生存和发展的空间的。公众虽然可能早已对精英所推崇的正义观念及其实施方式心存不满，但由于竞争性的公正观念缺少被感知的渠道，公众只好被动地选择向精英进行"呼吁"，寄望于精英能够进行改革来平息公众的不满。但是，"回音室效应"的出现，让竞争性的正义观念可以在"官方"体系之外被感知、被放大。公众可以断然"退出"精英主导的正义观念系统，另起炉灶来分庭抗礼。最终，观念的差异，让利益的分歧变得难以调和，让官民间随之而来的行为对抗触发了政治危机。①

三 数字政府治理的祛魅

后真相时代的政治危机毫不留情地表明，过去 10 年间席卷全球的数字政府治理运动，并没有如预期般帮助现代政府赢得争取民意、巩固权威的"互联网战役"。可出人意料的是，数字政府治理非但没

---

① Hirschman, Albert O. , *The Passions and the Interests*: *Political Arguments for Capitalism before Its Triumph* (Princeton, N. J. : Princeton University Press, 1997); Rodrik, Dani, "When Ideas Trump Interests: Preferences, Worldviews, and Policy Innovations," *Journal of Economic Perspectives*, 2014, 28 (1).

有因此走下神坛，反而由于和政治危机同期出现的云计算与人工智能技术突破呈现方兴未艾之势。为什么数字政府治理的思维方式会在危机过后的社会科学反思中表现出如此强大的"免疫力"？

要回答这个问题，我们有必要回到《万岁》一文中倡导数字政府治理的基本逻辑：技术－组织－权威，即如果不能及时升级政府的技术能力，那么作为组织的政府就会被边缘化和孤立，政府在整个治理活动中的权威也会遭到削弱。这一基本逻辑下隐含的命题是，技术能力升级是维系政府权威的必要条件。将数字政府治理构建为巩固政府治理权威的必要条件，一方面可以借助技术进步频发的时代特征，让深陷"权威恐慌"的政府争先恐后地拥抱这种新的治理模式；另一方面则机智地为数字政府治理开具了一份"免责声明"——既然是必要条件，没有它就必然危及权威，可有了它也不能保证政府权威高枕无忧。面对来势汹汹的后真相时代政治危机，在不断延长的问责清单中，首当其冲的当然是曾将自己标榜为万灵药的"自由市场""竞争性民主"和"全球化"，而非仅作为必要条件的数字政府治理。但同时，日新月异的技术进步，又迫使身处信息风暴中心的政府必须当机立断，抓住身边最容易抓到的东西，把它作为挽救自身权威的希望。既然"可能"是技术变革引发了危机，那么利用同样建构于技术变革基础上的数字政府治理来应对危机，似乎正是对症下药了。在危机的重压之下，将数字政府治理作为对策，既可以避开批评的焦点，又可以树立起"对症下药"的形象，也就无怪乎它具有对反思免疫的魅力了。

本文无意争辩在数字政府治理与华盛顿共识之间，谁更应该为后真相时代的政治危机负责。但是，前文对这场政治危机真相的探讨表明，塑造利益格局的观念和协调利益冲突的机制可能是触发危机的更深层原因。那么，在明确技术变革同观念分歧和利益冲突失调的关系之前，鼓动以数字政府治理来应对后真相时代的逻辑就显得"模糊而乐观"①，是在沿用"必要条件"的魅力。本文余下部分的工作，就是要"对症下药"地检视技术－组织－权威这一数字政府治理基本逻辑在解决观念分歧和利益冲突失调问题时的作用与局限，在明确数字政府治理"不能做什么"的过程中，完成对它的"祛魅"（见图 1）。这种"祛魅"绝非意在让数字政府治理的前景变得消极、悲观，而是希望人们可以对它在后真相时代的价值形成更加"清晰而现实"的预期。

（一）技术的祛魅

首先，已有的数字政府治理文献非常热衷于在理论和经验层面论证互联网技术对于促进政府信息公开、官民互动并最终提升公众

---

① 菲利普·施密特：《"治理"的概念：定义、诠释与使用》，赫宁译，《复旦公共行政评论》2016 年第 1 期。

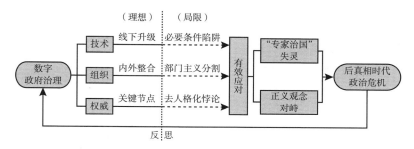

（理想）　　（局限）

技术　　　线下升级　　必要条件陷阱

组织　　　内外整合　　部门主义分割

权威　　　关键节点　　去人格化悖论

数字政府治理

有效应对

"专家治国"失灵

正义观念对峙

后真相时代政治危机

反思

图 1　数字政府治理的祛魅逻辑

对政府的信任与信心的作用①。作为数字政府治理最被广泛认同的魅力，前述乐观的判断建立于互联网能显著降低数据传输成本的技术特征之上，其对策价值看似无可争辩。但冷静分析后不难发现其中同样隐含"必要条件"的逻辑陷阱——数据的充分共享，只是消除信息不对称的必要条件。数据共享要成为充要条件，至少还需要满足如下两个条件：第一，数据呈现的形式能够充分被公众所理解，只有数据中揭示的趋势和特征能够被使用者所理解，数据才能完成向信息的转化；第二，由数据转化成的信息还必须为公众所信任，即数据从信息转化成公众头脑中的真相。第一个条件的满足，有赖于数据提供者对数据使用者认知能力和模式的"服从"；第二个条件的满足则是对第一个条件的进阶要求，意味着数据提供者将面临

---

① Tolbert, Caroline J., Karen Mossberger, "The Effects of E-Government on Trust and Confidence in Government," *Public Administration Review*, 2006, 66 (3).

竞争，他对数据的呈现方式必须是更加符合数据使用者的认知能力和模式的。

一经采用这种"充要条件"的逻辑来检视数字政府治理的技术魅力，我们就可以发现那些为数字政府治理能够提升公众对政府的信任与信心提供经验证据的研究，普遍存在样本的选择性偏误（Selection Bias），即选择了缺乏竞争性的数据供给情景来凸显线上政府信息公开的作用。这种做法的弊端在英国脱欧的案例中得以充分暴露——在"脱欧"方（Leave）与"留欧"方（Stay）进入为公投而大肆造势的阶段之前，执政的"留欧"方长期坚持例行公开其精心选取的社会经济指标，寄望于借此提升公众对政府"留欧"政策的信任和信心。然而，当"脱欧"方推出他们的证据和口号，并利用互联网、传统媒体甚至公交汽车来进行铺天盖地的宣传时，更多原本持中立态度的选民，最终采信了"脱欧"方而非官方的数据。颇具讽刺意味的是，尽管"脱欧"方提供的数据被官方和专家抨击为是片面的、误导的，但在采信这些数据的公众看来，他们传递的信息比官方数据更加简洁、易懂。身为数字政府治理先驱的英国尚且如此，数字政府治理要真正做到可以借助信息公开来赢得公众的信任与信心，依然是任重而道远。

其次，同样基于互联网降低数据交流成本的特征，数字政府治理被认为可以大大方便官民互动，并在互动过程中寻求到更加有效

／当代中国道路与智慧

的冲突协调机制。众所周知，互动的效果取决于双方对对方信息的准确解读，信息传播中的实际沟通发生于信源与信宿经验范围内的共同领域①。恰如前文所述，当前数字政府治理的官方话语体系普遍是精英化、科学化和理性化的，所以它对数据的呈现方式很难顾及普通公众的认知能力和模式②。这样一来，所谓的网上官民互动、公众参与，其实更多的是政府在以点对点的方式反复对公众进行科学和理性地说教。"技术与变革并不是同义词"③，面对后真相时代里由科学和专家背书的利益冲突协调机制日渐式微，官民互动中的说教模式却依然故我。如此下去，数字政府治理徒有"数据传输技术"上的升级，却没有"信息传播技术"上的革新，自然难以推出新的冲突协调机制和观念共识来化解后真相时代的政治危机。

（二）组织的祛魅

数字政府治理的倡导者提出，由线下政府到线上政府的技术升级，不仅具有由内向外扩散信息、再由外向内获取反馈的意义，而

---

① 〔美〕沃纳·赛福林、小詹姆斯·坦卡德：《传播理论：起源、方法与应用》，郭镇之译，华夏出版社，2000。
② 梁春晓：《互联网革命对知识与治理体系的重塑》，《文化纵横》2017 年第4 期。
③ 〔美〕弗雷德里克森：《新公共行政》，丁煌、方兴译，中国人民大学出版社，1999。

且有由内向外整合资源、再由外向内积聚社会注意力的价值。在后一个维度上，传统政府因科层制运作而出现的碎片化倾向可以得到克服，信息孤岛间的隔膜更容易被突破；同时，更具整体性的政府也可以在同企业及社会组织争夺互联网资源和网民注意力时形成更强的竞争力，避免陷入边缘化的境地。

但在实际操作过程中，基于科层制管理技术形成的条块分割的部门主义（Departmentalism）权利观念同基于信息管理技术所形成的整体论（Holism）观念形成了尖锐的对立。由于长期为科层制笼罩的组织内部利益格局已经高度固化，新兴的信息技术往往不能改变组织，反而会被组织所吸纳①，被用来巩固原来的组织结构，而不是打开传播渠道②。其结果是，数字政府虽然能够在数据意义上建立起整合与共享的平台，但加工数据、提供信息的工作仍然是由部门和地方政府分割进行的。这种"前厂后店"的数字政府治理模式，在一定意义上打破了数据孤岛，但并没有打破信息孤岛，无法将数据转化为经过系统优化的信息，也就难以实现由内向外的政府效能与效率提升。

---

① 张康之：《论社会治理中技术与制度的辩证法》，《甘肃行政学院学报》2013年第 2 期。
② 〔美〕简·芳汀：《构建虚拟政府——信息技术与制度创新》，邵国松译，中国人民大学出版社，2010。

受制于部门主义的权利观念以及政治精英的主流政治观念，数字政府治理由外向内的资源与注意力吸纳过程同样不可避免地被条条块块所分割和主导，被"政治正确"的观念所束缚。以美国为例，政府同互联网企业的密切合作依然只能在国土安全、教育、能源等传统领域借助传统职能部门的推动来开展。但对来势汹汹、社会破坏性极强的社交媒体谣言及阴谋论，由于部门职责不明，居然只能依靠脸书（Facebook）和推特（Twitter）的企业社会责任自律来予以应对；由于忌惮对自由主义政治信念的触犯，国家权力机关的信息平台更是缩手缩脚，无所作为地坐视政治危机的蔓延①。所以，仅仅在数据层面进行了整体化包装了的政府，还是难以同要求信息整体化的市场和社会相对接。而没有通畅连接的信息网络，又何谈从企业和公众那里去吸纳资源和注意力呢？②

至此，我们发现，今天的数字政府治理其实是一个新兴的管理技术被更强大的传统管理技术以及建构在其上的传统组织所吸纳后的产物。其中居于支配地位的，是封闭而非开放的权利观念，是零和而非正和的利益格局，是机械而非人本的行为模式。由这样一个

---

① Ancona, Matthew D. , *Post Truth*: *The New War on Truth and How to Fight Back*（London: Ebury Press, 2017）.
② 何包钢、吴进进：《社会矛盾与中国城市协商民主制度化的兴起》，《开放时代》2017 年第 3 期。

组织所提供的利益冲突协调机制和正义观念及原则，是否能够被观念－利益－行为系统在互联网影响下深刻变革的市场和社会组织所接受，答案并不令人乐观，至少充满了不确定性。

（三）权威的祛魅

数字政府治理的倡导者非常敏锐地预见到，伴随后工业化进程中利益的日趋多元化和社会网络的密殖，利益冲突的复杂性不断增加，专家作为复杂冲突仲裁权威的公信力不断被"民间高手"所蚕食。而在未来，希望像传统社会那样，找到利益不相关的主体或者是冲突各方都认可的公正程序，并据此确立冲突仲裁的权威，可能性微乎其微。为此，数字政府治理应该借助互联网努力改变政府的"铁面"形象，建立一种关联型的权威（Relational Authority）——能够"聆听"公众的诉求并做出积极的回应，在决策过程中采纳公众的意见，善于和公民组织互动、合作并分享权威。社会冲突理论发现，这种关联型权威容易被冲突方当作自己的利益共同体，更有希望在专业的、中立的权威或程序缺失时，引导冲突方为了自己信任的利益共同体做出暂时地妥协和让步①，从而化解激烈的冲突。

---

① Tyler，Tom R.，"Justice and Effective Cooperation," *Social Justice Research*，2012，25（4）．

然而，关联型权威的建立，本质上是一种人格化的信任建立过程。要求被以去人格化为特征的科层制所控制的政府，采用去人格化的信息技术，来建立一种人格化的冲突仲裁权威，这显然是一个悖论①。而实施这种缘木求鱼的权威构建策略，结果是数字政府治理普遍追求程序的标准化、绩效的数量化和互动的智能化②。相较于科层制所推动的去人格化，数字政府治理的去人格化范围更广、深度更甚。

　　更广、更深的去人格化，意味着对科学、理性以及代表它们的专家角色的更大依赖，也意味着科层制下支配政府治理的精英价值观依然盛行。所以，过去10年的数字政府治理运动，既不能提供专家治国以外的利益冲突协调机制，也难以在观念层面促成精英与公众的和解与达成共识。社会中的利益冲突迟迟得不到缓解，就会逐渐蔓延成为观念的对立；而当观念的对立缺少对话与和解的平台时，社会就容易从分裂走向极化，使得原有的秩序变得岌岌可危。在这个意义上，数字政府治理构建关联型权威策略的失误，对后真相时代政治危机的形成难辞其咎。

---

① 孔繁斌：《服务型政府在社会治理中的知识扩散》，《中国人民大学学报》2014年第2期。

② 笔者注：智能化的含义是在给定价值标准的前提下寻求算法的优化；由于价值标准的给定是外生的，所以智能化本身是一个去人格化的过程。

四　结语

科学主义和现代化的观念在全球政治精英中如此根深蒂固，以至于他们宁愿相信问题出在技术使用得不充分上，而不是技术本身不足以解决问题①。过去 10 年间，数字政府治理运动在全球公共行政改革中独领风骚，它所经历的严肃批评同它受到的追捧相比只能说是微不足道，而这种失衡能在后真相时代的政治危机后依然延续更是令人惊愕。

当政府和它后面的政治精英发现互联网和它后面的社会正在脱离自己的控制时，指导政府和政治精英应对互联网社会的数字政府治理运动理应经历深刻的反思。考虑到数字政府治理在危机前后无法撼动的明星地位，本文认为对它的批评、反思也同样是一个祛魅的过程。在这一过程中，我们首先提炼出数字政府治理的"技术－组织－权威"魅力要素，分析了这些魅力要素对于身处技术与社会变革中的政治精英的心理作用。然后，我们转向对后真相时代政治危机成因的讨论：利益冲突协调机制的失灵和正义观念在精英与大众间的冲突，被我们列为利益冲突之外更具解释力的变量。而这两个变量所反映的，

---

① 张康之：《论社会治理中技术与制度的辩证法》，《甘肃行政学院学报》2013年第 2 期。

正是互联网时代大众对政治精英基于科学主义和自由主义而建立的权威的抵制。最后，在揭示了数字政府治理内含的必要条件逻辑后，我们逐一分析了其魅力要素在利益冲突协调机制重建与观念冲突化解中的理想作用和局限，完成了对数字政府治理的祛魅。

最后，必须再次强调，本文的祛魅并不是要使数字政府治理的前景变得消极、暗淡。毕竟，在一个技术与社会剧烈变革的时代，面临其影响和后果的诸多不确定性，我们唯一能确定的事情就是必须去接纳技术。但是，提倡接纳技术的数字政府治理运动不应成为哈耶克笔下"知识的僭越"，因为对于如何在后真相时代重建治理的权威和秩序，除了技术外，人们还所知甚少。所以，"此时此刻我们没有丝毫理由沾沾自喜，因为我们的学问已经引起了一大堆麻烦"[1]。

---

① 〔英〕哈耶克：《哈耶克文选》，冯克利译，江苏人民出版社，2000。

图书在版编目（CIP）数据

当代中国道路与智慧／何志鹏等著．－－北京：社
会科学文献出版社，2019.8
（吉林大学青年学者论坛系列）
ISBN 978 - 7 - 5201 - 5141 - 2

Ⅰ.①当…　Ⅱ.①何…　Ⅲ.①社会科学 - 文集　Ⅳ.
①C53

中国版本图书馆 CIP 数据核字（2019）第 136961 号

·吉林大学青年学者论坛系列·

当代中国道路与智慧

著　　者／何志鹏 等

出 版 人／谢寿光
组稿编辑／恽　薇　陈凤玲
责任编辑／田　康

出　　版／社会科学文献出版社·经济与管理分社（010）59367226
地址：北京市北三环中路甲 29 号院华龙大厦　邮编：100029
网址：www. ssap. com. cn
发　　行／市场营销中心（010）59367081　59367083
印　　装／三河市尚艺印装有限公司

规　　格／开 本：880mm × 1230mm　1/32
印 张：12. 125　字 数：236 千字
版　　次／2019 年 8 月第 1 版　2019 年 8 月第 1 次印刷
书　　号／ISBN 978 - 7 - 5201 - 5141 - 2
定　　价／79.00 元

本书如有印装质量问题，请与读者服务中心（010 - 59367028）联系